国家社科基金
GUOJIA SHEKE JIJIN HOUQI ZIZHU XIANGMU
后期资助项目

U0949641

国家社科基金后期资助项目(编号:18FJY015)

国际技术转移与我国工业结构升级

乔翠霞　宋玉洁　著

山东大学出版社
SHANDONG UNIVERSITY PRESS
·济南·

图书在版编目(CIP)数据

国际技术转移与我国工业结构升级/乔翠霞，宋玉洁著.—济南：山东大学出版社，2023.6

ISBN 978-7-5607-7864-8

Ⅰ.①国… Ⅱ.①乔… ②宋… Ⅲ.①技术转移—关系—工业结构调整—研究—中国 Ⅳ.①F124.3 ②F421

中国国家版本馆CIP数据核字(2023)第115092号

策划编辑 李 港
责任编辑 李 港
美术编辑 王秋忆

国际技术转移与我国工业结构升级

GUOJI JISHU ZHUANYI YU WOGUO GONGYE JIEGOU SHENGJI

出版发行 山东大学出版社
社 址 山东省济南市山大南路20号
邮政编码 250100
发行热线 (0531)88363008
经 销 新华书店
印 刷 济南乾丰云印刷科技有限公司
规 格 720毫米×1000毫米 1/16
18.75印张 323千字
版 次 2023年6月第1版
印 次 2023年6月第1次印刷
定 价 75.00元

国家社科基金后期资助项目
出版说明

后期资助项目是国家社科基金设立的一类重要项目，旨在鼓励广大社科研究者潜心治学，支持基础研究多出优秀成果。它是经过严格评审，从接近完成的科研成果中遴选立项的。为扩大后期资助项目的影响，更好地推动学术发展，促进成果转化，全国哲学社会科学工作办公室按照“统一设计、统一标识、统一版式、形成系列”的总体要求，组织出版国家社科基金后期资助项目成果。

全国哲学社会科学工作办公室

前　言

从威廉·配弟、克拉克、西蒙·库兹涅茨到H.钱纳里以及W.W.罗斯托,很多西方学者致力于探求资源在不同部门之间的配置以及由此引起的结构变动对经济增长的贡献。从经济发达国家和一些新兴工业化国家的经济发展历程以及一些学者的实证分析来看,在这些国家的经济增长过程中,结构矛盾是贯穿整个工业化过程的主要矛盾。这里的结构主要是指产业结构,即国民经济中各产业之间的技术经济联系和数量比例关系。在这种比例关系中,工业中各部门之间的比例关系(即本书所指的工业结构)又是其中最重要的部分,发展中国家经济增长的过程在很大程度上就是工业结构不断升级的过程。

目前,我国进入高质量发展阶段,工业进入重化工业化中的高加工度化阶段。根据工业化国家和新兴工业化国家的发展经验,在这个发展阶段,工业进一步发展的机会将主要来自以下两个方面:一是结构的升级,二是固定资产的全面更新。日本、韩国等后发现代化国家或地区工业化的经验证明,充分利用国际技术转移尤其是技术引进推动本国工业技术进步,是工业结构升级的一条捷径。当前,尽管世界面临逆全球化浪潮的冲击,但全球技术的合作发展仍将持续,深度融入全球创新网络仍是我国科技发展的重大战略。从国际经验和我国的实际情况来看,在通过国际技术转移推动本国工业结构升级的过程中,以下两个问题值得关注:

(1)国际技术转移对经济增长和工业结构升级的贡献在不同国家间存在很大差距。相比于日韩两国,我国利用国际技术转移推动技术创新和工业结构升级的效果不明显。

(2)不同产业对国际技术转移的利用和吸收也不相同。以我国的家电产业为例,20世纪80年代初期,从国外引进生产线成为当时国家发展家电产业最主要的举措,彩电、冰箱、空调产业都在全国各地掀起了大规模的技术引进热潮。但是几十年后的今天,在冰箱和空调产业逐渐在压缩机和氟利昂替代品生产方面走在世界前列的同时,“缺芯少屏”仍然是困扰我国彩电产业发展的难题。

上述两个问题表明,尽管国际技术转移是工业结构升级的助推器,但两者之间存在一种比较复杂的传导机制。这种传导机制的理论研究目前尚不系统。鉴于此,本书采取理论演绎和实证分析相结合的方法,由现象到本质逐步展开,从关于我国国际技术转移和工业结构升级的大量数据分析入手,通过国际比较和国内行业间的比较,力求揭示我国国际技术贸易额与工业技术升级之间存在较大落差的原因,系统地探讨国际技术转移和我国工业结构之间的互动关系。

首先,本书从理论上分析国际技术转移推动工业结构升级的机理,介绍日韩等国依靠技术转移推动本国工业结构升级的经验,作为理论铺垫。其次,本书从实证角度验证国际技术转移与我国工业结构升级之间的关系:一是通过大量的数据对比,分析我国国际技术转移,主要是技术引进和我国工业结构升级的现状,从总体上初步揭示两者的关系;二是从基准回归和产业效应、技术效应两条路径分别检验国际技术转移对我国工业技术进步的影响;三是对国际技术转移推动我国工业结构升级的异质性和空间溢出效应进行检验。再次,本书考虑科技中介服务、人力资本和价值链升级等因素,进一步拓展国际技术转移对我国工业结构升级影响的分析。最后,在上述分析的基础上,本书提出提升国际技术转移对我国工业结构升级推动作用的建议。

根据研究分析,本书得出以下七个方面的结论:

(1)国际技术转移对我国工业结构高级化起到了显著的促进作用,但是对于工业结构合理化来说,以外商直接投资(FDI)为代表的国际技术转移方式的直接影响并不明显。

(2)国际技术转移通过产业关联效应和技术创新效应两条路径推动工业结构升级。其中,产业关联效应体现为我国工业国内与国际价值链参与程度的提升,而技术创新效应则在推动技术进步、提高创新效率以及优化贸易结构三个方面实现国际技术转移对我国工业结构升级的正向影响。

(3)国际技术转移对工业结构升级的影响存在显著的地理位置、市场化水平和经济发展路径异质性。在东部地区、高市场化水平以及低国有化水平省份,国际技术转移对工业结构升级有显著的正向影响。相较于资源型省份,国际技术转移对非资源型省份工业结构升级的促进作用更大。

(4)对外直接投资(OFDI)与工业结构升级之间存在U形关系。不仅如此，工业结构升级在受到本区域FDI和双向FDI协同正向影响的同时，相邻区域的FDI情况也会对其产生正向影响，但相邻区域双向FDI协同会对其产生负向影响。与FDI不同的是，OFDI对工业结构升级的影响未表现出显著的空间效应。

(5)科技中介服务是影响工业结构升级的重要因素，这种影响存在显著的区域异质性，相比于中西部地区，在东部地区更显著。随着国际技术转移效率的提高，技术创新溢出愈发显著，进而对工业结构升级的积极影响也越来越强烈。

(6)虽然人力资本流动对工业结构升级的效应并不显著，但是它会对国际技术转移与工业结构升级之间的关系产生重要影响，国际技术转移与人力资本流动的交互作用会显著加快工业结构高级化。此外，流动人口受教育水平也对技术转移的工业结构升级效应产生了异质化效果。相较于低技能人口，国际技术转移与高技能人力资本流动的交互作用对我国工业结构升级的影响更为显著。从区域层面来看，国际技术转移与人力资本流动的交互作用对东部和中部地区以及经济发展速度更快的省域的影响更显著。

(7)国内价值链升级是工业结构升级的重要体现，OFDI逆向技术溢出通过提升国内技术创新水平、增强高端服务要素投入显著促进了国内价值链升级，且对外投资东道国国别对国内价值链升级的影响存在明显异质性，投资到发达国家、中低技术行业、非国有、水平型OFDI对国内价值链升级的促进作用更加明显。从时间角度来看，2013年以后OFDI的国内价值链升级效应更加明显。

本书的主要贡献是从理论和实证两个方面深入分析了国际技术转移对我国工业结构升级的影响，特别是充分考虑了异质性和空间溢出效应，以及科技中介、人力资本流动、价值链升级等因素。具体体现在以下三个方面：

(1)研究视角新。本书的研究基于这样一种认识：技术创新和技术进步是影响我国工业结构升级的主要因素，而在经济全球化背景下，无论是从发展中国家工业结构升级的经验来看，还是从中国工业发展的实际情况来看，国际技术转移都是推动我国工业技术进步的重要因素，因此，国际技术转移也是影响我国工业结构升级的一个重要因素。鉴于此，本书抓住影响我国工业结构升级的主要因素——技术，从产业效应和技术效应两个方面，系统地分析了影响我国工业技术进步的主要因素——国际技术转移与工业结构升级之间的关系。这种新的研究视角是本书的创新点之一。

(2)对国际技术转移与我国工业结构升级之间的关系作了多维度剖析。首先,从时间序列、行业、地区、国际贸易等不同角度分析了二者之间的关系;然后,实证检验了二者的关系,验证了国际技术转移推动工业结构升级的技术效应和产业效应两条路径及其异质性和空间溢出效应。理论界对我国工业结构升级的研究较多,其中也涉及国际技术转移,但缺乏系统化的梳理和研究。这种多维度的系统分析是本书的又一个亮点。

(3)拓展分析部分探讨了科技中介服务和人力资本流动对技术转移绩效的影响,并从价值链升级视角对问题作了进一步分析。科技中介服务和人力资本流动、价值链升级都是关系国际技术转移效果的重要因素,但是目前理论研究中却鲜有关注,本书的研究进一步拓展了关于国际技术转移推动工业结构升级的理论维度。

通过研究可以看出,尽管国际经验表明,国际技术转移是推动东道国工业结构升级的捷径,并且在我国工业结构升级的过程中,国际技术转移也发挥了重要作用,但是却存在区域、经济发展水平等多方面的异质性,并受到人力资本流动、科技中介等诸多因素的影响。因此,政府应当不断适应新形势的发展,完善各项宏观政策、相关的法律法规,在厘清政府和企业各自角色的基础上,加强对技术引进和随之产生的创新的管理、指导和扶植,提高引进技术的质量,加速技术的“本土化”过程。同时,要充分认识技术输出对本国价值链升级的带动作用,提高技术输出对工业结构升级的拉动效应。

本书内容是在笔者2007年博士学位论文的基础上修改完成的,经过十几年的沉淀,当时的基本观点仍然经得住实践检验,国际技术转移在工业结构升级中的作用依然需要我们从理论上厘清、从实践上理性对待。过去的十几年,经济学理论(尤其是方法)更新迅速,这也为本书的拓展研究提供了非常宝贵的研究工具。事实上,与原来的博士学位论文相比,本书在保留原来基本观点和基本研究框架的基础上,根据实践和学科最新发展对研究方法和数据方面都做了最大限度的更新。不仅如此,最后部分还从科技中介、人力资本流动、价值链升级等视角做了进一步的拓展,从而使得我们可以从更多维的视角考察国际技术转移与工业结构升级之间的传导机理。

在编写过程中,笔者所带领的研究团队成员作出了非常重要的贡献。宋玉洁协助做了框架梳理、统稿和部分章节的写作工作,杨晨曦、马一森、朱艳、宋彩霞、王潇成、刘韵致、李心乐、姜帆、李璨婷分别做了数据收集整理和不同章节的撰写工作。学术探索本身是充满魅力的,但是研究中涉及大量数据处理和文字校对等工作,这也意味着每一个观点的提出和验证都需要付出大量的努力，没有团队成员严谨的学术态度和不懈的坚持就不会有今天的成果，所以在此向每一位团队成员表示衷心感谢。

因水平有限，书中难免存在不当之处，恳请专家学者等批评指正，以便不断改进。

乔翠霞

2022 年 12 月

目　录

第一篇　理论与事实

第二篇　实证检验

第三篇　拓展分析

第一篇

理论与事实

第一章 概论

加快工业结构升级是实现经济高质量发展的重要内容,然而我国经济发展面临工业结构升级缓慢、工业结构升级效率较低等问题,在国内国际双循环新发展格局背景下,如何从国际技术转移角度完善创新体系从而加速工业结构升级是值得研究的重要问题。本章主要分析我国工业结构升级存在的问题,梳理已有理论基础及相关参考文献研究,阐释研究视角及主要研究方法,同时提出研究思路和总体框架。

一、问题的提出

(一)工业结构升级缓慢是我国经济发展面临的重要问题

从威廉·配弟、克拉克、西蒙·库兹涅茨到H.钱纳里以及W.W.罗斯托,很多西方学者致力于探求资源在不同部门之间的配置以及由此引起的结构变动对经济增长的贡献。近几年来,国内也有很多学者开始研究结构变动对经济增长的效应①。从经济发达国家和一些新兴工业化国家的经济发展历程以及一些学者的实证分析来看,在这些国家的经济增长过程中,结构矛盾是贯穿整个工业化过程的主要矛盾②。这里的结构主要是指产业结构,即国民经济中各产业之间的技术经济联系和数量比例关系。在这种比例关系中,工业中各部门之间的比例关系(即本书所指的工业结构)又是其中最重要的部分,发展中国家经济增长的过程在很大程度上就是工业结构不断升级的过程。我国工业化发展进程基本可以划分为四个阶段。第一阶

① 周振华:《现代经济增长中的结构效应》,上海,上海三联书店、上海人民出版社,1995年,第1版,第29页。

② 〔美〕H.钱纳里,S.鲁宾逊,M.赛尔奎因:《工业化与经济增长的比较研究》,吴奇等译,上海,上海三联书店,1989年,第1版,第22页。

段为1953～1978年，主要在重工业优先发展战略的指导下，我国形成了一条向重工业高度倾斜的工业发展体系。第二阶段为1978年到20世纪90年代初期，我国开始调整轻重比例严重失调的工业结构，鼓励轻工业发展。第三阶段为20世纪90年代。这一阶段的工业结构发生了很大的变化，但从总体上看我国工业结构升级的进程仍然相当缓慢。主要表现为：在工业产出结构高加工度化的过程中，一般性加工工业所占比重很大，而技术密集型加工工业的比重变动不大，高加工度化阶段向技术集约化阶段转变的进程相当缓慢。同时，在工业资产结构中，这种产业结构升级缓慢的态势更加突出。据统计，工业固定资产结构从20世纪80年代以来一直存在着逆高加工度化的态势。至20世纪90年代末这种态势非但没有得到任何改善，反而更加突出。第四阶段为21世纪初期至今。我国在该阶段进入新型工业化阶段，工业结构得到了较好调整，工业产值、第二产业产值占比有下降趋势，第三产业快速发展，我国工业化进程进入工业化后期阶段①，但是仍然存在发展不平衡、不充分的问题。21世纪初，我国的工业化仍大致相当于工业现代化国家20%～30%的水平②。

以上是对我国工业化过程比较笼统，或者说比较宏观的划分方法。更进一步，如果以改革开放作为起始点的话，我们可以发现，在改革开放的历程中，我国的工业化实际上经历了两个转折点③。第一个转折点是20世纪80年代实行改革开放之际。借助于政策转型，我国的工业化进程迅速推进，这一过程持续到1999年。随后，我国工业化历程经历第二个转折点，其显著标志是工业品首次出现需求不足现象，即短缺经济下只管加大马力生产的状况成为历史。在这一阶段，我国的工业化面临新的压力：随着资源、能源紧缺的出现，劳动成本的不断上升，人们对环境要求的不断提高，依靠投入作为主要推动力而迅速崛起的工业面临增长方式的转型。在广东等东南部沿海地区，低附加值和劳动密集型制造业已不再具有竞争优势，地方政府已经开始尝试挤出低附加值企业，鼓励资本密集和技术密集型工业。

目前，我国工业已经进入重化工业化中的高加工度化阶段或投资推动的发展阶段。根据工业化国家和新兴工业化国家的发展经验，在这个发展阶段，我国工业进一步发展的机会将主要来自以下两个方面：一是结构的升级。工业结构升级既可以适应需求结构的变化，又可以促进工业生产率的

① 郭克莎：《中国工业化的进程、问题与出路》，《中国社会科学》2000年第3期。

② 陈佳贵，黄群慧：《工业现代化的标志、衡量指标及对中国工业的初步评价》，《中国社会科学》2003年第3期。

③ 陈兴动：《中国又处在产业升级的转折点上》，《经济观察报》2006年11月6日第3版。

提高,从而有力地推动工业的发展。当前我国工业结构升级的方向是大力发展加工组装制造业,尤其是其中的装备制造业,要大力推进这些行业的深层次进口替代。此外,还要注意发展一些适应市场需要、高技术含量和高附加值的新兴工业。二是固定资产的全面更新。长期以来,落后的技术装备水平是导致我国工业粗放型增长的重要原因。在新的发展阶段中,淘汰落后技术和缺乏竞争力的中间技术,全面更新技术手段和生产设备,是工业集约型增长的迫切需要。工业固定资产大规模更新形成的投资需求将有力地拉动工业的增长,同时这一过程又能有效地推动工业结构的高加工度化进程。这两个方面恰恰是我国工业结构变迁中存在的不足。

根据钱纳里等人提出的结构转型模式,在人均国民生产总值达到 2100 美元之前,制造业对经济增长具有持续的带动作用。2003 年,我国的人均国民生产总值突破 1000 美元大关,这表明在未来相当长的时期内,工业增长仍将是我国经济增长的主要支持因素。因此,继续推进工业化进程,提高工业化的层次和水平,仍然是今后我国经济发展的动力,是实现我国经济持续增长面临的首要问题。

(二)国际技术转移是促进我国工业结构升级的主要动力

我国工业结构升级缓慢的原因是多方面的,有制度的、规模的、技术的,其中最主要的原因是技术水平的落后和技术创新能力的严重不足,因工业技术进步是实现工业结构由高加工化、劳动密集型向技术、知识密集型转变的主要动力。那么,我国可以凭借自己的科技原创力解决工业结构升级过程中的技术难题吗?根据殷醒民的研究①,我国目前的科技原创力是比较低的。从发达国家科技原创力的发展来看,任何国家的科技原创力都不可能远离已有的知识创新体系,而我国现有的知识创新体系(包括企业制度、市场制度、人才培养和使用制度以及政府对科技发展的宏观调控能力等)和人均研发经费决定了要在较短的时间内提高这种科技原创力是不现实的。

随着全球科技新发现的日益增多,以及科学发现与技术创新之间时间距离的日益缩短,国际技术转移正在全球范围内迅速展开,已从原始的梯度式转移发展到当代的跳跃式转移。发展中国家的发展经验表明,日益加快的国际技术转移是发展中国家在有限的时间内弥补技术不足、实现技术飞跃性发展的有效途径。据统计,20 世纪 60 年代中期,国际技术贸易额每年约为 30 亿美元,70 年代中期增至 100 多亿美元,80 年代中期增至 500 多亿

---

① 殷醒民:《中国工业与技术发展》,上海,上海三联书店、上海人民出版社,2003 年,第 1 版,第 140 页。

美元,1990年已超1000亿美元。1965～1995年,国际技术贸易的年均增长率为15.82%,大大高于同期国际商品贸易6.3%的增长率①。2002年,国际技术贸易额已达近万亿美元②。从我国的情况来看,技术贸易总额迅速增长。2011～2019年,我国技术贸易总额由358.01亿美元增长至637.38亿美元,年均增长7.48%。其中,技术引进额(即引进经费)从332.45亿美元上涨至352.01亿美元,年均增长0.72%;技术出口额从25.55亿美元增至321.37亿美元,年均增速为37.23%③。2011～2019年,我国技术贸易占全国商品进出口总额的比重从0.98%上升到1.39%。其中,技术出口占全国商品出口总额的比重从0.13%上升到1.29%;技术进口占全国商品进口总额的比重略有下降,从1.91%变为1.69%④。上述数据表明,尽管面临逆全球化的挑战,技术贸易在国际贸易中仍然占据重要的地位,全球创新网络也并没有因为逆全球化而停滞,高科技成果的转移和利用仍然是各国技术发展的重要来源。因此,能充分利用国际技术流动推动我国工业技术结构的升级,进而促进工业结构升级是我国在经济全球化背景下走新型工业化道路、保持经济持续增长的重要因素。

(三)值得重视的问题

前述分析表明,国际技术转移是推动东道国工业结构升级的有效途径,但从国际经验和我国的情况来看,以下两个问题值得关注:

(1)国际技术转移对经济增长和工业结构升级的贡献在不同国家间存在很大差距。相比于日韩两国,我国利用国际技术转移推动技术创新和工业结构升级的效果不明显。

(2)不同产业对国际技术转移的利用和吸收也不相同。从我国的情况来看,彩电行业仍然处在产品不断升级但却不断引进新技术的阶段,而冰箱和空调行业却在压缩机和氟利昂替代品的生产方面走在了世界的前列。

上述两个问题表明,国际技术转移是工业结构升级的助推器,但两者之间存在一个比较复杂的传导机制。中国的技术引进和输出到底在多大程度上了影响了工业结构的高度化和合理化发展?目前理论界的研究尚不系统。本书旨在通过定量和定性分析,从国际技术转移与工业结构升级传导机制的角度,系统地探讨国际技术转移和中国工业结构之间的互动关系,并

---

① 罗晖,付震宇,王寅秋:《发展融合、创新、联动的国际技术贸易》,《今日科苑》2019年第9期。

② 孙玉涛:《国际技术贸易》,北京,清华大学出版社,2017年,第1版,第17页。

③ 王晓红,谢兰兰,郭霞:《论我国技术贸易的发展创新》,《开放导报》2021年第1期。

④ 数据来源于中国统计年鉴。

在此基础上提出提升国际技术转移对工业结构升级推动作用的对策建议。

二、理论基础及相关研究进展

(一)关于工业结构升级的相关理论和研究进展

根据研究方法的不同,国外工业结构升级的研究可以分为两派:以美国学者罗斯托、刘易斯、费农和日本学者筱原三代平、佐贯利雄为代表的理论分析学派;以克拉克、库兹涅茨、霍夫曼、钱纳里、赛昆为代表的实证研究学派。尽管着力点不同,但两派研究的主要问题均集中于工业结构演进的规律、工业结构升级的动力机制(或影响因素)上。

1.工业结构演进规律

(1)配第-克拉克定理。配第-克拉克定理是揭示经济发展过程中产业结构变化规律的经验性学说。早在17世纪,西方经济学家威廉·配第就根据当时英国的实际情况明确指出:工业往往比农业、商业的利润多得多。因此,劳动力必然由农转工,而后再由工转商,即随着经济的不断发展,产业中心将逐渐由有形的财物生产转向无形的服务性生产。后来,英国经济学家克拉克在威廉·配第的研究成果之上,计量和比较了不同收入水平下,就业人口在三次产业中分布结构的变动趋势,发现随着人均国民收入水平的提高,劳动力首先由第一次产业向第二次产业移动,当人均国民收入水平进一步提高时,劳动力便向第三次产业移动。

(2)库兹涅茨定理。美国经济学家库兹涅茨在对各国经济增长的统计数据进行研究后发现,经济结构存在着由第一产业转向第二产业进而转向第三产业的演变规律。他在克拉克研究成果的基础上,从劳动力与国民收入在产业间分布结构变化的角度对工业结构演进趋势作了进一步探讨,并将三大产业区分为农业、工业与服务业。他指出,在大部分国家,第一产业的相对国民收入一般小于1,而第二产业与第三产业的相对国民收入则大于1。农业劳动力相对比重下降与国民收入相对比重下降是经济发展的普遍现象;第二产业中普遍存在国民收入相对比重上升的现象,但劳动力的相对变化不大,第二产业对国民收入的增长有较大贡献;第三产业的相对国民收入不断下降但劳动力相对比重不断上升,因此,第三产业能够吸纳大量劳动力但对生产率的提升比较有限。

(3)钱纳里的结构变迁模型。钱纳里是对发展结构研究最知名的学者之一。他主要采用经济计量法，通过多国模型模拟揭示了结构转变时期的模式特征和工业化的一般特征。他认为，在经济发展的第一阶段（即初级产品生产阶段），农业等初级产品的生产占统治地位，但初级产品的生产慢于制造业。在经济发展的第二阶段（即工业化阶段），制造业快速增长，生产结构由初级产品向制造业迅速转移。在经济发展的第三阶段（即经济发达阶段），制造业的需求弹性开始下降，其在经济和就业中的比重下降，而服务业逐步成为推动经济增长的主要产业。

(4)霍夫曼定理。霍夫曼在1931年通过对20个国家的工业内部结构演变规律进行经验研究，提出了霍夫曼定理：在工业化进程中，霍夫曼系数（消费品工业的净产值与资本品工业净产值之比）是不断下降的。也就是说，在工业化后期，重工业的比重会显著上升，即出现"重工业化"趋势。霍夫曼根据霍夫曼系数将工业化过程分为四个阶段。在工业化的第一阶段，霍夫曼系数在5左右。也就是说，消费资料工业的生产在制造业中占据统治地位，资本资料的生产相对落后。在工业化的第二阶段，霍夫曼系数约为2.5。尽管这一阶段的消费资料工业的规模仍然大于生产资料工业的规模，但是前者的增长速度大大落后于后者。在工业化的第三阶段，霍夫曼系数在1左右，即消费资料工业和资本资料的生产基本相当。到了工业化的第四阶段，重工业的快速增长使整个工业化以重工业为主导。霍夫曼定理通过实证的方法第一次比较系统地分析了工业化的演进规律，后来日本经济学家盐野谷佑一又对霍夫曼定理进行了深入的分析。他的研究表明，霍夫曼定理适用于工业化初期时的状况，但当工业化达到一定程度（人均国民收入超过200～300美元，1950年价格）后，虽然重工业化率上升，但消费资料生产对资本资料生产的比例关系保持不变。因为重工业内部的消费资料生产和资本资料生产的比例随着工业化水平的提高而发生了变化，即随着工业化水平的提高，重工业内部消费资料的生产比例日益增大。

(5)经济发展阶段论。罗斯托对工业化国家的经济增长经验进行总结，按照技术标准把经济成长阶段划分为传统社会、为起飞创造条件、起飞、成熟、高额消费、追求生活质量六个阶段，并为每个发展阶段明确了相应的主导产业。他认为从传统社会阶段到为起飞创造条件阶段，随着近代科学技术在工农业中的逐渐应用，主导产业由农业逐渐向工商业转变；在起飞阶段，纺织工业是主导产业；在成熟阶段，钢铁、电力、煤炭、通用机械、化工业等行业是主导产业；在高额消费阶段，汽车制造业是主导产业；在追求生活质量阶段，教育、保健、医疗、社会福利、文娱、旅游等行业是主导产业。发展阶段的演变以主导产业的更替为主要特征，因此，主导产业会经历由低级向高级的演进但不能随意变更。佐贯利雄对工业化过程中主导产业的替代现象进行了研究，他通过对战后日本工业发展情况的分析发现，战后日本工业的发展先后经历了三个阶段，分别是：以电力工业的发展为主导产业阶段，以石油、石化、钢铁、造船等行业为主导产业阶段，以汽车和家电等高收入弹性行业为主导产业阶段。根据佐贯利雄的分析，在耐用消费品高度普及后，还将会出现以电子、机电一体化、生命科学、新材料、极限技术、复合技术和新能源技术为主导产业的阶段。据此，佐贯利雄认为在工业发展过程中主导产业的替代存在如下规律：轻工业→原材料工业→加工组装工业。各阶段的主导产业分别为：纺织业→石油、石化、钢铁→汽车、家电。

上述研究主要从工业部门的比例关系以及经济发展阶段的主导产业部门变更方面阐述工业结构演进规律，但这仅是就一般市场经济状态或一般市场经济环境，从工业结构变化的外在表现总结出的一些规律，而工业结构内部也存在优化升级的路径，是现代经济增长的基本内容①。为了使前者的规律更好地服务于我国经济的实际运行与政策制定，在上述经典理论的基础上，国内众多学者对我国工业结构优化升级路径进行了探索。陈佳贵、张培刚等学者从战略高度上提出我国应走新型工业化道路，而新型工业化道路又要求我国必须提高工业结构优化升级的效率，增强自主创新能力是其中的关键②③；部分学者利用结构变化指数对我国工业结构变化幅度进行了度量，以分析我国工业结构的变迁，并寻找驱动因素④⑤。工业结构升级一方面要寻求高度化路径，另一方面也要注重要素投入与产出结构的协调，即合理化。戴魁早构建了工业结构合理化与高度化两个指标来衡量工业结构的优化升级，通过测算指出工业结构高度化是引导工业结构合理化演进的长短期原因⑥。

综上所述，我们可以得到以下结论：

第一，配第-克拉克定理、库兹涅茨定理和钱纳里的结构变迁模型表明，工业部门是国家经济发展的主导部门，近代的经济发展过程实际上就是工业化过程。

---

① 陈佳贵：《中国工业现代化问题研究》，北京，中国社会科学出版社，2004 年，第 1 版，第 141 页。

② 陈佳贵：《中国工业现代化问题研究》，北京，中国社会科学出版社，2004 年，第 1 版，第 154 页。

③ 张培刚，张建华，罗勇，等：《新型工业化道路的工业结构优化升级研究》，《华中科技大学学报(社会科学版)》2007 年第 2 期。

④ 樊福卓：《中国工业的结构变化与升级：1985～2005》，《统计研究》2008 年第 7 期。

⑤ 李博，曾宪初：《工业结构变迁的动因和类型——新中国 60 年工业化历程回顾》，《经济评论》2010 年第 1 期。

⑥ 戴魁早：《中国工业结构的优化与升级：1985～2010》，《数理统计与管理》2014 年第 3 期。

第二，霍夫曼、罗斯托和佐贯利雄等人的研究更清楚地揭示了工业化进程中各产业之间的变迁规律，基本印证了各国工业化过程的实践。

第三，工业结构升级不仅要重视工业结构的高度化，同时也要注重工业间的相互协调，实现工业结构的合理化。这在一定程度上能够解释我国工业发展的“结构红利”消失问题，对我国工业结构转型有着重要的指导意义。

我国的工业化过程基本体现了上述工业结构升级的规律，这是本书的理论基础。本书的研究重点在于试图系统地揭示国际技术转移在工业结构变迁过程中的重要作用。

2.工业结构升级的影响因素

对工业结构升级的影响因素的研究实际上就是探讨工业结构升级的动力机制，代表人物和理论主要有：库兹涅茨，他在《现代经济增长》一书中将国内需求结构、对外贸易结构和生产技术水平及其变量作为影响结构变动的主要因素；克拉克，他将需求和供给两方面的因素综合，用相对国民收入(某一产业国民收入在全部国民收入中的比重和该产业劳动力在全部就业人数中的比重之比)的差异作为工业化的动力；筱原三代平，他将需求和供给作为独立的影响因素，提出了需求收入弹性和生产率上升二基准，后在速水佑次郎的建议下又增加了一个产业关联度基准；钱纳里，他在《工业化和经济增长的比较研究》中将工业化的动力细分为，以恩格尔效应为基础的国内需求的变动，由加工产品对原材料的替代和技术变化、结构变化导致的中间需求的增加，随着资本和劳动力的积累而产生的比较优势的变化。

综合上述理论，可以把影响工业结构升级的因素归纳为：

(1)需求因素。需求因素主要通过需求结构的升级和需求收入弹性作用于工业结构升级。人们收入水平的提高会从外部推动需求结构的升级，比如恩格尔定律所揭示的：随着收入的增长，食品需求的份额趋于下降。里昂惕夫通过投入产出方法从实证角度研究了最终需求与中间需求的比例关系与产业结构的关系。需求收入弹性，是指某一商品的需求增长率与人均国民收入增长率之比。实证研究表明，那些需求收入弹性较高的产品和部门，如机械、纸张和纸制品等，就是未来的增长性部门和行业。

(2)供给因素。供给因素即劳动力、资金和技术等投入要素，相较于劳动力和资金这类基础投入要素而言，技术是从新古典经济增长理论才开始被关注的一个要素。作为经济增长的内生变量，技术进步和创新通过提高部门和整个行业劳动生产率的方式，已经成为推动工业结构升级的主要动力。

(3)国际贸易。在开放经济条件下，国际贸易在一国经济发展中的作用尤为引人注目。不同于李嘉图的国际分工理论，在李斯特的扶持幼稚工业的理论基础上，筱原三代平提出了动态比较费用说。通过对日本产业结构的研究，他指出，只有以发展的眼光，注重扶持在国际贸易中暂时处于劣势的行业，才能够促进国内产业结构的健康发展。

(4)国际投资。国际直接投资既包括对外直接投资也包括外商直接投资，资金的移动往往伴随着跨国公司的发展以及国际技术的转移。小岛清提出的边际产业扩张理论指出，对外直接投资能够将投资国已经或者即将处于比较劣势的产业转移到国外，有利于集中力量发展比较优势产业和新兴产业，推动产业升级。对于被投资国，外商直接投资通过影响东道国的市场结构、供需结构、出口结构推动产业结构调整，同时其带来的关联效应、技术溢出效应、竞争效应也影响着东道国的产业升级。

中国加入世界贸易组织(WTO)后，国内一批学者开始关注入世后我国工业结构升级面临的机遇和挑战，涌现出一批成果，比如：王岳平的《开放条件下的工业结构升级》，从国际贸易、垄断性行业的进入、国际投资、工业转移、基于比较利益的劳动分工等多方面分析了开放条件下我国工业结构升级的规律和特点；殷醒民的《中国工业结构的实证分析》和《中国工业与技术发展》，从中国工业企业的规模、生产率、制造业的产业集中、主导产业的成长、工业资金的“逆向”流动、制造业“乘数效应”以及创新能力等方面分析了我国工业的发展；张军等的《中国的工业改革与经济增长》，更多的是从工业组织的角度分析了我国工业的发展；郭克莎的《工业增长质量研究》，研究了对外开放引发的商品、资本、技术、劳务、土地开放、所有制结构、区域关系、科技进步等因素与工业增长质量间的关系；王云平的《工业结构升级的制度分析》，侧重从制度原因方面分析影响我国工业结构升级的因素。李博和曾宪初将要素结构和需求结构变动作为影响工业结构演变的内生动力，将政府干预和国际经济作为外生动力，并指出1978年前工业结构演变属于政府主导型，而1978年以来需求结构、要素结构和国际经济成为推动工业结构升级的主要动力①。梁东黎指出，市场竞争性、行政垄断程度、产品差异化程度会引起工业增加值率与产值的变化，从而引起工业结构的调整②。金碚等指出比较优势的减弱、粗放式发展弊端、产能过剩、资本吸纳劳动能力

---

① 李博，曾宪初：《工业结构变迁的动因和类型——新中国60年工业化历程回顾》，《经济评论》2010年第1期。

② 梁东黎：《我国工业结构调整的转型升级进程》，《探索与争鸣》2011年第4期。

降低等因素会牵制我国工业结构升级①。付保宗则是通过对比我国与韩国和巴西在工业化中后期明显分化的发展趋势，指出政府角色、产业政策、利用外资方式、创新能力等方面的差异会导致工业结构的差异②。樊福卓和周艳梅指出外商直接投资是推动我国工业结构优化升级的重要因素③④。江小涓、魏巧琴和杨大楷认为OFDI通过对企业内部、产业内部和产业之间的结构调整来影响产业结构⑤⑥。昌忠泽等考察2008年国际金融危机爆发以来我国工业投资对工业结构优化作用，指出工业投资加剧了工业结构的不合理程度，但有利于工业结构的高级化⑦。

综上所述，无论是技术、资金、劳动力等工业发展的具体要素，还是集中程度、产业政策、比较优势等工业发展的现实特征，过往研究基本上可以将影响工业结构升级的因素归结为需求、供给、国际贸易和国际投资这四个方面。在开放经济条件下作为供给因素的技术、国际贸易、国际投资是不可忽视的因素，尤其是技术，从一定程度上讲，它是工业结构升级的关键因素。从我国的情况来看，技术进步和对外贸易是紧密结合在一起的一对要素，二者存在一个互动关系，由技术贸易引致的工业技术进步是影响工业结构升级的关键因素。虽然目前可以看到诸多关于东道国技术进步与技术贸易之间互动关系的研究，但关于由国际技术转移及其引致的工业技术进步对我国工业结构升级影响的问题研究仅仅散见于各种文献，尚不够系统⑧。本书的研究重点是探讨国际技术转移与我国工业技术结构升级之间的互动关系。

(二)国际技术转移推动工业结构升级的相关理论和研究进展

国际技术转移理论和工业结构升级理论是本书研究的两个理论基础，

① 金碚，吕铁，邓洲：《中国工业结构转型升级：进展、问题与趋势》，《中国工业经济》2011年第2期。

② 付保宗：《工业化中后期工业结构阶段性变化的特征与趋势》，《经济纵横》2014年第2期。

③ 樊福卓：《中国工业的结构变化与升级：1985～2005》，《统计研究》2008年第7期。

④ 周艳梅：《外商直接投资对我国制造业自主创新投入的影响》，《技术经济与管理研究》2011年第3期。

⑤ 江小涓：《中国的外资经济对增长、结构升级和竞争力的贡献》，《中国社会科学》2002年第6期。

⑥ 魏巧琴，杨大楷：《对外直接投资与经济增长的关系研究》，《数量经济技术经济研究》2003年第1期。

⑦ 昌忠泽，毛培，张杰：《中国工业投资与工业结构优化实证研究》，《河北经贸大学学报》2018年第6期。

⑧ 殷醒民：《中国工业与技术发展》，上海，上海三联书店、上海人民出版社，2003年，第1版，第140页。

因此在展开讨论之前，有必要梳理一下有关国际技术转移的相关研究。目前，关于国际技术转移的研究大体可以分为以下几个方面：国际技术转移的概念；国际技术转移的机制，包括形成机制、运行机制、支持和管理机制；国际技术转移与东道国之间的关系，即国际技术转移的效果分析和国际技术转移的案例分析等。本书以国际技术转移的形成和运行机制、国际技术转移与东道国的关系为理论支撑，研究国际技术转移与我国工业结构升级之间的动态关系。

1.国际技术转移形成和运行机制的研究

自1968年经济合作与发展组织（OECD）科学技术部长会议上提出“技术差距”问题后，理论界开始关注对国际技术转移机制的研究，这方面的代表学者和其代表理论主要有：以英国经济学家邓宁（Dunning）、美国学者曼斯菲尔德（Mansfield）和美国经济学家凯夫为代表的技术转移选择论；由日本学者斋腾优提出的技术转移周期论和需求资源关系论；以克鲁格曼（Krugman）为代表的技术转移均衡论；以韩国学者金泳镐为代表的技术差距论。

（1）技术转移选择论。该理论的基本观点认为，技术转移之所以能够发生是企业在某个周期对内外条件加以权衡的结果，进行技术转移是企业的一种权宜选择。根据他们的观点，企业之所以选择技术转移，是因为：该企业的内部市场还没有达到一定规模，在国外的区位优势不十分明显；市场容量较小，又不存在规模经济；缺乏直接投资的基本条件；技术创新周期短；属于政治风险较大的国家或地区；有互惠条件等。在这些条件下，企业进行单一的产品贸易不利，而进行直接投资又不宜，只能选择技术转移，以牟取最大利润。

（2）技术转移周期论。斋腾优认为企业战略发展的序列如下：

$$\text{企业}\xrightarrow{\text{①}}\text{出口产品}\xrightarrow{\text{②}}\text{直接投资}\xrightarrow{\text{③}}\text{输出技术}$$

（优先选择）　　　　时间 t_1　　　　时间 t_2

即从牟取最大利益的角度出发，拥有新技术的企业总是先出口应用该技术生产的产品。随着出口到当地的某产品不断增加，且运用当地的生产也能生产该产品时，企业的收益率开始下降，于是企业调整战略，把出口商品转为直接投资。此间，由于产品在当地产销逐渐提高了当地该项技术的水平，且其他企业也能仿制该产品，企业直接投资的收益开始下降，最后企业选择输出技术。斋腾优将技术的生命周期和企业利益最大化目标结合起来，将技术转移作为新技术产生和发展的必然归宿揭示了技术转移的形成机制。

(3)需求资源(NR)关系论。在1979年出版的《技术转移论》中,斋腾优提出:一国发展经济和对外经济活动受该国的国民需求(N)与该国的资源(R)关系的制约,即NR关系。NR关系不相适应会带动技术创新、推动技术转移,也就是说,NR关系会推动技术流向需要它的地方去。但应该注意的是,并非存在NR间的不一致就必然形成新的国际技术转移,只有当满足两国的NR关系相耦合时技术转移才可能产生。耦合条件如下:结合条件,两国的NR关系能够相互协调地结合起来;同意条件,能够同时满足Na(技术引进收益)和Nb(技术提供收益);资源供给条件,两国的技术转移资源可以结合,并满足技术转移的需要;无对立条件,相互间在技术转移手段与对方的需求的关系上不矛盾;技术扎根条件,要求接受方在技术吸收上投入相应的力量。

(4)技术转移均衡论。该理论把技术转移、资源配置与世界收入分配三者统一起来考察,认为技术是由不断创新的发达国家转移到发展中国家。在这个过程中,发展中国家的福利水平会提高,发达国家为了保持其在竞争中的有利位置,维持其已有的福利水平不下降,必然要不断创新并不断提高其创新的速度以推动技术转移,这样技术转移就会处于一种均衡状态。在该均衡状态中,发达国家和发展中国家的相对工资不变,贸易形式不变,但二者福利均有提高,经济稳定,生产要素在全球范围内得到合理配置。

(5)技术差距论。该理论认为,技术存在二元结构,即技术发达国家(中心)和相对落后国家(边缘),正是这种技术差距的存在推动了国际技术转移的形成。但是该理论只能解释技术的垂直转移,而无法解释技术水平相当的国家间的技术水平转移。此后,金泳镐又提出了双重差距论,对于理解国际技术转移对发展中国家的作用很有启发性。他认为,在技术转移吸收的过程中实际上存在着两种差距:一种是技术转移差距,即中心与边缘部分在技术发展阶段或技术体系上存在的差距,主要表现在技术供方转让的技术与技术受方需要的技术之间的不相适应,即相对发达国家向欠发达国家转移的是相对过时的技术,这是技术供方造成的差距;另一种是技术积累上的差距,即技术受方由于技术人员、技术工人在质与量两方面的严重不足,因而很难与中心部分转移过来的技术结合,这是技术受方造成的差距。

2.国际技术转移与东道国关系的研究

(1)东道国的政策。随着国际间的竞争日益聚焦于科学技术,国际技术转移逐步被纳入国家或地区发展战略的框架之中。但是与发达国家相比,发展中国家技术相对落后,因此,如何选择适宜本国的技术转移模式和政策来推进技术转移、加强技术吸收能力以及国际技术转移与东道国经济发展之间的关系等问题成为当前国际技术转移研究中引人注目的热点。在这方面比较有代表性的理论是比昂契克、贝托索斯等的技术从属论。他们认为，发达国家和发展中国家之间存在支配与从属、掠夺与被掠夺的关系，技术转移是发达国家用以维持其对发展中国家支配地位的手段。因此，他们主张通过政策和措施来改变发展中国家在技术上依附发达国家的从属关系，甚至提出了"废除专利制度"等过于偏激的口号。

(2)国际技术转移与东道国的经济发展。已有成果在这方面的研究主要采用实证的方法，研究的焦点是国际技术转移所产生的技术溢出效应对东道国经济增长的贡献。代表作是大卫·西奥多·科和埃尔赫南·赫尔普曼的《国际 R&D 溢出》(*International R&D Spillovers*)①。他们认为，国外的 R&D 有利于国内生产率的提高，而且一国经济越开放，这种正的效应越大。此后，弗兰克·利希滕伯格和布鲁诺·范·波特斯伯格·德·拉·波特里等人又对大卫·西奥多·科和埃尔赫南·赫尔普曼的模型进行了修正。从国内的研究来看，自 20 世纪 90 年代后期以来也有不少学者开始关注国际技术转移与东道国的经济发展问题，产生了一些成果，如郭燕青的《技术转移与区域经济发展》等。多数成果认为国际技术转移(尤其是技术引进)对我国经济发展起到了明显的促进作用，推动了经济结构、产业结构的调整②③④⑤⑥⑦⑧。也有部分学者从技术进步的角度进行了分析：一种观点是 FDI、国际技术贸易有效促进了我国的技术进步⑨，另一种观点则认为技术

① David, T. Coe. and Helpman, E., 1993: "International R&D spillovers", *NBER Working Papers*, August.

② 陈明森，《产业升级外向推动与利用外资战略调整》，北京，科学出版社，2004 年，第 1 版，第 114 页。

③ 王岳平：《开放条件下的工业结构升级》，北京，经济管理出版社，2004 年，第 1 版，第 162 页。

④ 殷醒民：《中国工业结构调整的实证分析》，太原，山西经济出版社，2003 年，第 1 版，第 51 页。

⑤ 杨先明：《国际直接投资、技术转移与中国技术发展》，北京，科学出版社，2004 年，第 1 版，第 86 页。

⑥ 胡小娟，胡安萍：《外源技术引进对我国工业结构高级化影响的实证研究》，《软科学》2016 年第 3 期。

⑦ 国胜铁：《技术引进对我国产业结构升级的影响研究》，《经济纵横》2016 年第 12 期。

⑧ 范德成，方璘，宋志龙：《不同技术创新途径与产业结构升级动态互动关系研究》，《科技进步与对策》2020 年第 5 期。

⑨ 景守武，夏咏：《国际技术转移对我国区域技术进步的影响——基于东、中、西部面板数据模型分析》，《中国高校科技》2016 年第 10 期。

转移对我国技术进步的影响十分有限,如王飞、包群、李正卫等[①②③]。在实证研究方面,郑伟通过构建技术转移综合指数对我国技术转移与经济发展的关系及其贡献进行了定量研究,指出技术转移能够显著促进我国经济增长,且二者能维持长期稳定的动态均衡[④]。牛茜茜等对高技术产业样本进行回归,指出技术转移有助于实现创新技术经济效益从而促进经济增长[⑤]。傅元海等利用省级面板数据分析指出进口和外商直接投资抑制了我国经济效率的提高,而购买国外技术则促进了经济效率的提高[⑥]。唐兆涵和陈璋则从区域经济差距的视角出发,分析了技术转移对经济发展模式的影响效应[⑦]。吴虹仪和殷德生指出以外国直接投资和专利许可转让为主的专利流动能够正向促进我国企业全要素生产率的增长,有助于经济发展质量的提升,但随着技术水平的提高,这一促进效应会逐渐减弱甚至产生抑制作用[⑧]。

3.国际技术转移与工业结构升级关系的研究

如前文所述,国际技术转移是技术进步的重要途径,而工业技术的进步率及其结构又是工业结构优化的主要动因[⑨],即在国际技术转移与我国工业结构升级的关系中,技术进步发挥了重要作用。但如果仅把技术进步作为一个主要渠道分析国际技术转移影响工业结构升级的作用机制,则只能浅尝辄止地从逻辑上考量其合理性,而对实际经济运行的指导作用有限,因此有必要从技术进步的视角出发,进一步探讨国际技术转移影响工业结构升级的具体机理,即厘清国际技术转移对东道国技术进步的作用机制以及技术进步对工业结构升级的作用机制。同时,由于世界政治经济形势和我国发展阶段的重大变化,现阶段国际技术转移对工业结构升级的作用效应与早期国际技术转移相比可能存在较大差异。随着全球化趋势的逐渐加

---

① 王飞:《外商直接投资促进了国内工业企业技术进步吗?》,《世界经济研究》2003 年第 4 期。

② 包群,许和连,赖明勇:《贸易开放度与经济增长:理论及中国的经验研究》,《世界经济》2003 年第 2 期。

③ 李正卫,池仁勇,Cindy, M.:《技术引进和出口贸易对自主研发的影响——浙江高技术产业的实证研究》,《科学学研究》2010 年第 10 期。

④ 郑伟:《技术转移与经济增长研究——基于科技支撑和引领经济发展的视角》,《数量经济技术经济研究》2008 年第 10 期。

⑤ 牛茜茜,王江琦,肖国华:《技术转移对经济增长作用的研究》,《科技管理研究》2015 年第 6 期。

⑥ 傅元海,陈丽姗:《不同技术引进方式对我国经济增长效率的影响》,《科当代财经》2016 年第 11 期。

⑦ 唐兆涵,陈璋:《区域经济差距的形成动因、演变路径和发展趋势——基于技术引进视角的研究》,《上海经济研究》2019 年第 2 期。

⑧ 吴虹仪,殷德生:《专利流动与中国工业企业全要素生产率》,《经济管理》2021 年第 4 期。

⑨ 戴魁早:《中国工业结构变迁的驱动因素:1985～2010》,《当代经济科学》2012 年第 6 期。

深，越来越多的国家开始重视技术转移对本国工业结构的影响，这也为本书的研究提供了丰富的国际经验。因此，本书主要从国际技术转移对工业结构升级的作用机理、影响效果以及现有国际经验三个方面对过往文献进行梳理。

第一，国际技术转移对工业结构升级的作用机理。首先，国际技术转移主要以技术引进为代表，而关于技术引进对技术进步的作用渠道的研究众多，且划分方式不一，但总体而言，主要有外商直接投资、购买专利许可、技术商品贸易这几个方面，其中外商直接投资最为主要。跨国公司作为技术引进的窗口，在技术转移过程中发挥了关键作用，因此也有许多学者对跨国公司技术转移与东道国技术进步的关系进行了理论和实证分析。有学者指出，跨国公司影响东道国的技术进步分为内部化和外部化两种渠道，前者是通过跨国公司的直接投资获取技术、资金、设备、管理经验等资源，后者是通过合同转让、许可证协议等跨国公司的非股权投资获取生产技术和管理技术[①②]。为了更好地量化技术转移与东道国的技术进步，以纳尔逊等为代表的一批学者建立了如下动态模型：纳尔逊和菲尔普斯的技术进步与技术差距关系的动态模型；曼斯菲尔德的技术进步是产业中外资与内资存量之比的增函数的假说；芬德利的跨国公司技术转移与东道国技术进步模型。此外，也有不少学者研究了技术转移与我国技术进步之间的关系，如：李平的《技术扩散理论与实证研究》和《技术进步与发展趋向》；李志军的《当代国际技术转移与对策》；陈国宏的《我国工业利用外资和技术进步关系研究》；杨先明等的《国际直接投资、技术转移与中国技术发展》等。多数研究认为跨国公司技术转移推动了东道国的技术进步。综合来看，无论是哪种技术转移方式，东道国都能从中获得更加先进的技术，这有助于自身技术水平的提升，但出于核心利益的考虑，外国或跨国公司一般不会转让最为前沿的技术，因此，东道国的技术水平将会持续滞后于技术的转让方，并且技术引进可能会抑制自主创新能力的培育，不利于东道国长期的技术进步。针对这个问题，有学者指出，引进的技术并不一定是先进的技术才好，重点在于引进适宜的技术，对技术转让方而言落后的技术很有可能正好是技术接收方所需要的技术，引进的技术如果与企业已掌握的其他技术相匹配，则能够发挥技术引进对实际产出的促进作用[③]。前文对工业结构升级的影响因素作

---

① 何东：《跨国公司、技术进步与发展中国家产业结构升级》，《亚太经济》2000 年第 4 期。

② 贾利军：《国际技术转移与我国技术创新》，《经济问题》2008 年第 3 期。

③ 唐未兵，傅元海，王展祥：《技术创新、技术引进与经济增长方式转变》，《经济研究》2014 年第 7 期。

了分析，得出需求因素、供给因素与国际贸易因素在工业结构升级中发挥了主要作用，因此相应地，技术进步对工业结构升级的影响也主要从这三个方面展开讨论。首先，技术进步对工业结构升级的影响主要是通过影响需求结构实现的，这其中包括消费需求、生产需求以及出口需求等几个方面①。生产环节技术进步带来的生产力提升与商品层面的技术进步带来的产品革新会逐渐使“良货”驱逐市场上的“劣货”，进而不断改变人们的消费观念，即从追求温饱到更加重视生活质量。在此过程中，富裕群体的示范作用也推动了高技术产品向其他收入阶层的扩散②。由于消费需求与生产需求相适应，技术进步同样会促进生产需求升级，扩大固定资产投资，改变生产技术基础和生产结构。随着国内产品生产结构与需求结构的变化，过去短缺的产品逐渐能够自主生产，进而降低进口需求，甚至在产业成熟之后能够形成比较优势进而从“进口替代”转变为“出口导向”。其次，高质量的供给是我国工业结构升级的必要保障与活力源泉。从供给结构的角度来看，技术进步主要为工业结构升级提供了更高质量的劳动力、更加丰富的资本以及更加成熟的生产物质技术基础，直接促进了供给结构的优化。但也有学者指出，技术进步能够促进工业的高质量供给，如果能够与需求结构升级相适应，将有效提升产能利用率，从而促进工业结构升级，但在需求增长较慢的情况下，工业供给质量提升的同时也会大幅提高行业产能，反而不利于工业结构转型③。最后，从国际贸易结构的角度来看，一方面，技术进步能够促进比较优势或者相对优势的转变，改变出口结构，进而传导至生产消费的需求结构与供给结构，最终导致工业结构的变化。另一方面，随着国际贸易的发展与经济全球化的推进，发达国家在自身技术进步推动工业结构升级的同时也向发展中国家转移劳动密集型产业，而发展中国家也可以先通过技术贸易建立完善的产业结构，再通过吸收改造促进技术升级，进而促进产业结构的高度化④。

综上，国际技术转移能够通过外商直接投资、购买专利许可、技术商品贸易等多种方式，依靠跨国公司等重要媒介将先进技术、资金、高质量劳动力、管理经验等资源输入东道国，从而促进其技术进步，进而通过改变东道

---

① 周叔莲，王伟光：《科技创新与产业结构优化升级》，《管理世界》2001年第5期。

② 金晓彤，黄蕊：《技术进步与消费需求的互动机制研究——基于供给侧改革视域下的要素配置分析》，《经济学家》2017年第2期。

③ 肖明月，郑亚莉：《供给质量提升能否化解中国制造业的产能过剩？——基于结构优化与技术进步视角》，《中国软科学》2018年第12期。

④ 李爱，盖骁敏：《技术进步偏向对产业结构优化的作用机制与实证检验——基于要素技术效率视角》，《暨南学报(哲学社会科学版)》2021年第3期。

国的需求结构、供给结构与国际贸易结构等产业结构影响其工业结构升级。

第二，国际技术转移对工业结构升级的影响效果。国际技术转移对工业结构升级的影响效果与前文所述的作用机理是紧密联系的，因此要探讨最终的影响效果就要分析在此过程中各环节作用机制产生的结果。首先，技术转移是否能够促进东道国的技术进步。这一问题前文已有所涉及，现有研究大多持促进论的观点，尽管技术依赖论与技术锁定论有其理论与现实意义，但单纯从技术进步这一概念出发，技术转移的确能够使东道国获取更加适宜的技术，能够优化资源配置、提升生产率，并且倘若对技术转移加以限制引导，加强技术吸收改造，东道国可以实现自主创新能力的培育，还能够通过资本、劳动与技术结合产生溢出效应，通过前后向关联提升工业整体的技术水平。因此，总体上看，技术转移对东道国技术进步存在促进作用。其次，技术进步能否促进工业结构升级。从外国经典理论上看，霍夫曼曾指出，技术差异会导致资本品先于消费品工业的发展，罗斯托的主导产业论也认为主导产业部门会通过技术进步影响其他产业部门发展，这些基础理论基本上都支持技术进步促进工业结构升级的观点。而针对这一问题，国内许多学者展开了大量研究，如：张晖明和丁娟以及史学贵和施洁均认为技术进步是产业结构升级的直接动力[①②]；张长征和吉星认为技术进步率有效促进了产业结构高度化和合理化进而促进了产业结构升级[③]；杨智峰等则进一步指出，重工业有着相比于轻工业更高的技术进步率，二者的相对变化引起了工业结构的升级[④]。

由于过往研究对技术创新与技术进步二者的概念并未有严格区分，在很多语境下二者的涵义存在较大程度的交叉，因此在技术引进能否促进工业结构升级这一问题上，技术创新对工业结构升级的影响研究也有很重要的参考意义。一方面，众多学者分析指出技术引进提升了我国的技术创新

① 张晖明，丁娟：《论技术进步、技术跨越对产业结构调整的影响》，《复旦学报（社会科学版）》2004 年第 3 期。

② 史学贵，施洁：《技术进步、对外贸易与产业结构转型——中国产业结构演进动力分析》，《经济问题探索》2015 年第 4 期。

③ 张长征，吉星：《技术进步率对产业结构调整影响的实证检验》，《统计与决策》2018 年第 6 期。

④ 杨智峰，汪伟，吴化斌：《技术进步与中国工业结构升级》，《财经研究》2016 年第 11 期。

能力[①②③]；另一方面，技术创新推动了我国产业结构的优化升级，如龚轶等认为技术创新能够提高劳动生产率以及节约物质资本成本从而推动产业结构升级[④]，齐讴歌和王满仓以及钱水土和李正茂认为技术创新会通过调整各产业之间及内部的比例关系进而促进产业结构升级[⑤⑥]，易信和刘凤良认为技术创新能够以其“水平效应”与“结构效应”加速产业结构转型[⑦]。但也有学者将技术创新与技术引进同时考虑，侧重于技术创新的自主性，认为技术创新和技术引进都能够促进产业结构的合理化[⑧]。综合来看，大部分研究都认为技术进步或技术创新能够促进工业结构的优化升级。因此，从完整作用链条上看，国际技术转移能够促进工业结构升级这一观点有逻辑上的合理性与实践中的可行性。在此基础上，还有学者指出技术转移与工业结构升级二者之间存在相互作用，技术转移在促进工业结构升级的同时，高端产业核心技术创新能力的提高也能促使外资转移更加先进的技术[⑨]。

第三，国际技术转移推动工业结构升级的国际经验。林毅夫和张鹏飞指出，技术引进无疑是发展中国家一种成本较低的技术进步方式[⑩]。纵观第一次工业革命后世界各国经济发展的历史，尤其是已经站稳脚跟的发达国家或者是正在飞速发展的新兴经济体，技术转移在其产业变迁中几乎都发挥了重要作用。这其中既包括美、德、日等老牌发达国家，也包括“亚洲四小龙”等新起之秀，以及中国和俄罗斯等新兴经济体。第一次工业革命的春风为美国的产业建设提供了极好机会，美国开始加强技术引进并进行创新，

---

① 刘重力，黄平川：《技术进口对我国企业技术创新能力的影响——基于中国省际数据的分位数回归》，《南开经济研究》2011 年第 5 期。

② 肖利平，谢丹阳：《国外技术引进与本土创新增长：互补还是替代——基于异质吸收能力的视角》，《中国工业经济》2016 年第 9 期。

③ 张杰，陈志远，吴书凤，等：《对外技术引进与中国本土企业自主创新》，《经济研究》2020 年第 7 期。

④ 龚轶，顾高翔，刘昌新，等：《技术创新推动下的中国产业结构进化》，《科学学研究》2013 年第 8 期。

⑤ 齐讴歌，王满仓：《技术创新、金融体系与产业结构调整波及》，《改革》2012 年第 1 期。

⑥ 钱水土，李正茂：《金融结构、技术进步与产业结构升级——基于跨国数据的经验验证》，《经济理论与经济管理》2018 年第 12 期。

⑦ 易信，刘凤良：《金融发展、技术创新与产业结构转型——多部门内生增长理论分析框架》，《管理世界》2015 年第 10 期。

⑧ 林春艳，孔凡超：《技术创新、模仿创新及技术引进与产业结构转型升级——基于动态空间 Durbin 模型的研究》，《宏观经济研究》2016 年第 5 期。

⑨ 傅元海，叶祥松，王展祥：《制造业结构优化的技术进步路径选择——基于动态面板的经验分析》，《中国工业经济》2014 年第 9 期。

⑩ 林毅夫，张鹏飞：《适宜技术、技术选择和发展中国家的经济增长》，《经济学（季刊）》2006 年第 3 期。

创造性地提出“可互换零部件”和“持续制造过程”的理念，实现了标准化、流水线式的工业生产。在此基础上通过投资银行家的资本配置，美国迅速建立了相对完善的工业体系，其后加紧技术吸收改造，同时注重培养科技人才，技术进步方式由技术引进逐渐向自主创新转变，通过军用工业向民用工业的技术溢出，最终逐步完成工业化进程并向产业高端化迈进。与美国类似，德国在19世纪50年代开始加强技术引进，提升自主创新能力，逐步实现对英国的模仿和超越，在此过程中不断完善多元化的教育体系，为产业结构调整与建设多元化的工业体系做准备。通过引进技术与吸收改造创新，德国逐渐成为最强大的工业国，并将军事工业中的先进科技开始应用于民用工业。自20世纪80年代开始，德国采取新旧技术融合的方式，形成生产率高、附加价高的高技术产业群，由此推动产业结构高级化的进程。与美德相比，日本的技术转移开始较晚但成效显著。第二次世界大战后，日本才开启了以模仿引进为主的设备现代化进程，由于资源的匮乏，其工业化进程先从农业和轻工业起步，逐步由劳动密集型的产业过渡到资本密集型产业再到知识技术密集型产业，同时教育体系的重点也从基础教育逐渐向高等教育转移。在美国的支持下，日本的技术引进规模持续增长，引进范围也从设备扩大到新商品、新技术、新材料等方面。不可忽视的是，政府倾斜性产业政策的引导在产业结构升级中发挥了至关重要的作用①。并且日本对引进的技术要求比较严格，首先必须是国家主导产业所需要的，其次是稀缺的，最后一定要与产业结构优化紧密结合，在改造一批传统产业的同时重点发展一批新型产业②。

从上述三个国家技术转移促进工业结构升级的历史经验来看，其无不是先通过大规模的技术引进形成良好的工业基础，再通过技术消化吸收改造形成自身的技术创新能力，从而推动工业结构的高级化与合理化。新加坡、韩国和中国香港、中国台湾的技术转移主要来自日本，因此在产业结构上与日本保持了一定的相似性，同时也非常重视技术引进后的消化、吸收、改造。以韩国为例，政府提倡“科技立国”，为实现技术的利用消化以及自主研发，实施了国家创新体系建设，提供大量资金及基础设施服务以支持技术的研发与创新③。但在技术引进方式上“亚洲四小龙”又与日本有一定区

① 陈曦：《构建协同发展现代产业体系的国际经验与启示》，《宏观经济管理》2020年第6期。

② 刘忠远，张志新：《大国崛起之路：技术引进——二战后日本经济增长路径带来的启示》，《科学管理研究》2010年第6期。

③ 张琴：《产业转移、结构调整与经济发展——基于亚洲“四小龙”的经验分析》，《蒙古社会科学（汉文版）》2010年第2期。

别，日本的技术引进以引进设备为主，而“亚洲四小龙”则更加重视外资或合资企业、专利许可等技术转移方式对自身产业结构升级的影响①。相较于美、德、日与“亚洲四小龙”，俄罗斯的技术转移模式则效率较低，对实际工业结构升级的作用也更加有限。究其原因，有学者指出俄罗斯的技术引进注重设备“硬件”的引进，但其对消化、吸收工作的重视程度不高，吸收能力较弱，也没有像日本那样同等重视专利许可等“软件”的引入，因此也就难以形成自身的创新能力，这就导致其与发达国家的技术差距并没有明显的缩小②。

上述经济体国际技术转移影响工业结构升级的现实经验也引发了许多学者对国际技术转移与我国工业结构现状的思考，如：殷醒民在《中国工业与技术发展》中分析了技术引进对我国技术创新的贡献度和我国制造业技术结构升级的方向；江小娟等在《中国的外资经济——对增长、结构升级和竞争力的贡献》中分析了跨国公司的技术溢出效应以及跨国公司与我国高新产业的发展、跨国公司与我国产业结构升级之间的关系；李蕊在《跨国公司在华研发投资与中国技术跨越式发展》中重点分析了跨国公司在华研发的技术外溢与扩散效应；陈明森在《产业升级外向推动与利用外资战略调整》中分析了跨国公司技术扩散效应与产业升级的关系；贺俊和陶思宇回顾了中华人民共和国成立 70 年以来的工业技术进步的历史变迁，总结出了一条先由全面依靠技术援助初步建成工业体系，再由大规模技术引进和技术消化吸收形成再创新能力，最后通过自主创新战略形成企业原始创新能力的后发国家技术赶超路径③。可见，国际技术转移对我国工业结构升级有着重要的意义，但不能否认的是，这其中也存在不少问题，比如王华等指出，要重视国际技术转移的渠道选择，相比于外国直接投资，专利许可对培育我国自主创新能力的积极作用更强，更有利于产业结构的升级，但我国技术许可权交易市场还有待进一步完善④。卫平和张玲玉指出，技术引进仅能促进产业结构的合理化，不能促进产业结构的高级化，而自主创新则对这两个方面都有促进作用⑤。范德成等指出，随着我国经济发展进入新常态，低质

① 崔日明，赵勇：《技术引进模式与东亚经济的发展》，《国际贸易问题》2007 年第 2 期。

② 陈永奇，彭月兰：《技术转移促进欠发达地区产业结构调整的研究》，《经济问题》2006 年第 6 期。

③ 贺俊，陶思宇：《创新体系与技术能力协同演进：中国工业技术进步 70 年》，《经济纵横》2019 年第 10 期。

④ 王华，赖明勇，柒江艺：《国际技术转移、异质性与中国企业技术创新研究》，《管理世界》2010 年第 12 期。

⑤ 卫平，张玲玉：《不同的技术创新路径对产业结构的影响》，《城市问题》2016 年第 4 期。

量的技术引进已经不再适合我国现阶段的发展方式，而主导产业所需要的高质量技术又很难通过技术引进得到，因此从长期看，技术引进不能推动产业结构的优化升级[①]。还有学者指出，国际技术转移对工业结构升级的作用要视具体产业而论，不是所有的产业升级都应该或都不应该依靠技术引进，传统产业升级应该在技术引进的基础上实现模仿创新和自主创新，而新兴产业则需要通过自主创新一步到位[②]。

上述研究虽然观点表述不一，但核心内涵基本一致，即国际技术转移在我国工业结构升级中发挥的作用是好是坏要据具体发展阶段而定、据具体产业而定：在工业建设早期，我国不具备创新能力的情况下只能依靠也应该依靠引进的技术打好工业基础，先拥有相对完善的工业体系；而逐步具备自主创新能力之后，面对不适宜经济发展的工业结构，就要减少对外技术依赖，通过自主创新实现产业的高级化与合理化。同样，对于技术附加值低的产业，其转型升级并不一定需要极为先进的技术，因此，引进适宜的技术使其降低生产成本、提高生产率或许是最合理的选择，而对于向高端制造业转型的产业则应该通过自主创新掌握核心技术，进而产生竞争优势，不应该承接本就被发达国家淘汰的技术。

由此可见，无论是其他国家的现实经验还是我国自身的历史实践，技术转移都在工业结构升级的过程中发挥过、仍发挥着重要的促进作用，但成功的工业结构升级要求我们必须在大规模引进技术的基础上形成自主创新能力，否则将难以摆脱长期滞后于发达国家的低端陷阱。应该注意的是，工业结构的优化升级还需要需求结构与供给结构的适配，通过优质教育培育高端人才，从而既开发高质量的需求也同时提供高质量的供给。此外，制定产业政策要随时而变、随势而变、随产业而变，要对国际技术转移影响工业结构升级的具体机制进行调节，选择有助于技术进步的技术转移渠道，调整工业的需求结构、供给结构与国际贸易结构，使技术转移对工业结构升级发挥出最佳的促进作用。

综上所述，我们得出以下结论：

第一，从国际技术转移形成和运行的机制来看，过往研究基本覆盖了技术转移选择论、技术转移周期论、需求资源关系论、技术转移均衡论、技术差距论等几种观点，这几种经典理论已广泛应用于技术转移与东道国技术进

① 范德成，方璘，宋志龙：《不同技术创新途径与产业结构升级动态互动关系研究》，《科技进步与对策》2020年第5期。

② 余泳泽，刘大勇：《中国传统产业和新兴产业差异性技术进步路径选择研究》，《财贸研究》2013年第1期。

步、技术转移与工业结构升级之间关系的研究之中。

第二,从目前学术界关于国际技术转移与东道国经济发展关系的研究成果来看,研究多集中于技术溢出效应与东道国经济增长关系的研究。从国内研究来看,尽管加入 WTO 以后,以郭克莎为代表的一批专家开始重视加入 WTO 对我国工业结构升级的影响,但大多数研究是从 FDI 和跨国公司的角度分析它们对我国技术进步的影响,或是研究技术进步、技术创新对工业结构升级的影响,直接对国际技术转移与我国工业结构升级互动关系进行的研究尚不系统,而本书的研究正是以技术进步作为切入点,研究国际技术转移影响工业结构升级的中间机制和作用机理。在实证研究方面,鉴于数据的可得性,相关研究的实证分析主要在宏观层面,通过时间序列、行业、地区等不同侧面的比较分析,以及技术转移与我国工业技术进步和工业结构调整之间关系的分析,探讨国际技术转移与我国工业结构之间的传导机制。

第三,从国际技术转移影响工业结构升级的作用机理来看,过往研究集中探讨了以对外直接投资、专利许可、技术贸易为主要途径的国际技术转移是如何通过资金、先进技术和劳动力等资源输出影响东道国的技术进步,进而通过调整产业的需求结构、供给结构、国际贸易结构与国际投资推动工业结构升级的。与之相应,许多学者研究了国际技术转移对东道国技术进步的作用以及引致的技术进步对工业结构升级的作用,在此基础上分析了国际技术转移对工业结构升级的影响效果,而这两个方面既是这些研究的出发点也是其分歧所在。弥合分歧的关键在于,分析这个问题时,要对发展阶段和产业类型进行区分,不同的经济发展阶段以及不同的产业需要选择不同的技术进步路径,这就不难理解为什么关于技术转移对工业结构升级作用的相关研究会产生差异化的结论。从美国、德国、日本等发达经济体和中国、俄罗斯等新兴经济体的现实经验对比来看,早期通过大规模技术引进建设工业体系,中期进行技术吸收改造提高自主创新能力,最终通过技术创新推动工业结构的转型升级是各国工业发展和工业结构成功转型升级的共识。

三、研究视角和方法

(一)研究视角

正如前文所述,影响我国工业结构升级的因素很多,比如贸易、制度、政策，还有技术进步情况等。本书的研究基于这样一种认识：技术创新和技术进步是影响我国工业结构升级的一个重要因素，而在开放经济背景下，无论是从发展中国家工业结构升级的经验来看，还是从中国工业发展的实际情况来看，国际技术转移都是推动我国工业技术进步不可忽视的关键因素之一，进而国际技术转移也是影响我国工业结构升级的一个重要因素。

但遗憾的是，改革开放以来，尽管在“以市场换技术”发展战略的指导下，我国国际技术贸易额逐年增加，但最终的结果是我们的市场别人得到了，别人的技术我们却没有如愿地吸收过来，诸多重要产业的关键核心技术基本上仍然是高度对外依赖的，也正因如此，我们会在关键时候被“卡脖子”。如前所述，尽管有不少学者在研究我国工业结构升级时提到技术因素，提到 FDI 的影响，但就我们掌握的文献来看，系统研究国际技术转移对我国工业结构升级影响的文献还不是很多。因此不同于以往的研究，本书的研究以国际技术转移为切入点着重探讨以下几个问题：国际技术转移推动东道国工业结构升级的机理、改革开放以来我国国际技术转移与工业结构升级的现状、国际技术转移的产业效应和技术效应以及科技中介服务机构、人力资本流动对提升技术转移绩效的影响。

(二)研究方法

统计和计量是本书研究的基础。为了避免空洞的主观推断，本书采取理论演绎和实证分析相结合的方法，尽可能地采用最新的统计数据和研究方法使理论演绎和实证分析有机结合。书中基本上没有复杂的数学计算，主要结论都建立在严谨的实证分析上，主要采用双向固定效应模型、中介效应模型、面板 D-H 因果关系检验法、双向固定效应的空间静态面板杜宾模型、双向固定效应的空间误差模型进行回归分析。这不仅使本书不至于过于“数理化”，同时又提高了结论的科学性。

四、研究思路和总体框架

(一)研究思路

在开放经济条件下，本书将国际技术转移作为影响我国工业结构升级的主要因素来探讨国际技术转移与我国工业结构升级之间的传导机制，力求揭示我国国际技术贸易额与工业技术升级之间存在较大落差的原因。基于此，本书在理论演绎和实证分析的基础上，由现象到本质逐步展开讨论。从技术效应和产业效应的角度，本书以描述统计、回归分析等方法分析国际技术转移与我国工业结构升级之间的互动关系，在此基础上进一步拓展分析，探讨科技中介服务、人力资本流动对提高国际技术转移绩效的作用，以及基于价值链视角对国际技术转移与我国工业结构升级之间关系的分析，最后得出结论、提出对策建议。

（二）主要创新点

本书的创新之处主要有三个方面：

(1)研究视角新。本书的研究基于这样一种认识：技术创新和技术进步是影响我国工业结构升级的一个主要因素，而在经济全球化背景下，无论是从发展中国家工业结构升级的经验来看，还是从中国工业发展的实际情况来看，国际技术转移都是推动我国工业技术进步的重要因素，因此，国际技术转移也是影响我国工业结构升级的一个重要因素。鉴于此，本书抓住影响我国工业结构升级的主要因素——技术，从产业效应和技术效应两个方面，系统地分析影响我国工业技术进步的主要因素——国际技术转移与工业结构升级之间的关系。这种新的研究视角是本书的创新点之一。

(2)本书对国际技术转移与我国工业结构升级之间的关系作了多维度剖析。首先，从时间序列、行业、地区、国际贸易等不同角度分析了二者之间的关系；然后，实证检验了二者的关系，验证了国际技术转移推动工业结构升级的技术效应和产业效应两条路径及其异质性和空间溢出效应。理论界对我国工业结构升级的研究较多，其中也涉及国际技术转移，但缺乏系统化的梳理和研究。这种多维度的系统分析是本书的又一个亮点。

(3)本书的拓展分析部分探讨了科技中介服务和人力资本流动对技术转移绩效的影响，以及从价值链升级视角对问题作了进一步分析。科技中介服务和人力资本流动、价值链升级都是关系国际技术转移效果的重要因素，但是目前理论研究中却鲜有关注，本书的研究进一步拓展了关于国际技术转移推动工业结构升级的理论维度。

（三）理论意义和现实意义

理论意义：探讨国际技术转移与我国工业结构升级之间的传导机制。在工业化进程中，工业结构升级机制是国内外学者研究的热点问题。在开放经济条件下，对于像中国这样的后起国家来说，其面临的一个主要问题就是促进工业结构升级的主要因素——技术来源的主渠道是国际技术转移。

但技术引进和输出对发展中国家技术进步和创新能力培养的相关度到底有多大？这种外来技术和发展中国家工业结构升级之间的互动关系呈现什么状态？目前尚没有系统的研究。本书的理论意义就在于通过对国际技术转移对我国工业结构影响的研究寻找上述问题的答案。

现实意义：现阶段我国经济发展的过程也就是工业化的过程，在当前逆全球化的大背景下，一方面我们面临着诸多关键核心技术被“卡脖子”，需要增强原始创新能力，另一方面又需要正视当前创新链全球化趋势的不可逆转，未来国际流动不会停滞只会加速，我们到底该如何正确认识国际技术转移对工业结构升级的作用？到底该如何在增强原始创新能力的同时有效利用国际上的先进技术进一步促进我国工业结构升级是一个迫切需要解决的问题。本书的现实意义在于通过比较全面和系统的分析得出结论，提出相关对策建议。

(四)困难

理论框架构建的困难。从国际经验来看，国际技术转移与工业结构升级之间的现实关联程度有着明显的国别差异，这意味着二者之间有着复杂的传导机制，且影响因素复杂。要厘清国际技术转移影响工业结构升级的理论机制是比较困难的，既要有宏观视角的背景分析，又要有微观视角的影响因素甄别，因此，构建既能够在理论上实现逻辑自洽又能够在实践上得到验证的理论框架需要系统梳理影响国际技术转移和工业结构升级的因素，洞悉它们之间相互作用的规律。

资料和数据采集的困难。本书的一个最主要特点就是建立在数据分析基础上的实证研究。本书的主体部分从第四章到第十一章均需要大量的数据，因此在研究过程中，数据采集工作量极大。由于前后统计口径的差异，书中的部分数据只能通过其他统计数据的计算来间接得到，需要十分慎重。

(五)总体框架

本书包括概论共分 12 章，分为理论与事实、实证检验、拓展分析和结论及对策建议四篇。

第一篇是理论与事实，包括第一章至第四章，对研究意义、相关理论进展以及国际技术转移与工业结构升级之间的理论机制和二者发展的实际状况进行了分析。第一章是概论，介绍了研究原因、框架，关于工业结构升级、国际技术转移以及国际技术转移推动工业结构升级的一般理论和相关研究进展。第二章梳理了当前国际技术转移的历史演变过程和发展趋势，判断当前国际技术转移所处的阶段，总结其特点，介绍了日韩依靠技术转移推动本国工业结构升级的经验。第三章从理论上分析了国际技术转移的影响因素、国际技术转移推动工业结构升级的机理，是全书的理论铺垫。第四章介绍了国际技术转移与我国工业结构变迁的典型事实，从时间、行业、地区、贸易等不同视角展示了二者的变迁过程，并对指标选择进行了描述。

第二篇是实证检验，包括第五章至第八章，对国际技术转移推动我国工业结构升级进行了基准回归、机制、异质性和空间溢出效应的检验，从多个维度实证分析了国际技术转移对我国工业结构升级的影响。第五章是基准检验。第六章从产业效应和技术效应两个方面进行了机制检验。第七章从地理位置、市场化水平、经济发展路径三个方面进行了异质性检验。第八章则重点分析了国际技术转移推动工业结构升级的空间溢出效应。

第三篇是拓展分析，包括第九章至第十一章，对可能影响国际技术转移对工业结构升级推动作用的科技中介服务、人力资本流动，以及价值链视角的工业结构升级进行了拓展研究，从而使整个分析更加充实。第九章探讨了科技中介服务、国际技术转移效率与工业结构升级之间的关系。第十章分析了人力资本流动在国际技术转移推动工业结构升级过程中的作用。第十一章基于价值链视角研究了国际技术转移对我国工业结构升级的影响。

第四篇是结论及对策建议，即第十二章。本章对前文研究结论进行了归纳整理，并在此基础上提出了基于工业结构升级的国际技术转移政策优化思路。

第二章　国际技术转移的新趋势与国际经验

在经济全球化的大背景下，国际技术转移已经成为我国国家创新体系建设的重要环节。但新技术革命的到来，使得当今的国际技术转移呈现出日趋复杂化，技术转移服务社会化、专业化，地区不平衡性持续扩大等一系列新特征，我们必须站在创新型国家建设的高度，在深刻理解当代国际技术转移新趋势的基础上，借鉴其他国家国际技术转移经验，及时调整相关政策，提高国际技术转移绩效。

一、概念界定

技术是一个非常复杂的概念，理论界对它的定义也仁者见仁，莫衷一是。比如，联合国工业发展组织（UNDIO）认为“技术或技术秘密指的是制造一种或多种产品以及以此为目的而建立一个企业、工厂时需要的知识、经验和技能的总和”①。联合国经济合作与发展组织认为“技术是指在整个生产过程中所应用的知识，这个过程是从产品的研究一直到销售”②。费布里曼则认为技术是“感觉运动的技巧”。贾维尔认为技术是“实现社会目的的手段”。古特尔和奥特林费尔德将技术理解为“以经济为目的的方法”。狄德罗将技术定义为“为某一目的的共同协作组成的各种工具和规则体系”。钱时惕认为“技术是人类在实践（包括生产、生活、交往等方面）活动中，根据实践经验或科学原理所创造或发明的各种物质手段及方式方法之总和”③。江小涓则指出知识经济中的技术应该是广义的技术，即包括来自自然科学

① 杨念梅：《国际技术贸易教程》，北京，北京航空航天大学出版社，1995，第1版，第1页。

② OECD（经济合作与发展组织）：《以知识为基础的经济》，杨宏进、薛澜译，北京，机械工业出版社，1997，第1版，第10页。

③ 钱时惕：《什么是技术及科学与技术的关系——科学与人文漫话之二》，《物理通报》2009年第11期。

知识的“硬技术”和来自社会科学的“软技术”等①。在关于技术的诸多定义中，英国学者诺里斯和维西提出的技术的五种含义是比较全面的：技术包括所有工业革新进程中的科学和工程活动；技术可以看作是工程的同义词；技术是技巧的集合；技术是工业技术的科学；技术是能生产一定实际产品的投入要素的各种不同组合。

总之，学术界关于技术的定义不下百余种②，鉴于我们的研究主要是在工业领域，因此我们对技术的定义有两层含义。第一，“软”技术，即为制造特定工业产品所需要的诀窍、技能以及组织和管理等方面的知识体系。它包括工艺和技能两个方面。前者主要包含产品技术和生产技术，通俗地讲就是如何生产产品的技术。后者主要是指管理技术，即对产品生产、销售过程以及企业发展的组织协调活动。我国在1985年颁布的《技术引进合同管理条例》中对技术的定义主要限定在“软”技术方面，即有关制造一项产品、应用一项工艺或提出一项服务的系统知识。第二，“硬”技术，即生产某种工业产品所需的设备。实际上，在我国技术引进的实践中，各级技术引进单位都认为，技术引进不仅包括专利、专有技术和技术服务等方面，同时还包括设备的进口，技术引进的具体政策也都包含“软”“硬”两种技术。

世界政治中的技术转移是指将技术成果及技能从技术发源地或领先地向其他国家或地区传播的举措和过程③。技术转移最初是在1964年第一届联合国贸易发展会议上作为解决南北问题的一个重要策略提出的，此次会议将国家之间的技术输入和输出统称为“技术转移”。随后，《联合国技术转移行动守则(草案)》又将技术转移定义为关于制造一项产品、应用一项工艺或提供一项服务的系统知识的转让。前者指的是技术由一个地区向另一个地区的转移，也被称为“横向技术转移”；后者的范围则更加宽泛，既包括技术在不同地区之间的流动，也包括技术和知识向应用的转让，即“纵向技术转移”。我们所讨论的主要是技术的横向转移，即技术通过有偿或者无偿的途径，跨越国界(或地区)，从一国(地区)到另一国(地区)的转移活动，包括贸易方式、非贸易方式两种转移途径④。所谓“贸易方式”，是指技术转让方(技术输出方)与技术引进方(技术输入方)通过技术商品化，实施技术买卖行为，将技术由技术转让方让渡给技术引进方，是一种有偿的技术转移方

---

① 江小涓：《北京高新技术产业发展：目标、战略与对策》，《经济与管理研究》2001年第1期。

② 陈文化，沈健，胡桂香：《关于技术哲学研究的再思考》，《哲学研究》2011年第8期。

③ 黄琪轩：《“振兴的机遇”与“失去的机会”——美日竞争背景下美国的技术转移与亚洲经济体》，《世界经济与政治》2021年第12期。

④ 张玉杰：《技术转移理论、方法、战略》，北京，企业管理出版社，2003年，第1版，第35页。

式,也是国际技术转移的主要方式。非贸易方式指通过跨国界的技术合作、援助、交流、赠与等方式实现技术在转让方和引进方之间的转移,其典型特点是技术转移过程中不发生直接的买卖关系。从目前国际技术转移的现状来看,通过贸易方式实现的技术转移占有绝对大的比重,是当前国际技术转移的主流方式,也是我们讨论的重点。

另外需要强调的一点是,我们所指的国际技术转移包括两个方面,技术的输入是一个方面,这是我们国家技术转移的重点,也是我们探讨的重点。我们还将涉及技术的输出,初步探讨技术输出与我国工业结构升级之间的关系①。

二、当代国际技术转移的新趋势

世界经济发展经验表明,技术发展是一国经济持续增长的根本动力②。经济竞争的实质是科技竞争,技术创新对于产业结构调整、分工格局重塑和经济发展等方面起到重要的推动作用,直接影响一国或地区的全球竞争力与地位③,因此,自主创新能力往往决定一个国家经济发展的前途命运。但是正如我国前科技部副部长李学勇所强调的,自主创新并非自我创新、封闭创新,原始性创新、集成创新和引进消化吸收再创新都是其实现路径④,尤其是对发展中国家而言,通过引进技术获得技术的成本低、时间短,有利于加快缩小与发达国家技术差距的步伐⑤。事实上,国际技术转移已经成为

① 关于外向 FDI 与母国技术扩散之间的关系,理论界的研究还不是很系统,目前见到的对这一问题作过比较系统分析的成果是弗兰克·利希滕伯格和布鲁诺·范·波特斯伯格·德·拉·波特里的《国际 R&D 溢出:重新审视》(*International R&D Spillovers: A Re-examination*)。他们在修正了科和赫尔普曼在 1995 年建立的关于衡量通过贸易途径实现的工业国之间技术溢出程度的模型的基础上,得出外向 FDI 和技术出口也是实现技术在国际范围内扩散的重要途径。基于此结论,我们将在第八章和第十一章中拿出部分篇幅分析 OFDI 与我国工业结构升级之间的关系。

② 这一观点得到了经济增长理论领域一批著名学者的认同,如:Aghion,P.,and Peter,H.,1992:"A model of growth through creative destruction", *Econometrica*, January; Gorssman,G.M.and Helpman,E.,1993:"Innovation and growth in the global economy", Boston:MIT Press; Romer,P.M.,1990:"Endogenous technological change", *Jurnal of Political Economy*, January.

③ 陈强远,林思彤,张醒:《中国技术创新激励政策:激励了数量还是质量》,《中国工业经济》2020 年第 4 期。

④ 雷蕾:《盛世中国话创新——聚焦十七大科技热点话题》,《发明与创新(综合版)》2007 年第 11 期。

⑤ 周叔莲,王伟光:《科技创新与产业结构优化升级》,《管理世界》2001 年第 5 期。

大多数发展中国家技术发展的主要渠道。通过引进或购买发达国家先进技术,提升本土企业自主创新能力,可以获得推动经济持续增长的基础条件①。20世纪五六十年代的日本、韩国都是借助技术引进实现经济社会快速发展的成功典范。因此,从20世纪60年代技术转移概念的提出开始,国际技术转移就成为理论界关注的热点问题。历经半个多世纪,国际技术转移的方式、路径都呈现出诸多新的特征。近年来,不少学者开始关注国际技术转移的新趋势和新特点。董丽丽以高智发明公司为例,从技术经营(Management of Technology)的视角探讨了国际技术转移的新趋势②。杨莉从区域经济发展的角度对国际技术转移的新趋势进行了阐述③。景守武等分析了外商直接投资、国际技术贸易、商品贸易三种国际技术转移方式对东、中、西部地区的技术进步的异质性影响④。黄琪轩聚焦美日竞争时代,总结了亚洲经济体利用美国技术转移的经验和教训,有助于理解未来的中国对外技术战略⑤。这些成果成为国际技术转移理论研究的基本前提,是探讨未来我国技术引进政策优化的基础。

当前,我国正处于推动创新型国家建设,谋求从"中国制造"到"中国智造"转型的关键时期,虽然我国的技术发展水平已取得了较大的进步,但与欧美等发达国家相比还有一定的差距。国际技术转移是包括中国在内的发展中国家实现技术追赶的重要途径。提高技术转移效率,充分利用好国内和国外两个技术市场的优势,仍然是我国实现技术跨越的关键环节。只有从战略高度清醒地认识当今国际技术转移的发展趋势,才能抓住机遇,不断完善我国科技创新体系,提高技术引进效率和科技创新能力。综观当前国际技术转移的发展,其呈现出如下特征:

(1)技术发展的国际化趋势使国际技术转移成为当代技术自身发展的内在要求。

国际技术转移最初是为了消除发达国家和发展中国家之间的技术差距而提出的。但是进入21世纪后,整个国际环境发生了天翻地覆的变化,经济的全球化趋势已经渗透到世界的每一个角落。人才、资金、信息等各种技

① 张杰,陈志远,吴书凤,等:《对外技术引进与中国本土企业自主创新》,《经济研究》2020年第7期。

② 董丽丽:《国际技术经营新趋势下我国技术转移战略研究——以美国高智发明公司为例》,《科技进步与对策》2014年第15期。

③ 杨莉:《国际技术转移新趋势对区域经济发展的启示》,《中国市场》2011年第40期。

④ 景守武,夏咏:《国际技术转移对我国区域技术进步的影响——基于东、中、西部面板数据模型分析》,《中国高校科技》2016年第10期。

⑤ 黄琪轩:《"振兴的机遇"与"失去的机会"——美日竞争背景下美国的技术转移与亚洲经济体》,《世界经济与政治》2021年第12期。

术发展要素全球配置；研发活动的组织、管理突破国界；成果的应用和流动更是在全球化的大平台展开。在这样的背景下，任何一个国家都不可能完全依赖本国力量把握技术发展的脉搏，更无法囿于一国之内实现创新资源的最优配置，因此，国际技术转移已经成为现代技术自身发展的内在要求。

技术发展的国际化大趋势使得跨国公司和跨国技术联盟成为当代国际技术转移的重要载体。作为世界技术的主要掌握者和转让者，跨国公司凭借其强大的技术力量和雄厚的资金当仁不让地成为当今国际技术转移的主要承担者和世界技术市场的垄断者。按照蒂斯的解释，跨国公司之所以存在，主要目的就是要使市场内部化，以尽可能地避免在技术交易中存在较高的技术转移成本①，而当代技术发展的国际化趋势无疑使得跨国公司成为各国技术资源横向整合最合适的载体。跨国技术联盟是指面对当前激烈的竞争和复杂的技术，一些企业特别是跨国公司逐渐放弃凭自身实力单方面进行打拼的战略，转而“以专题研究、产品开发、技术合作为目的，以协定、条约为纽带，不同国家、企业（公司）和科研机构相互联合而形成的战略联盟”。目前这种联盟主要在发达国家的大集团中形成，通过知识互补和技术支持，实现联盟成员的共赢，是当代技术资源流动的重要途径。跨国技术战略联盟是中国企业“走出去”的重要模式。杨震宁等就以比亚迪汽车和戴姆勒公司建立的跨国技术战略联盟为案例，指出两家公司相对丰富的国际化经验在战略上有很强的互补性，有助于提高技术战略联盟的稳定性②。

(2)当代技术发展的系统性使国际技术转移日趋复杂化。

在信息时代，新技术呈现出复杂化、系统化的典型特点。所谓“系统性”，从宏观上讲，是指持续推进的高科技及其产业化已经极大地改变了过去科技与政治、经济、文化、军事和国家安全之间联系的间接性，体现了一个国家整体的科学技术发展能力和社会文化。从微观上讲，当代技术发展的系统性主要体现在新技术的研发和运用对人员、设备、财力、政策环境等诸多支持因素的共同依赖。当代技术发展的系统性使得当代国际技术转移日趋复杂化，并呈现出明显的多元化特点。首先，新技术的系统性使新技术难以被拆分，也很难进行适应性改造，这在客观上要求技术引进方在引进新技术时必须充分考虑设备、软件、人才等各个方面，以保证引进技术被消化、吸收。其次，当代技术发展的系统性往往使技术的引进伴随着母国（技术输出

① Teece, D. J., 1977: “Technology transfer by multinational firms: the resource cost of transferring technological know-how”, *Economic Journal*, *Royal Economic Society*, June.

② 杨震宁，李东红，曾丽华：《跨国技术战略联盟合作、动机与联盟稳定：跨案例研究》，《经济管理》2016 年第 7 期。

国)文化、习俗和价值观念的输出,这种多元化的特点使得国际技术转移更加复杂。最后,当代技术发展与政治、文化、军事等非经济因素高度结合。早在2009年,日本就成立了科学技术外交战略特别工作组,研究其科技外交战略,其文部科学省更是直接在气候变化和生物多样性领域设立开放式研究基金,以期通过大型国际共同研发项目构筑亚洲科技合作网络,使科技合作成为东亚一体化的先导。

(3)技术转移服务呈现社会化、专业化的典型特征。

随着新技术革命的到来,当代技术发展呈现出三个新特征。一是技术更新速度加快,应用周期缩短。根据联合国教科文组织的研究,进入21世纪后,人类知识更新的周期在一些领域中甚至已经缩短至2～3年。二是学科发展相互融合。各学科、各领域之间的联系越来越紧密,学科之间相互渗透、相互交叉,综合发展的趋势越来越明显。一项新技术的出现往往是多门学科交叉作用的结果。三是技术应用越来越具有综合性。新知识、新成果从没有像今天这样一经产生便迅速向政治、经济、文化、教育、军事等各个领域传播、渗透。当代技术发展的这些新变化对技术服务提出了更高的要求,于是技术经营理论应运而生,专业的技术转移机构、平台以及各种专利投资和经营公司在国际技术转移中的作用开始凸显。

技术经营理论的研究和教育是20世纪90年代首先在技术发达的美国和欧洲发展起来的,2000年后,开始在日本、韩国等亚洲国家受到高度关注。技术经营的兴起旨在解决研发活动中存在的死亡之谷问题,即“很多科研成果没有办法走向市场,被埋没在从基础研究到商品化的途中”。随后技术转移机构、平台,以及各种专利投资和经营公司等各类专业化的技术服务机构在全球范围内迅速发展。美国国家技术转移中心(NTTC)、欧洲创新转移中心(IRC)、德国创新市场(IM)等都是目前全球知名的技术交易平台,其主要功能是整合技术交易信息平台,提供技术交易专业服务,如专业咨询、技术交易事项辅导(包括技术授权辅导、技术评估、技术评价等)、技术商业化辅导(包括产品设计辅导、原型试验、生产制造等)以及教育培训等。以高智发明公司为代表的国际技术经营呈现“从有形产品到治理产品,从分散经营到战略规划,从购买研发到投资研发”的特点,推动形成跨国技术转移公司新形式,促进国际技术的合作与转移①。技术经营的一个重要特点是鼓励企业积极利用外部资源,即通过购买和联合开发等方式获取战略性技术,因此随着技术经营不断成熟和普遍化,专业从事发明与专利交易的大型

---

① 董丽丽:《国际技术经营新趋势下我国技术转移战略研究——以美国高智发明公司为例》,《科技进步与对策》2014年第15期。

和超大型公司开始兴起[①]，企业逐渐成为国际技术转移中的新兴力量，积极开展形式多样的技术转移活动。

(4)国际技术转移分布不平衡的状态在短时间内难以改变。

在国际技术市场上，技术转移的分布极不平衡，大部分技术引进在发达国家间进行，技术不会自动从高技术国家流向低技术国家，国际技术转移需要本国企业的技术积累作为后盾[②]。据统计，当前发达国家之间的技术贸易额占世界技术贸易总额的80%以上，发达国家或地区与发展中国家之间的技术贸易仅占世界技术贸易总额的10%，而发展中国家之间的技术贸易额则不足10%。现代技术往往和当地的经济、文化、社会习俗等因素交织在一起，发达国家之间由于在技术的整体发展水平上很相近，经济体制、文化习俗之间的包容性也很强，且都拥有雄厚的资本，市场及投资容量都较大，因此比较容易为技术的多元化转移提供顺畅的通道，从而实现在技术研发上的合作、交流、相互渗透和竞争。而发展中国家和发达国家之间在经济和技术发展水平上存在一定的落差，在教育和人才结构上也有较大的差距，这在客观上阻碍了技术的流动。正像肯尼思・华尔兹预言"发展中国家难以效仿俄罗斯和日本通过吸收发达国家技术实现技术赶超"时给出的四个原因：一是技术复杂度提高，关联度增强，发展中国家难以同时掌握相关技术；二是技术进步加快，技术发展呈现"一步慢、步步慢"的态势；三是技术研发依赖广大的国内市场规模；四是技术在国际政治中日益重要，决定国家繁荣[③]。其中前三点均构成技术落后者赶超的显著障碍[④]。此外，发展中国家之间虽然经济和技术水平相似程度相对较高，但是技术发展的低水平同样限制了技术的转移。从长远看，由于发展中国家的经济发展水平和技术进步状态不可能在短时间内改善，发达国家和发展中国家之间的上述差距非但不可能在短时间内缩小，还有日益扩大的趋势。因此，目前国际技术转移高度集中于发达国家之间的状态还将持续很长时间。

(5)政府仍将在国际技术转移中扮演不可或缺的角色。

在技术发展的国际化大趋势下，国际技术转移已经成为国家间经常性

---

① 董丽丽，张耘：《国际技术转移新趋势与中国技术转移战略对策研究》，《科技进步与对策》2013年第14期。

② Abramovitz, M., 1986: "Catching up, forging ahead, and falling behind", *The Journal of Economic History*, February.

③ 〔美〕肯尼思・华尔兹：《国际政治理论》，信强译，上海，上海人民出版社，2003年，第1版，第241页。

④ 黄琪轩：《"振兴的机遇"与"失去的机会"——美日竞争背景下美国的技术转移与亚洲经济体》，《世界经济与政治》2021年第12期。

的技术交流活动，是世界各国政府关注的焦点。技术输出国政府出于战略、国防、对外政策和利益关系的考虑，努力对技术的输出进行管制，技术输入国则力图通过各种途径为技术的输入和消化吸收提供良好的平台。但是从目前世界经济的发展趋势来看，由于经济全球化进程淡化了国与国在经济、文化诸方面的界限，贸易、投资自由化程度都在提高，这在客观上大大限制了政府在国际技术转移中的干预行为，使得政府的作用由直接的管制和参与逐步向提供更好的技术转移服务转变。对发展中国家而言，就是努力改善教育、改善基于互联网的基础设施、建立高效率的信息服务系统、完善金融服务等，不断增强消化吸收、改造引进技术的能力，稳固技术进步的平台。当然，由于技术贸易不同于一般的商品贸易，各个发展中国家出于保护本国经济、推动本国产业结构调整和技术升级等宏观目标，仍会对一些重大项目的引进直接进行干预，比如韩国政府一直在国营部门直接从事大规模项目的技术引进活动。对于发达国家而言，在将部分成熟技术和传统产业向外转移的同时，各国政府在新技术领域的竞争也更加激烈，一方面，诸多保护国家安全的知识产权、产业政策等限制条件层出不穷；另一方面，不断加大对一些国家级技术交易平台的扶持和激励，以技术服务的形式控制前沿技术的国际交易。

(6)国际技术转移政策环境不断完善。

伴随着国际贸易的发展，与其密切相关的知识产权保护日益重要。知识产权解决了部分国际技术转移中的“投资不足”问题，便利了技术要素在全球自由流动①，特别是国际技术转移涉及大量专利、技术设备、商标等的使用权，更是离不开知识产权保护制度的支持。在经济全球化大背景下，知识产权保护制度成为建立国际新秩序的核心。当前，国际技术转移已逐渐从国际知识产权保护领域不断扩展到国际贸易法、国际投资法等领域，各个国家充分认识到政策环境对国际技术转移的重要性。一方面，不断加强知识产权保护和运营，建立健全知识产权运用机制的法律制度，充分发挥知识产权司法保护的主导作用，推进知识产权保护制度国际化进程；另一方面，不断完善国际贸易、国际投资等政策，为国际技术转移构建良好的制度环境。

(7)亚太地区在国际技术转移市场中的地位凸显。

进入21世纪，随着新兴市场国家的崛起，亚太地区第一次成为与欧洲经济圈、北美经济圈并行的世界三大经济中心之一。随着亚太地区在世界

---

① 彭亚媛，马忠法：《管制与自由：国际技术转移法律规则的回顾与展望》，《国际经济法学刊》2021年第3期。

经济舞台上的作用越来越重要，以及这一地区国家经济发展水平和技术进步速度的迅速提高，这些国家和地区对技术的需求不断增加，技术合作和交流也更加频繁。1977年成立的联合国亚太技术转移中心（APCTT）近年来高度活跃，我国也于2007年6月在南京正式成立联合国亚太技术转移中心南京联络点（简称“APCTT南京联络点”）暨南京国际技术转移中心。在2012年9月举办的“首届中国—东盟科技部长会议”上，中国和东盟十国科技部长又共同启动《中国—东盟科技伙伴计划》，明确建设“中国—东盟技术转移中心”为科技伙伴计划的重点内容之一，亚太地区已经成为当今世界技术交易的活跃地带。2012年8月召开的经济部长会议原则上就启动《区域全面经济伙伴关系协定》（RCEP）谈判达成共识，旨在消除区域内部贸易壁垒，创造和完善自由的投资环境，扩大服务贸易，以及加强在知识产权保护、竞争政策等多领域的合作。2020年11月15日，RCEP正式签署，成员国包括东盟十国、中国、日本、韩国、澳大利亚和新西兰，这就意味着世界上最大的自贸区诞生了。与《跨太平洋伙伴关系协定》（TPP）相比，RCEP在“技术转移”问题上的态度较为开放①，这为进一步推动亚太地区的技术转移提供了机遇。不仅如此，随着中日韩等新兴工业化国家的发展，亚太地区也正日益成为当代南北技术转移的桥梁。

（8）全球科技经济一体化趋势推动国际技术转移协作网络的形成和发展。

在全球科技经济一体化的背景下，知识、信息、人才等创新要素实现全球性流动。正是创新要素分布不均的现状促使国家间的创新合作愈加密切，全球创新网络不断形成和发展，使一国的技术转移来源更加多元化，对国际技术转移协作网络的形成和发展起到了重要推动作用。反之，国家间的技术转移也加强了不同国家或地区间的科技合作交流，形成或深化了创新联系，扩大了网络规模，增加了网络密度，不断推动全球创新网络的深化发展。2021年，全国科技工作会议报告指出我国通过“深入实施‘一带一路’科技创新行动计划，建设19家联合实验室，基本建成一体化技术转移网络”。技术转移是推动科学技术的转化应用的重要途径。在新冠肺炎疫情带来全球卫生、经济和治理危机的挑战下，一体化技术转移网络的形成对推动国际创新合作具有积极影响。其实早在2011年，国际技术转移协作网络（ITTN）就在科技部指导下发起成立，以促进中国对外开展跨境创新技术商业价值转化合作为使命。ITTN覆盖了全球35个国家610家国际技术

---

① 马忠法，王悦玥：《论RCEP知识产权条款与中国企业的应对》，《知识产权》2021年第12期。

转移机构，不断推进国际技术转移和创新成果的转化。以中国对外技术转移网络为例，闫姗姗和刘承良指出中国与其他国家和地区之间的专利转移网络密度不断增加，网络规模不断扩大，逐渐从欧美长期主导中国对外技术交流的“两极”格局形成美欧亚“三足鼎立”的局面①。

三、国际技术转移推动工业结构升级的国际经验比较分析

（一）国际技术转移与日本工业结构升级

日本是借助国际技术转移的巨大外溢效应推动工业结构升级的典型国家。在明治维新的时候，日本的工业落后英国一个世纪，落后美国、法国、德国半个世纪。但是第二次世界大战后，日本依靠大量从国外引进的技术，在经过20世纪50年代的准备期后，60年代便进入经济的高速增长期，70年代初期就已经基本实现现代化（日本的国民生产总值在1966年超过法国，1967年超过英国，1968年超过原联邦德国，20世纪80年代末已经成为仅次于美国的第二经济大国）。到90年代的40多年间，日本经济年均增长率为7.6%。如此快的工业化速度在资本主义工业化史上是极为罕见的。如果说这种高增长率得益于管理和技术这两个轮子，那么，技术的作用显然主要是指技术引进的作用②。

日本通过国际技术转移推动本国工业结构升级的模式可以概括为：引进→消化吸收→创新→输出，也有学者将其概括为“先模仿后制造”。

日本的技术发展路程可以划分为三个阶段。

1950～1960年的起步阶段。这个阶段技术引进的特点是以引进和继承为主要任务和目的。战后初期日本制定了一系列鼓励引进外资的相关法律和法规，比如1949年的《外汇及外贸管理法》、20世纪50年代的《外资法》《引进补助制度》《研究交流促进法》等，为下一阶段的高速、大量技术引进打下了基础。该阶段日本引进的技术主要集中在电力、钢铁、煤炭等基础工业部门，所引进的技术当中，冶炼、机械和化工占引进技术项目的84%。但这个时期的国外先进技术仅仅停留在引进和继承方面，这和战后日本急于推动经济全面恢复的战略目标是一致的。

---

① 闫姗姗，刘承良：《中国对外技术转移网络的空间演化及其影响因素》，《世界地理研究》2023年第1期。

② 郭燕青：《技术转移与区域经济发展》，北京，经济管理出版社，2004年，第1版，第84页。

1961～1979年的高速引进和吸收发展阶段。在度过最初的恢复期后，日本经济转入高速发展时期。从表2-1的数据我们可以看到，与此相适应，日本的技术引进工作阔步前行。为了推动技术引进工作的顺利进行，日本政府开始调整20世纪50年代对引进技术进行严格审查的政策，简化技术引进审批手续，并推动技术贸易走向自由化。在这段时间，日本在大量引进技术的同时还调整了技术引进的方式，即尽量减少成套设备的购买量，有选择地引进单项技术，强化对引进技术的消化吸收，力争做到“一号机进口，二号机国产”。同时，日本经历了“从硬到软”的转变，即从20世纪50年代引进硬件技术转为引进软件技术。1965～1973年的9年间，日本用于购买技术专利的金额达到11575亿日元，居世界第一位①。

表2-1　日本工业化时期引进技术项目统计表②

时段	1	2	3	4	5	6
年度	1950～1955	1956～1960	1961～1964	1965～1970	1971～1975	1976～1980
甲类/项	525	831	1712	5256	8368	8303
乙类/项	623	941	1824	3291	2406	2678
合计/项	1148	1772	3536	8547	10774	10981

20世纪80年代后的技术输出阶段。随着日本经济的不断发展，很多领域的生产技术开始在国际上处于领先位置。为了进一步推动经济的发展，日本政府从1980年开始提出要实现“技术立国”“对外投资立国”，逐步尝试推动技术出口。事实证明，日本从“吸收战略”向“技术立国”战略的转变取得了巨大的成果。1995年，在主要的发达资本主义国家中，日本科技指标的指数增长最快，同时日本的科技力在西方国家中仅次于美国，居第二位③。

这种先模仿后制造的技术转移模式给日本的工业结构升级带来了巨大的推动力。表2-1和表2-2是第二次世界大战后日本产业结构升级和技术引进的基本情况。从两个表的数据中我们可以发现两个明显的趋势：第一，从20世纪50年代初到80年代初的30年间，工业结构呈现出明显的高度化趋势，即“劳动密集型产业→重化工产业→技术密集型产业”。第二，在这

① 崔日明，赵勇：《技术引进模式与东亚经济的发展》，《国际贸易问题》2007年第2期。

② 张玉杰：《技术转移理论、方法、战略》，北京，企业管理出版社，2003年，第1版，第39-42页。

③ 郝凤春：《日本技术引进：对中国的启示》，《国际经济合作》2011年第12期。

30年内，技术引进呈现持续的高速上升趋势，其中增长最快的1965～1970年比1961～1964年增长142%。据统计，在1955～1970年的15年内，日本几乎吸收了全世界半个世纪开发的所有先进技术，这大大加速了日本工业结构升级的步伐。因为是通过国际技术转移的途径获得新技术，这使日本掌握这些技术的过程大约节约了2/3的时间和9/10的技术研究费用①。总之，实践证明，日本工业结构的变迁伴随着大量的技术引进，比如在从1960年开始的重化工业阶段，为了配合以钢铁工业为主的重化工产业的发展，日本的技术引进主要集中在钢铁、机械、电子、石油化工领域，如以奥地利的转炉炼钢技术为代表的，当时在国际市场上比较有前途的冶炼技术就是在那个时期引进的。

表2-2　日本产业结构升级发展阶段②

时期	20世纪50年代到60年代末	20世纪60年代中期到70年代初	20世纪60年代末到80年代初	20世纪80年代初到现在
产业升级阶段	劳动密集型产业（纺织）	重化工产业（钢铁）	技术密集型产业（电子）	信息产业（计算机）
外商直接投资形式	寻找劳动密集型产业进行投资	向资源深层、提炼产业投资	技术转移	信息技术
产业结构升级的限制因素	劳动力、技术和资金	市场、技术	高技术	贸易、市场信息

（二）国际技术转移与韩国工业结构升级

韩国是一个自然资源匮乏、经济发展条件较差的国家，1953年朝鲜战争结束后，工业生产设施更是被破坏殆尽。但从20世纪60年代开始，韩国工业进入了高速发展时期，仅仅用二三十年的时间就从一个落后的农业国家发展成为一个新兴的工业化国家。据统计，从1962年开始，韩国经济的增速几乎达到年均9%，1962年人均GDP为87美元，1996年则增至10548美元，2008年时已经达到1.9万美元。这一方面得益于整个地区经济的良性互动，另一方面也是韩国技术引进战略的功劳。

① 张玉杰：《技术转移理论、方法、战略》，北京，企业管理出版社，2003年，第1版，第182页。

② Sanjaya, L., 1995: "Industrial strategy and policy on foreign direct investment in East Asia", *Transnational Corporation*, April.

韩国的技术引进过程充分体现了工业结构升级的过程，二者相辅相成。它们之间的关系十分清晰、密切，大体分为三个阶段：第一阶段是以成套设备交钥匙工程为特征的20世纪60年代。在这一阶段，为了推进轻纺工业出口导向战略，韩国的技术引进主要集中在纺织、建材、钢铁等劳动密集型产业。从技术水平来看，大多是比较简单的成熟技术，技术引进之后再通过反向工程消化吸收。在1962～1971年的10年间，韩国共引进技术318项。第二阶段是20世纪70年代。从工业结构升级的角度来看，韩国在这段时间进入重化工业发展阶段。1973年1月，韩国政府发表了“重化工业化宣言”，确定钢铁、有色金属、石油化工、造船、汽车、机械等行业为重点发展的战略产业，开始进行新一轮工业结构的调整、转换。由于这些行业都需要相对复杂的技术支持，因此韩国开始加强对引进技术的消化吸收，技术引进也从单一的成套设备进口转变为单项技术的引进。这段时间韩国的技术引进不仅在质上有了很大的提高，技术引进的数量也大幅增加，1972～1981年共引进技术1655项，是前一个阶段的5.2倍。尽管在这一阶段韩国加大了单项技术的引进，但仍处在起步阶段。据统计，20世纪70年代，韩国引进的拥有专利权的原本技术只占到引进技术的22.2%。第三阶段是20世纪80年代以后。在“技术立国”战略的指导下，韩国的技术引进开始转向技术密集行业。这一阶段韩国技术引进主要集中在高新技术领域，如半导体、计算机、汽车、机械以及微电子生物工程等。在该阶段，韩国技术政策的重点转向技术本地化，并开始寻求在更高层次上同发达国家进行合作。韩国在这段时间引进的拥有专利权的技术已经占到一半，拥有商标权的占到25%。图2-1和图2-2分别是第二次世界大战后韩国工业结构变动情况和技术引进行业变化情况。从对比中我们不难发现，韩国技术引进行业变化与工业结构升级的一致性：韩国技术引进的重点始终是同工业结构升级的战略目标一致的。

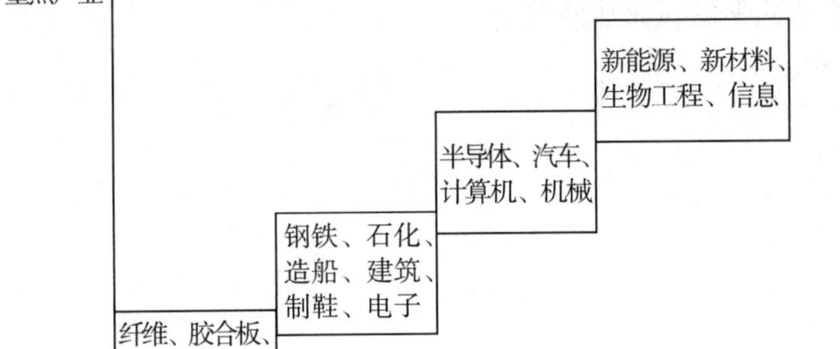

图2-1　20世纪后半叶韩国工业结构变动情况

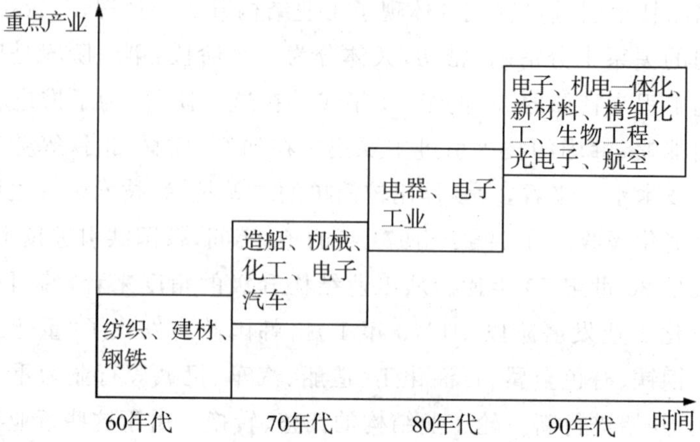

图 2-2　20 世纪后半叶韩国技术引进行业变化情况

四、本章小结

(1)国际技术转移是大多数发展中国家技术发展的重要渠道,可以带来技术进步,获得推动经济持续增长的基础条件。当前,在技术发展的国际化、系统化等因素推动下,国际技术转移又呈现复杂化,如技术转移呈现服务社会化、专业化等趋势特征,我们清晰地认识到这些特征对于展望我国未来的技术转移发展趋势、提高科技创新能力、推动工业结构升级至关重要。

(2)从国际经验的比较分析中我们可以清楚地看到,国际技术转移,尤其是技术引进,是推动后进经济体工业结构升级的重要因素,二者之间的关联程度较高,日本和韩国的经验也证明了这一点。日韩两国的技术引进无论是在行业上还是在技术水平上都紧密配合本国的工业发展战略,这是两国迅速实现工业化的成功经验。

第三章　国际技术转移推动工业结构升级的一般理论

当今世界技术贸易蓬勃发展，技术转移产生的扩散、外溢效应对国家和企业发展的重要作用得到进一步彰显。对于发展中国家而言，能否借助国际技术转移在较短的时间内顺利走完工业化阶段，无论在理论上还是在实践上都得到了广泛关注。本章将对国际技术转移的一般理论、国际技术转移的一般过程和影响因素以及国际技术转移推动工业结构升级的机理进行粗略梳理。

一、国际技术转移的过程和影响因素

（一）国际技术转移的过程

从技术扩散的角度来看，理论界通常用S形曲线表示技术转移的扩散过程（见图3-1）。根据郭燕青的解释，技术转移扩散过程呈S形基于两个原因：信息的传播和技术具有的不确定性。他认为，技术的扩散速度同人们对它们的认同度是高度相关的[①]。一项创新问世后，随着人们对它的了解不断增加，采用此技术的企业不断增加，以及实践对技术可靠性检验的不断深入，关于此技术的不确定性会不断减弱，而相关信息源和传播者则会不断增加。但是当此项技术的普及率达到一定程度后，潜在使用者的数量就会不断减少，技术的扩散速度也随之降低，这是符合技术发展的一般规律和企业追求利润最大化的目标选择的。

① 郭燕青：《技术转移与区域经济发展》，北京，经济管理出版社，2004年，第1版，第84页。

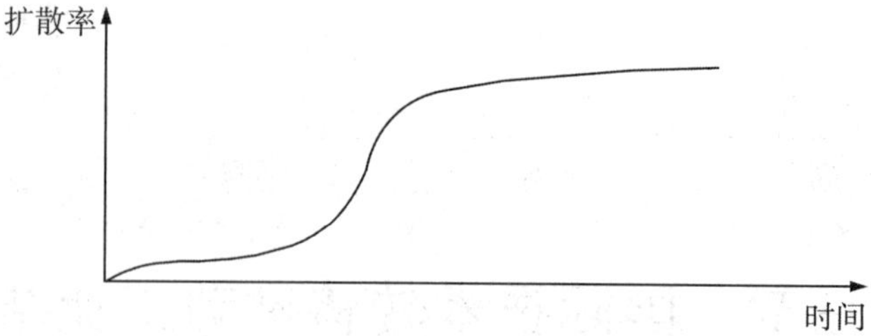

图 3-1　技术扩散过程的 S 形曲线

从技术输入方在技术引进过程中的行为来看,国际技术转移的过程可以分为技术的获得、对新技术的消化吸收和基于引进技术的创新三个阶段。换言之,技术转移就是技术在新的环境中被获得、利用、改造开发的完整过程。技术转移的第一阶段是技术的获得,这一阶段实际上是技术转让方和技术引进方的相互博弈阶段。技术引进方要根据自己的需求、能力、优势、劣势、财力等因素搜寻相关技术,技术转让方一方面受到技术引进方与自身利益关系的影响①,另一方面也会根据自身利润最大化原则确定技术输出的具体内容、价格和方式,然后双方都会在成本和收益的初步估算基础上作出决策,达成技术转移的意愿。衡量技术转移的效果有三条标准②:第一,引进规模,即引进方引自外国的技术总量。第二,是否成功地吸纳了所转移的技术。第三,是否引进了合适的技术。在这三条标准中除了第二条都与技术转移的第一阶段紧密相关,技术引进的规模、引进技术的合适与否都建立在技术获得阶段对目标技术的充分了解和成本收益的全面比较基础之上。

国际技术转移的第二阶段是对新技术的消化吸收。在这一阶段,引进方的技术能力是消化吸收引进技术的基石。同时为促进引进方消化吸收新技术,技术转让方和引进方需要共同设计对引进方的技术指导、人员培训,引进方要调整自己的资源为新技术的本地化提供良好的平台。

国际技术转移的第三阶段是创新。技术引进方在消化吸收引进技术的基础上,根据本国或本企业的实际情况对技术进行适应性改造、研发和创新。对于引进国而言,这是国际技术转移的理想状态,也是最大化实现技术转移的外溢效应的状态。

上述三个阶段是国际技术转移的一般过程,我们可以简略地用图 3-2 表示。

---

① 黄琪轩:《"振兴的机遇"与"失去的机会"——美日竞争背景下美国的技术转移与亚洲经济体》,《世界经济与政治》2021 年第 12 期。

② 顾纪瑞:《中国八十年代技术转移和技术进步》,《学海》1996 年第 5 期。

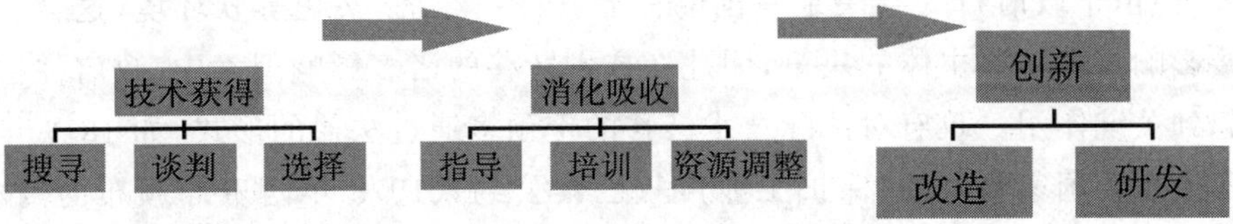

图 3-2　国际技术转移的一般过程

图 3-2 表示的仅仅是国际技术转移的一般过程，实际上，相较于发达国家之间的技术转移，发展中国家与发达国家之间的技术转移过程往往更加复杂，过程也相对较长。因为发达国家之间由于技术水平比较接近，技术转移通常仅仅表现为产品技能的转移，而发展中国家与发达国家之间由于在整体技术水平上存在较大的差距，技术的转移过程会受到引进方现有技术水平、消化吸收能力的影响。

(二)国际技术转移的影响因素

从上述对国际技术转移过程的描述中我们可以看到，参与技术转移主要有三大要素：技术、技术转让方、技术引进方。如果将技术称为国际技术转移的"客体"，那么技术转让方和引进方则可以称为国际技术转移的"主体"。技术转移就是两大主体围绕技术这一客体共同行为的过程，但由于目标的不一致，双方必然存在直接或间接的利益冲突，因此，了解国际技术转移的影响因素对于技术转移双方最大化自身利益具有重要意义。目前，理论界关于国际技术转移影响因素的分析比较多，主要集中在技术供方、技术受方、技术转移的机会、技术选择、转移渠道(方式)、外汇平衡和投资利益保护等方面①。根据各因素的特点我们可以把它们分为两大类。第一，技术转移主体方面，即技术供方(技术转让方)和技术受方(技术引进方)。从这两大主体的角度来看，影响技术转移的因素主要是双方的意愿和能力。对技术供方来说，影响技术转移的因素是技术输出的意愿和能力，我们可以称之为技术的"有效供给"；对技术受方来说，影响技术转移的因素是技术引进的意愿和能力，我们可以称之为技术的"有效需求"。这两方面是导致技术转移行为发生的前提条件。第二，政府。虽然政府不直接参与技术转移过

① 类似的文献如：穆荣平：《国际技术转移影响因素分析》，《科学研究》1994 年第 4 期；张玉杰：《国际技术转移要素及行为方式》，《财经问题研究》2000 年第 1 期；Goulet, D., 1989："The uncertain promise: value conflicts in technology transfer", *New Horizons Press*, April; Young, S. and Lan, P., 1997: "Technology transfer to China through foreign direct investment", *Regional Studies*, Vol.31; 李志军：《论国家宏观调控在促进国际技术转移中的地位与作用》，《科研管理》1998 年第 7 期。

程，但由于政府行为会决定一国的社会、政治、经济、文化等软环境，这会直接影响技术转移主体的决策，因此在技术转移的诸多影响因素中，政府往往起到关键作用。政府对国际技术转移的干预多通过法律的形式，如1883年西方主要国家签订的《保护工业产权巴黎公约》、1973年西班牙颁布的《技术转移调整法令》、1984年美国颁布的《美国半导体芯片保护法》等。除了通过相应的法律实现对技术转移的控制和引导外，有些政府还成立专门的机构控制技术出口以保护自己的经济利益，如菲律宾的技术转移局、墨西哥的技术转移注册局等①。尽管经济一体化进程会为技术在全球范围内的扩散提供更加顺畅的通道，但在技术发展迅速、竞争激烈的信息时代，各国政府不可避免地会通过种种管制措施限制技术的流动以保持本国在某些领域的技术优势。有学者认为，相对于技术输出国政府而言，技术引进国政府的作用要大得多，在大多数发展中国家特别是亚太国家的东道国，不仅仅是通过宏观经济政策干预技术转移，而且在很多情况下直接作为技术转移的参与者②。至于上面提到的技术转移渠道、模式，仅仅是在上述两大影响下技术转移双方对转移行为进行选择的结果。

二、国际技术转移推动工业结构升级的机理

在国际技术转移推动工业结构升级的过程中，技术的渗透和产业的成长是一个不断循环的过程。在这个循环往复的过程中，引进的先进技术通过技术效应和产业效应两条通道推动工业结构不断升级。

(一)技术效应

所谓“技术效应”，是指东道国通过国际技术转移充分发挥后发优势实现技术的跨越性发展，进而推动工业技术进步和工业结构升级。工业结构升级的基础在于技术结构的升级，从一个产业的发展周期看，作为工业结构升级最有潜力的助推器，技术从产生开始就与产业升级息息相关。产业部门在刚刚形成初期，技术升级导致了新产业形成，技术持续不断的创新升级将大幅度降低其产品的生产成本，从而使其进入大规模生产经营的高速扩

① 郑兵:《现代国际技术转移的涵义和特点》,《大连大学学报》2003年第3期。

② 胡靖:《影响跨国公司技术转移的因素分析》,《华东经济管理》2004年第3期。

张阶段[①]。历史经验证明，发展中国家要摆脱落后的局面，必须在技术上缩小与发达国家之间的差距，否则，现存的差距会在以知识和技术为核心竞争力的信息时代越拉越大，造成“一步慢、步步慢”的局面。

关于发展中国家的技术发展模式，韩国学者金麟洙曾作过比较系统的概括。他认为，发展中国家实现技术跨越式(leapfrog)[②]发展的模式可以分为三种：一是“获得→消化吸收→改进”，即我们所讲的技术引进。二是在技术引进和消化吸收的同时，在某些新兴技术领域进行自主创新。三是自力更生模式，即靠国家大力支持教育事业的发展、扶持相关技术的研发成功实现技术的升级，并在某些高技术领域占据优势，比如芬兰。依靠第三种模式实现技术跨越式发展的国家主要是欧洲的一些小国，这些国家人口少、经济实力相对较强，因此不具有广泛的代表性。第一种模式由于过多地依赖技术引进，容易造成对外来技术的过分依赖，目前也受到不少置疑。韩国、日本的技术发展经验证明，建立在技术引进基础之上的自主创新模式，即金麟洙所提到的第二种技术发展模式是广大发展中国家可以借鉴的最好模式。

技术引进不仅是发展中国家技术发展的有效模式，在当今世界国与国之间技术竞争成为国力竞争主战场之际，发达国家同样重视技术引进。以美国为例，美国技术引进的特点是重视人的国际移居。从20世纪50年代开始，美国在其多次修改的《移民法》中明确提出，只要是学术、专业上有突出成就的人才，不考虑其年龄、国籍和信仰，一律优先入美国国籍，开启了技术移民的大门。第二次世界大战结束后，美国将众多的德籍科学家、技术专业人员接纳为美国公民。1991年苏联解体后，美国又挖走一大批专业人才，仅仅是高核专家就达2000多名。据统计，仅从第三世界流入美国的各种专门人才，20世纪60年代平均每年3.4万人，70年代平均每年4.1万人。1990年，美国又开始实施专门吸纳国外人才的H-1B签证计划，每年签发6.5万个签证，有效期为6年。1998年，美国国会又通过一项法案，将1999年和2000年的H-1B名额从6.5万增加到11.5万。后来，时任总统的克林顿又向国会提出，从2001年到2003年，美国对高科技人才引进的名额增加

① 关于技术升级与产业结构调整的关系，王云平作过比较详细的分析。他认为技术升级会通过以下途径促进产业结构升级：影响单个产业的发展态势；影响产业更替，促进产业融合；促进劳动力流动；促进产业结构高度化。详见王云平：《产业技术升级对产业结构调整的影响》，《经济研究参考》2005年第40期。

② 所谓“技术跨越式发展”，是指技术后进经济体通过超常规地跨越某些技术发展阶段实现追赶和超越技术先进经济体的技术发展模式。

至19.5万。自2004年开始,该名额又恢复到6.5万的规模,一直沿用至今①。美国国会对该限额的频繁调整是与当时美国的经济发展和劳动力的供求相适应的,这也说明了高技术人才对当时美国的重要意义。据统计,2002～2011年,持H-1B签证的劳工超过417万人,大量的人才引进大大加速了美国现代高技术产业的发展。美国核武器的研制、阿波罗登月计划的实施、计算机的诞生和应用等,在很大程度上都是通过国外专家实现的。美国的企业是国外专家最多的地方,电子行业聘用的外籍科技人才占企业科技人员的16%,在59%的高技术公司里,外籍专家占了90%,目前在计算机产业领域的博士中50%以上是外国人,在硅谷企业工作的外籍高级工程师占1/3以上。

20世纪70年代以来,西方发达国家的科技政策曾经有一次耐人寻味的变化:1970年年末,西方发达国家主张技术创新比单纯的研发这种远离市场的技术行为要重要。但是到了1980年,更多的人则认为,技术转移比技术创新更为重要。如今,技术引进已经成了全世界所有国家技术发展战略的一个重要方面。

依靠外来技术可以更有效地促进东道国的技术升级源于技术引进的以下几个优势:第一,缩短研发和应用周期。第二,降低成本,缓解发展中国家的资金瓶颈。第三,降低市场风险,提高成功率。第四,提供最有效的、与国际技术发展前沿接轨的通道。现代技术发展的典型特点是高风险、高投入、高速度、高回报。除了高风险、高投入外,现代技术更新换代的速度也越来越快,新的科技知识和信息量迅猛增加。欧盟委员会公布的《2021年欧盟产业研发投入记分牌》和《2019年欧盟产业研发投入记分牌》分别报告了2020年度和2018年度全球研发投入最高的十家公司的研发投入情况(见表3-1)。从中可以看出,一方面研发投入金额不断增长,另一方面前十家公司主要从事信息和通信技术(ICT)产业。特别地,两次报告指出,两年的全球研发增长均主要由ICT服务、健康产业和ICT生产推动,而ICT产业就带有速度快、渗透强、应用广泛的特点。根据英国学者詹姆斯·马丁的统计,人类知识的倍增周期,19世纪为50年,20世纪前半叶为10年左右,到了70年代缩短为5年,80年代末几乎已到了每三年翻一番的程度。新理论、新材料、新工艺、新方法的不断出现使知识老化的速度迅速加快。在这样的背景下,通过技术转移直接或间接地获得国外先进技术由于省略了许

① 徐红彦,梁茂信:《美国吸引外籍技术人才的政策与实践——以临时技术劳工制度为例》,《美国研究》2015年第4期。

多前期的研发成本，因此相对成本较低、花费时间较少，可以较快地进入产业技术的前沿。半工业化国家的工业增长速度在1960～1985年这段时间内比工业化国家快，一个重要原因是他们利用了技术引进，成功实现了“获得—消化吸收—改进”基础上的模仿创新。

表3-1　全球研发投入总额最多的十大公司

排名	2021年欧盟产业研发投入记分牌			2019年欧盟产业研发投入记分牌		
	公司	国家	研发经费/亿欧元	公司	国家	研发经费/亿欧元
1	Alphabet	美国	224.70	Alphabet	美国	183
2	华为公司	中国	174.60	三星电子	韩国	148
3	微软公司	美国	168.82	微软公司	美国	147
4	三星电子	韩国	158.95	大众公司	德国	136
5	苹果公司	美国	152.82	华为公司	中国	127
6	Facebook	美国	150.33	苹果公司	美国	124
7	大众公司	德国	138.85	英特尔	美国	118
8	罗氏集团	瑞士	112.47	罗氏集团	瑞士	98
9	英特尔	美国	110.47	美国强生	美国	94
10	美国强生	美国	99.09	戴姆勒股份公司	德国	90

注：资料来源于欧盟委员会官网。

从图3-3我们可以看到，国际技术转移通过技术效应推动工业结构升级的通道有三条。其一，新引进技术通过前后向技术关联直接带动本国技术多维度发展和更新，从而推动工业结构升级。技术关联是产业关联的核心因素，因此，通过技术引进引发的技术关联作用必然会带动工业结构升级。其二，新引进技术可丰富国内知识存量，打破技术瓶颈，为本国技术创新提供较高的平台，从而推动本国技术发展与国际接轨。其三，通过技术出口带动本国技术发展。技术出口能够带动相关产品出口，开拓国外市场，如高新技术产品出口的快速增长对我国机电产品出口起到了较大的带动作用。此外，技术出口还可以加速国内技术成果商品化，实现自然资源和人力资源的合理配置。

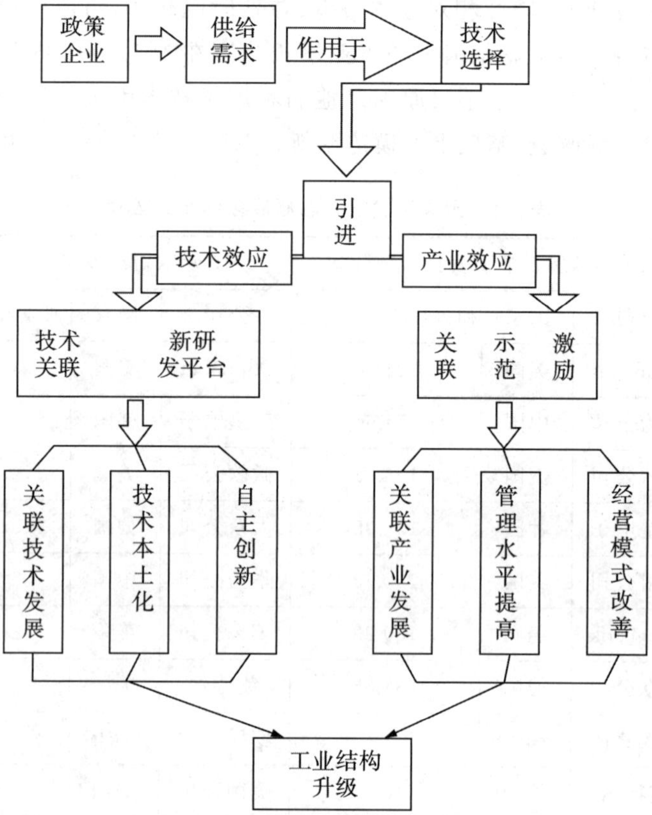

图 3-3　国际技术转移推动工业结构升级示意图

目前我国正面临着技术引进的良好机会，无论是单纯的技术贸易量还是通过 FDI 和跨国投资获得的先进技术都在增加。据统计，1988～2003 年，外资企业的转让技术中有 34％左右是先进技术，其余 64％左右是成熟技术；在华投资的 500 强企业中，使用其母公司最先进技术的比重，20 世纪 90 年代中期只有 14％，2001 年达到了 43％，2003 年已经接近 80％了①。此外，2012 年我国成立了中国—东盟技术转移中心，2014 年成立了中国—东南亚技术转移中心，积极推动跨区域技术的交流②。2013 年以来，中国还成功举办了 6 届中国（北京）跨国技术转移大会，共促成 7000 多项跨国技术对接，签约金额超过 1000 亿元。这些成果和举措无疑是令人鼓舞的信息，我们应该抓住这个机遇，充分利用国际技术转移实现工业技术升级，带动整

① 罗汉春：《跨国公司为中国经济提速》，《中国外资》2005 年第 12 期。

② 武常岐，刘小溪，涂政：《技术转移经济学——基于新中国 70 年发展的研究》，《山东大学学报（哲学社会科学版）》2020 年第 1 期。

个工业结构的升级。

(二)产业效应

所谓“产业效应”，是指引进的技术可以通过产业关联、示范和外部激励等途径推动工业结构的升级。第一，关联效应。这里的关联效应包含两个层面的含义。第一层含义是引进的先进技术和相关支持要素的关联。一定的技术要求与一定的工业技术基础和劳动力素质相匹配，尽管发展中国家通过国际技术转移途径引进的技术大多是发达国家已经成熟的技术，但由于发展中国家和发达国家之间技术落差的客观存在，这些技术在发展中国家大多处在刚刚起步阶段，相应的工业技术基础和劳动力素质都不同步，为了保证技术的消化、吸收和改进，引进方必须努力对此作出调整，改善基础设施、生产设备，提高劳动力的素质，这种改善和提高会从单个企业传导到整个产业，最后提高整个产业的技术水平。第二层含义是指产业的前后向关联。从不同产业部门的内在关联性来看，各个产业部门依靠哪些部门供给什么生产资料，供给什么质量与性能的生产资料，是由它所应用的生产技术体系决定的。跨国公司是技术转移的主要源泉，外商直接投资很有可能带来垂直外溢效应，随着 FDI 的进入，下游的企业一方面可以获得原本需要进口中间投入品和无法很好获取的各种配套服务以及售后服务，为自主创新奠定基础。另一方面当某一产业在引进技术外溢效应的作用下技术水平不断提高的时候，技术进步和创新的诱导机制会迫使这一产业的前向关联产业提高技术水平。例如，半导体晶体管的出现使电子工业发生了巨大变化，并使之成为一个重要的主导产业，在国民经济中所占的比例越来越大。在后向关联效应上，外资企业对产品质量和准时交货等高要求推动上游供应企业提高生产效率①，新技术的引进有时也要求原材料的性能、品种发生相应转变，从而拉动后向关联产业技术水平的提高。例如，航天航空技术的发展就要求提供高强度、耐热耐腐蚀、质轻的结构材料，以及其他新型的材料，从而带动相关产业的产生和发展。第二，激励效应。无论新技术的引进是通过直接的技术贸易而来，还是通过外商投资、跨国公司内部化策略而来，在知识、技术成为核心竞争力的时代，新技术在某一企业的落户无疑会给同行业的竞争对手带来很大的压力，这种压力最终会转化成动力，他们会想方设法地通过引进、模仿等手段追赶先行企业。技术转移的这种激励效应会迅速地扩散到整个行业。第三，示范效应。所谓“示范效应”，是指引

① 陈德湖，马平平：《外商直接投资、产业关联与技术外溢》，《统计研究》2013 年第 7 期。

进技术的企业在新技术的使用、新产品的研发、创新等方面给予其他企业的带动作用。如果说关联效应是指新技术对相关产业的带动,那么,激励和示范效应则指新技术对本产业的带动作用。

上述三种效应中最直接、最重要同时也是最直观的是关联效应,其发挥的充分与否直接决定了相关产业链的发展程度。国际技术转移所产生的这种关联效应也可以称为“乘数效应”。“乘数效应”越大,相关产业链就越容易形成,并随之在技术、管理水平等各个方面同步升级。“乘数效应”要得到充分发挥必须具备如下几个条件:第一,技术配套。技术配套是指技术引进产业所需要的上下游生产要素在技术上要同这一产业的技术水平基本保持一致,如果二者之间在技术层次上存在较大差距,那只有靠进口来弥补这种“技术缺口”,那么“乘数效应”的外溢现象将随之产生。现代工业化国家由于国内各个工业部门之间的关联度比较高,因此制成品对进口的依赖度较低。而工业化起步阶段的国家,由于在多数基本的中间产品上都无法保持技术上的同步发展,因此无法在短期内实现进口替代,诸多生产要素尤其是关键设备只能依赖进口。要最大限度地减少“乘数效应”的外溢就必须重视对相关产业上下游产品技术水平的培育和扶持。第二,规模配套。如果说技术配套指的是质的话,那么规模配套则指的是量。在工业化发展过程中,国家重点扶持的产业和新兴产业在政策支持和利益驱动(当前,很多新兴产业通常都具有高回报率的特点,在利益驱动下,很容易吸引投资,如 IT 行业)下往往保持着较高的增长率。这种高增长率必然带动相关生产要素需求量的快速增加,如果上下游产业的生产能力不能同步增长,那么,“乘数效应”的外溢也是必然的。在工业化过程中,上述需求与供给之间的矛盾不可避免,问题的关键是如何缩短“乘数效应”外溢的过程,即在最短的时间内完成进口替代,这既需要市场的引导,同时也需要政策导向和扶持。第三,管理能力配套。工业结构升级过程表现为整个工业在技术能力、营销能力、管理能力等各个方面的循序渐进、不断提高。一方面,在技术引进初期,新技术对国内产业最迫切的需求是技术能力配套,包括技术和人才两个方面。但随着新产品的不断涌现,适应于新产品的营销能力、生产能力、管理能力会逐渐成为产业急需的下游产品。另一方面,随着企业发展从小到大,即规模的扩大和生产工艺的复杂化,由管理引发的“瓶颈”①问题也会随之产生。

① 对于“瓶颈”,在管理中有一个通俗的说法,叫作“木桶理论”,即一个桶壁由多块长短不一的木板构成的木桶,其装水的多少将由最短的一块木板决定。企业的发展受多种因素的影响,若将其中制约企业发展的关键因素所在环节称为“瓶颈”,那么现实中最有可能遇到的是管理能力“瓶颈”。

首先，先进技术和来自个人、集体、政府的资金不断进入，企业管理会从开始的单一职能、单一业务、单区域渗透到多职能、多业务、多区域协同，再到多环节、多主体、多部门的前后整合。然后，企业管理逐步从传统模式发展到依托准确、高效的信息手段支持的企业资源计划(ERP)。此时，先进的管理能力会日益成为短缺生产要素，并直接决定产业未来的发展状况。

如果上述条件不能具备，或者不能完全具备，新技术引进催生或者带动的"乘数效应"就会发生外溢。换言之，这些产业就会到国际市场寻求其上下游产品。在这种情况下，尽管我们的工业化过程同先进的工业化国家之间保持了较为密切的联系，但是由于在世界市场上我们的工业体系同工业化国家之间只能停留在垂直分工阶段，没有能力向水平分工体系转换，其结果是：一方面，工业化的"乘数效应"不断外溢，工业化国家享受了我国工业化过程带来的发展机会，而我们则只能眼睁睁地看着良好发展机遇流失。另一方面，新发展起来的产业往往产生较高的对外依存度。由于"技术缺口"和"规模缺口"的存在，工业化所需关键设备、核心技术的进口量居高不下，这会在客观上延缓技术、产业的本地化，进而影响本地产业链的形成和发展。

三、本章小结

(1)国际技术转移的过程可以分为技术的获得、对新技术的消化吸收和基于引进技术的创新三个阶段，技术转移主体(技术转让方和技术引进方)和政府是影响国际技术转移的两大重要因素，深入了解这两大因素的作用对于从内外部双向推动国际技术转移具有重要意义。

(2)我国从改革开放之初就在"以市场换技术"战略的指导下引进技术，但现实是，我们最终并没有像期望的那样通过引进技术提高本国的技术水平，没有像我们的邻国(韩国和日本)一样借助国际技术转移的帮助迅速实现工业结构的升级。国际技术转移推动工业结构升级有两个通道：技术效应和产业效应，我们的问题无疑就出在这里。因此，深入探讨我国国际技术转移的技术效应和产业效应可以让我们更深刻地认识目前我国国际技术转移与工业结构升级之间的互动机制。

第四章　国际技术转移与我国工业结构变迁的典型事实

本章就国际技术转移与我国工业结构升级的关联度进行初步描述，揭示国际技术转移与我国工业结构升级之间的关系。具体分析方法是，通过国际技术转移与我国工业结构升级之间关系的多维度剖析，全面分析改革开放以来我国国际技术转移的发展状况、工业结构升级的轨迹、两者之间的关系，并在此基础上寻找我国在以国际技术转移推动工业结构升级过程中存在的问题。

鉴于测度国际技术转移和工业结构升级的复杂性，本章对我国国际技术转移与工业结构升级的比较分析是多角度的，分别是时间序列的分析以及分行业、分地区、国际贸易视角的分析。

一、时间序列的比较分析

表 4-1 是 1981～2016 年我国技术引进的总体情况。从总体上看，改革开放以来，我国的技术引进过程可以分为三个阶段：第一阶段为1981～1986年，技术引进大规模发展时期；第二阶段为 1987～1994 年，技术引进工作停滞徘徊时期；第三阶段为 1995 年至今，技术引进快速发展时期。

第一阶段为 1981～1986 年，技术引进大规模发展时期。在这一时期，政府对技术开支的控制放宽，提出“3000 项计划”和“12 条龙计划”的引进政策。“3000 项计划”指 1983～1985 年我国花费 30 亿美元重点引进 3000 项先进技术，对现有企业进行技术改造。“12 条龙计划”是指国家 1986 年重点对彩电国产化、数控机床、特殊钢连续铸造、出口船与远洋船设备国产化、电力机车和内燃机车制造、合成氨工业设备、煤炭采掘机组、水泥窑外分解技术、气流纺纱机和箭杆织机、服装加工生产线、啤酒生产线、瘦肉猪生产系列工程总共 12 个重大项目，组织了科研单位、大学、生产企业共同合作，对它们进行消化、吸收。上述政策的实施推动了我国技术引进总体规模的迅速上升。六年内技术引进合同数达到2145项，合同金额为93.19亿美元，合同数年均增长率达到59.26%，呈现较快的增长速度。

表4-1　1981～2016年我国技术引进的总体情况

年份	1981	1982	1983	1984	1985	1986	1987	1988	1989
合同/项	73	102	219	332	671	748	581	437	328
金额/亿美元	1.07	2.63	5.58	9.51	29.6	44.8	29.85	35.5	29.23
合同增长率/%		0.40	1.15	0.52	1.02	0.11	−0.22	−0.25	−0.25
金额增长率/%		1.46	1.12	0.70	2.11	0.51	−0.33	0.19	−0.18
年份	1990	1991	1992	1993	1994	1995	1996	1997	1998
合同/项	232	359	504	493	444	3269	6074	5984	6254
金额/亿美元	12.74	34.59	65.9	61.1	41.1	130.33	152.57	159.23	163.75
合同增长率/%	−0.29	0.55	0.40	−0.02	−0.10	6.36	0.86	−0.01	0.05
金额增长率/%	−0.56	1.72	0.91	−0.07	−0.33	2.17	0.17	0.04	0.03
年份	1999	2000	2001	2002	2003	2004	2005	2006	2007
合同/项	6678	7353	3900	6072	7130	8605	9901	10538	9773
金额/亿美元	171.62	181.76	90.9	173.89	134.51	138.56	190.43	220.23	254.15
合同增长率/%	0.07	0.10	−0.47	0.56	0.17	0.21	0.15	0.06	−0.07
金额增长率/%	0.05	0.06	−0.50	0.91	−0.23	0.03	0.37	0.16	0.15
年份	2008	2009	2010	2011	2012	2013	2014	2015	2016
合同/项	10170	9964	11253	12196	12988	12448	9340	7676	6806
金额/亿美元	271.33	215.72	256.36	320.76	442.74	433.64	310.85	281.54	307.28
合同增长率/%	0.04	−0.02	0.13	0.08	0.06	−0.04	−0.25	−0.18	−0.11
金额增长率/%	0.07	−0.20	0.19	0.25	0.38	−0.02	−0.28	−0.09	0.09

注：资料来源于1982～1986年中国对外经济贸易年鉴和1989～2017年中国科技统计年鉴。

第二阶段为1987～1994年，技术引进工作停滞徘徊时期。从表4-1的数据可以看出，在这八年内，我国技术引进无论在合同项目数上还是在合同金额上始终都在不断波动。引进合同数年均增长率为−6.74%，其中从

1987年到1990年四年持续递减，虽然1991年和1992年技术引进有所增长(1992年合同项目数达到504项)，但仍然没有恢复到1987年的水平(581项)。随后的1993年和1994年又是持续两年的下滑。造成这一状况的原因主要有两个：其一，在这一阶段我国对宏观经济实行了紧缩政策，对投资和信贷进行短期控制。其二，由于国内政治因素的影响以及西方国家对我国实行的经济制裁，技术引进工作困难重重。

第三阶段为1995年至今，技术引进快速发展时期。随着建设社会主义市场经济体制目标的确立，我国开始进一步深化对技术和设备进口管理的改革，先后颁布了一系列推动技术转移的政策和法律法规。如1995年颁布《关于进一步加速科技进步的决定》，并开始推行《关于承担、代理国家技术和设备进口项目的管理办法》；1996年制定了《"九五"期间深化科技体制改革的决定》和《促进科技成果转化法》，等等。这些法律法规的颁布和实施不但促进了经济和科技发展的全局性工作，而且为技术和设备的进口提供了更为宽松的环境。在这种大背景下，我国的技术引进工作开始出现飞跃式发展。虽然技术引进合同项目数、金额自2013年开始有所降低，但经计算，2013年高端技术产业技术引进经费占制造业比重为0.786，高于2012年的0.771，这在一定程度上体现了我国更注重引进高质量、高端的技术，推动技术引进工作的高质量发展。从表4-1的数据来看，1995年至今我国技术引进合同数快速增长，特别是2012年时合同数已接近1995年的四倍，年均增长率为8%，其中1995年增长速度最快，技术引进合同数比上年增长了636.26%，这与我国为推动技术转移做出的努力密不可分。

国际技术转移在时间序列上表现出的阶段性与我国工业结构升级的轨迹之间是否存在一致性？为寻找国际技术转移与工业结构升级在时间序列上的相关性，我们同样按照时间序列，从产值变动的角度粗略分析一下我国工业结构的升级过程。表4-2是1981～2016年我国工业总产值结构变动的基本情况①。根据前文对改革开放以来我国技术引进阶段的划分，我们可以看到，1981～1986年对应技术的大规模引进时期，轻工业在工业总产值中所占的比重持续下降。1987～1994年是我国技术引进工作停滞徘徊时期，我国的工业结构升级在轻重工业比重方面也处在徘徊时期，轻工业所占的比重一直在46.3%～48.2%波动。1995年，我国技术引进的徘徊状态

① 由于自2012年开始国家统计局不再提供总产值数据，转而提供工业销售产值数据，经对比2000～2011年工业总产值与销售产值数据，发现其比值稳定在1.02左右，因此我们根据工业销售产值利用插值法补充了2012～2016年工业总产值数据，而轻重工业占比仍采用工业销售产值的数据，数据显示在表4-2中。

发生了巨大改变，合同项目数和金额分别达到上年的6.36倍和2.17倍。与此相对应，我国轻工业产值的比重也在1995年下降了3个百分点。1995年至今，也就是我国技术引进快速发展时期，轻工业的产值占比不断下降，从1996年的48.1%下降到2011年的28.2%。在这一阶段中的1996～1999年这四年期间，轻工业的产值占比在1995年的改变后又出现短时间的徘徊，这主要源于当时为改变20世纪90年代以来我国基础产业和基础设施建设出现的瓶颈问题，政府采取的进一步扩大基础产业和基础设施投资的政策。自2000年开始，轻工业产值占比一改徘徊态势，逐步下降到28%左右，而自2013年开始轻工业产值占比又在30%左右小幅波动上升，这可能与当时全面深化改革的时代背景相关。从2013年开始，中国的经济运行已经呈现出增速趋缓、结构趋优、动力转换的“经济新常态”特征①。积极淘汰落后产能可能对重工业销售产值占比有所影响，但从1995～2016年整体数据来看，轻工业产值占比下降趋势明显。根据霍夫曼定理，在工业化进程中霍夫曼系数是不断下降的，到工业化的第四阶段，重工业的快速增长会使整个工业化以重工业为主导。轻工业产值在我国工业总产值中比重的整体下降趋势从一个侧面体现了我国工业结构升级的过程。上述对比分析表明，这种升级过程和我国的技术引进步伐在时间序列上呈现出较为明显的一致性。

表4-2 1981～2016年我国工业总产值结构变动的基本情况

年份	工业总产值（当年价格）/亿元	比重/%		年份	工业总产值（当年价格）/亿元	比重/%	
		轻工业	重工业			轻工业	重工业
1981	5400	51.5	48.5	1999	126110	49.2	50.8
1982	5811	50.5	49.5	2000	85673	39.8	60.2
1983	6461	48.5	51.5	2001	95449	39.4	60.6
1984	7617	47.4	52.6	2002	110776	39.1	60.9
1985	9716	47.4	52.6	2003	142271	35.5	64.5
1986	11194	47.6	52.4	2004	201722	31.6	68.4
1987	13813	48.2	51.8	2005	251620	31.1	68.9

① 黄群慧：《改革开放40年中国的产业发展与工业化进程》，《中国工业经济》2018年第9期。

续表

年份	工业总产值（当年价格）/亿元	比重/%		年份	工业总产值（当年价格）/亿元	比重/%	
		轻工业	重工业			轻工业	重工业
1988	18224	49.3	50.7	2006	316589	30	70
1989	22017	48.9	51.1	2007	405177	29.5	70.5
1990	23924	49.4	50.6	2008	507285	28.7	71.3
1991	26625	48.4	51.6	2009	548311	29.5	70.5
1992	34599	46.6	53.4	2010	698591	28.6	71.4
1993	48402	46.5	53.5	2011	844269	28.2	71.8
1994	70176	46.3	53.7	2012	927769	28.7	71.3
1995	91894	43.3	56.7	2013	1039381	29.3	70.7
1996	99595	48.1	51.9	2014	1113505	29.8	70.2
1997	113733	49	51	2015	1125550	31.2	68.8
1998	119048	49.3	50.7	2016	1174350	31.6	68.4

注：1.资料来源于《中国工业经济统计年鉴·2004》和2012～2017年中国工业统计年鉴。

2.由于2000年开始统计年鉴中关于工业生产总值的统计口径改为全部国有及500万元销售收入规模以上非国有企业，单纯从工业生产总值的增长速度寻找工业发展规律是不准确的，故采用轻、重工业结构比重变动进行分析。表中2000年以后的工业总产值指全部国有以及年产品销售收入在500万元以上的非国有企业的产值，而2000年以前的工业总产值包含全部工业企业的产值。

二、分行业的比较分析

从时间序列对国际技术转移与我国工业结构升级之间关系的比较分析只能粗略地展示两者之间的关系，所以下面我们从更微观一些的行业进行对比分析。鉴于数据的可得性①，我们分为1991～1999年和2003～2010年

① 从2002年开始，我国对技术引进按行业分类口径作出调整，同时2011年开始不再提供大中型工业企业数据而是规模以上工业企业数据，因此我们选择2003～2010年时间段进行分析。

两个时间段分析我国技术引进的行业结构。

表 4-3 是对应于 1991～1999 年不同行业的技术引进合同数、金额变动情况，为便于分析，我们将比较的范围限定在几个主要的工业部门，并将各部门分为基础产业和非基础产业两大类，分别是能源、冶金有色、城建建材、机械电子、石化化工和轻纺业。从国际技术转移的行业分布来看，改革开放以来，我国的国际技术转移呈现出明显的行业差别。在 1991～1999 年的九年内，从合同金额年均增长率来看，处在前三位的分别是城建建材(89.70％)[①]、轻纺业(45.05％)、机械电子(41.77％)，而能源、冶金有色和石化化工产业的技术引进增长率相对较低。

表 4-3　1991～1999 年我国技术引进的行业结构

年份	1991		1992			1993			1994		
项目	合同/项	金额/万美元	合同/项	金额/万美元	金额增长率/％	合同/项	金额/万美元	金额增长率/％	合同/项	金额/万美元	金额增长率/％
能源	19	154708	22	146396	－5.37	32	113780	－22.28	19	68117	－40.13
冶金有色	34	8557	42	60216	603.70	50	70909	17.76	38	72572	2.35
城建建材	2	469	1	103	－78.04	3	4876	4633.98	11	4673	4.16
机械电子	110	38417	185	190938	397.01	141	54561	－71.42	120	24753	－54.63
石化化工	75	112083	100	204521	82.47	110	260003	27.13	67	60481	－76.74
轻纺业	56	10456	71	32842	214.10	74	35538	8.21	60	40450	13.82
技术引进总计*	359	345923	504	658988	90.50	493	610943	－7.29	444	410576	－32.80

① 尽管城建建材不属于工业部门，但是因为其技术引进份额较重，将其列出便于更全面地分析我国国际技术转移的行业分布情况。

续表

年份	1995			1996			1997		
项目	合同/项	金额/万美元	金额增长率/%	合同/项	金额/万美元	金额增长率/%	合同/项	金额/万美元	金额增长率/%
能源	278	359296	427.47	282	136100	−62.12	861	404478	197.19
冶金有色	105	128209	76.66	241	135600	5.76	260	206334	52.16
城建建材	102	47290	911.98	96	43800	−7.38	387	59327	35.45
机械电子	1990	396497	1501.81	1533	233100	−41.21	1560	299389	28.44
石化化工	167	110372	82.49	805	306800	177.97	780	219978	−28.30
轻纺业	157	47291	16.91	750	102200	116.11	762	60087	−41.21
技术引进总计*	3629	1303264	217.42	6074	1525700	17.07	5984	1592312	4.37

年份	1998			1999			
项目	合同/项	金额/万美元	金额增长率/%	合同/项	金额/万美元	金额增长率/%	金额年均增长率/%
能源	403	287260	−28.98	478	176995	−38.39	1.70
城建建材	263	25166	−57.58	304	78668	212.60	89.70
冶金有色	151	51109	−75.23	157	28137	−44.95	16.04
机械电子	2371	349855	16.87	2181	626763	79.15	41.77
石化化工	540	84839	−61.43	552	124137	46.32	1.29
轻纺业	278	101821	69.46	590	204907	101.24	45.05
技术引进总计*	6254	1637510	2.839	6678	1716221	4.81	22.1

注:1.资料来源于《中国科技统计年鉴·2001》。

2.因为2000年以后统计口径发生变化，所以数据截至1999年。

3.*，此处的技术引进是指我国技术引进总数，包括交通运输、航空航天以及其他工业部门。

实际上在整个20世纪90年代，我国技术引进的重点已经从冶金、能源、石化产业转移到机械电子和轻纺业。尽管如此，从九年内部分工业部门技术引进合同金额占技术引进总额的平均比重（见表4-4）来看，能源、机械电子和石化化工分居前三位，分别是21.32%、19.71%和19.50%。经过九年累计，能源、冶金有色和城建建材三大基础行业技术引进总金额占全部行业技术引进总额的29.31%，而其余三大非基础产业技术引进总额则占到44.2%。上述数据表明，20世纪90年代以来，我国在重视城建建材等基础产业技术引进的同时，加大了对诸如机械电子等非基础产业的技术引进。尽管城建建材行业技术引进总额占所有技术引进的平均比重最低，但其增长速度却最快。机械电子行业技术则无论在技术引进额增长速度方面还是所占比重方面都非常突出，九年内技术引进额占全部行业技术引进总额比重的平均值为19.71%，居第二位。

表4-4　1991～1999年我国部分工业部门技术引进合同金额占引进总额的平均比重

年份	1991	1992	1993	1994	1995	1996	1997	1998	1999	平均比重/%
能源	44.72	22.22	18.62	16.59	27.57	8.92	25.40	17.54	10.31	21.32
冶金有色	2.47	9.14	11.61	17.68	9.84	8.89	12.96	1.54	4.58	8.74
城建建材	0.14	0.02	0.80	1.138	3.63	2.87	3.73	3.12	1.64	1.90
机械电子	11.11	28.97	8.93	6.03	30.42	15.28	18.80	21.37	36.52	19.71
石化化工	32.40	31.04	42.56	14.73	8.47	20.11	13.82	5.181	7.23	19.50
轻纺业	3.02	4.98	5.82	9.85	3.63	6.70	3.77	6.22	11.94	6.21
技术引进总计*	100	100	100	100	100	100	100	100	100	100

注：此表根据表4-3整理。

表4-5是2003～2010年我国高、中、低端技术产业技术引进的行业结构情况。鉴于技术引进经费支出数据的完整性，我们将比较范围限定在制造业部门，采取两种分类方法进行比较分析。

一是使用高、中、低端技术产业分类方式①。从2003～2010年国际技术转移的行业分布来看，行业差别仍十分显著，仅有高端制造业技术引进年均增长率实现正增长，为3.31%，其余依次为中端制造业(－4.09%)、低端制造业(－15.79%)。从表4-5中可以看出，这八年间我国重视电力机械、通信电子等高端制造业的技术引进，积极引进国外先进技术以丰富国内技术存量，经费支出不断增加。同时相比1991～1998年，机械电子等高端制造业技术引进经费支出占工业技术引进总额的平均比重已达50%以上(见表4-6)，远高于中、低端制造业。以上数据显示，进入21世纪以来，特别是加入WTO后，我国逐步降低外资准入门槛、削减关税，国际技术转移呈现快速增长的特点，特别是高端制造业的技术引进不断增加，技术引进经费比重整体呈现上升趋势。

表4-5　2003～2010年我国高、中、低端技术产业技术引进的行业结构情况

年份	2003	2004		2005	
产业	技术引进经费支出/万元	技术引进经费支出/万元	增长率/%	技术引进经费支出/万元	增长率/%
高端技术产业	2242281	2524111	12.57	1830966	－27.46
中端技术产业	995948	819825	－17.68	814768	－0.62
低端技术产业	709114	493442	－30.41	239151	－51.53
技术引进总计*	4054075	3973636	－1.98	2967650	－25.32

① 傅元海，叶祥松，王展祥：《制造业结构变迁与经济增长效率提高》，《经济研究》2016年第8期。

续表

年份	2006		2007		2008	
产业	技术引进经费支出/万元	增长率/%	技术引进经费支出/万元	增长率/%	技术引进经费支出/万元	增长率/%
高端技术产业	1805646	－1.38	2750428	52.32	88965	－96.77
中端技术产业	934531	14.70	1077490	15.30	14373	－98.67
低端技术产业	284445	18.94	518467	82.27	321767	－37.94
技术引进总计*	3204272	7.97	4524528	41.20	4404256	－2.66

年份	2009		2010		年均增长率/%
产业	技术引进经费支出/万元	增长率/%	技术引进经费支出/万元	增长率/%	
高端技术产业	2515455	2727.47	2815660.3	11.93	3.31
中端技术产业	904203	6190.98	743499.7	－17.77	－4.09
低端技术产业	417217	29.66	213019.5	－48.94	－15.79
技术引进总计*	3946130	－10.40	3861321	－2.15	－0.69

注：1.资料来源于 2004～2011 年中国科技统计年鉴。

2.因为 2002 年行业分类发生变化，2010 年后无大中型工业企业技术引进数据，所以数据年限区间为 2003～2010 年。

3.*，此处的技术引进是指我国大中型工业企业技术引进总数，包括交通运输、航空航天以及其他工业部门。

表 4-6　2003～2010 年我国高、中、低端技术产业技术引进经费占技术引进总额的比重

年份	2003	2004	2005	2006	2007	2008	2009	2010	平均比重/%
高端技术产业	55.31	63.52	61.70	56.35	60.79	2.02	63.74	72.92	54.54
中端技术产业	24.57	20.63	27.45	29.17	23.81	0.33	22.91	19.26	21.02
低端技术产业	17.49	12.42	8.06	8.88	11.46	7.31	10.57	5.52	10.21
技术引进总计*	100	100	100	100	100	100	100	100	100

注：此表根据表 4-5 整理。

二是使用制造业第一类、第二类、第三类产业划分方式①②。我们仍得出与高、中、低端技术产业分类方式相同的结论：从 2003～2010 年国际技术转移的行业分布来看，仅有第三类产业技术引进年均增长率实现正增长，为 4.70%，其余依次为第二类产业（－3.58%）、第一类产业（－16.76%），机械电子等第三类产业技术引进经费支出占工业技术引进总额的平均比重已达 45.31%以上（见表 4-7 和表 4-8）。

表 4-7　2003～2010 年我国制造业第一类、第二类、第三类产业技术引进的行业结构情况

年份	2003	2004		2005	
产业	技术引进经费支出/万元	技术引进经费支出/万元	增长率/%	技术引进经费支出/万元	增长率/%
第一类产业	587295	397238	－32.36	150908	－62.01
第二类产业	1500303	1279863	－14.69	1065488	－16.75
第三类产业	1737926	2064073	18.77	1580246	－23.44
技术引进总计*	4054075	3973636	－1.98	2967650	－25.32

① 梁维全：《外资工业对工业结构变化与升级的贡献度——基于广东工业的实证研究》，《国际经贸探索》2009 年第 7 期。

② 戴魁早：《中国工业结构变迁的驱动因素：1985～2010》，《当代经济科学》2012 年第 6 期。

续表

年份	2006		2007		2008	
产业	技术引进经费支出/万元	增长率/%	技术引进经费支出/万元	增长率/%	技术引进经费支出/万元	增长率/%
第一类产业	201849	33.76	287611	42.49	196280	−31.76
第二类产业	1175614	10.34	1532001	30.31	27806	−98.18
第三类产业	1564563	−0.99	2295917	46.74	75532	−96.71
技术引进总计*	3204272	7.97	4524528	41.20	4404256	−2.66

年份	2009		2010		年均增长率/%
产业	技术引进经费支出/万元	增长率/%	技术引进经费支出/万元	增长率/%	
第一类产业	162124	−17.40	162574.7	0.28	−16.76
第二类产业	1403981	4949.20	1162034.5	−17.23	−3.58
第三类产业	2015677	2568.64	2397125.5	18.92	4.70
技术引进总计*	3946130	−10.40	3861321.2	−2.15	−0.69

注：1.资料来源于2004～2011年中国科技统计年鉴。

2.因为2002年行业分类发生变化，2010年后无大中型工业企业技术引进数据，所以数据年限区间为2003～2010年。

3.*，此处的技术引进是指我国大中型工业企业技术引进总数，包括交通运输、航空航天以及其他工业部门。

表 4-8　2003～2010 年我国制造业第一类、第二类、第三类产业技术引进经费占技术引进总额的比重

年份	2003	2004	2005	2006	2007	2008	2009	2010	平均比重/%
第一类产业	14.49	10.00	5.09	6.30	6.36	4.46	4.11	4.21	6.87
第二类产业	37.01	32.21	35.90	36.69	33.86	0.63	35.58	30.09	30.25
第三类产业	42.87	51.94	53.25	48.83	50.74	1.71	51.08	62.08	45.31
技术引进总计*	100	100	100	100	100	100	100	100	100

注：此表根据表 4-7 整理。

技术引进快速发展的行业是否也是我国成长相对较快的行业呢？为了寻找两者之间的关系，我们不妨看看两个时期上述行业产值的变动情况。表 4-9 是 1991～1999 年我国部分工业部门产值结构变动情况。根据表中的数据可知，在这期间，机械电子行业的年均产值增长速度最快，达到 24.73%，其次是能源产业，达到 18.39%，而纺织业则居于末位，仅仅是 7.54%。为便于比较，我们分别将上述时间段内部分产业技术引进额年均增长率和产值年均增长率用图 4-1 和图 4-2 表示，部分产业技术引进额平均比重和产值平均比重分别用图 4-3 和图 4-4 表示。

表 4-9　1991～1999 年我国部分工业部门产值结构变动情况

年份	1991		1992		1993		1994	
项目	产值/亿元	比重/%	产值/亿元	比重/%	产值/亿元	比重/%	产值/亿元	比重/%
能源	2011.53	0.09	2418.54	0.09	3410.76	0.09	4630.05	0.09
冶金有色	2888.49	0.13	3775.32	0.14	6484.92	0.16	7468.42	0.15
机械电子	1681.81	0.08	2165.1	0.08	3150.05	0.08	4326.9	0.08
石化化工	2339.92	0.11	2811.41	0.11	3823.1	0.10	5045.7	0.10
轻纺业	2533.27	0.11	2899.16	0.10	3520.74	0.09	4949.93	0.10
工业企业总产值	22088.68	1	27724.21	1	39693	1	51353.03	1

续表

年份	1995		1996		1997		1998	
项目	产值/亿元	比重/%	产值/亿元	比重/%	产值/亿元	比重/%	产值/亿元	比重/%
能源	5282.77	0.10	6186.48	0.10	7099.72	0.10	7085.72	0.11
冶金有色	7117.33	0.13	7607.78	0.12	7959.26	0.12	8152.51	0.12
机械电子	5124.78	0.09	6110.85	0.10	7287.12	0.11	8522.14	0.13
石化化工	5847.91	0.11	6683.46	0.11	7291.37	0.11	6957.27	0.10
轻纺业	4604	0.08	4722.29	0.08	4760.28	0.07	4376.27	0.06
工业企业总产值	54946.86	1	62740.16	1	68352.68	1	67737.14	1

年份	1999		产值年均增长率/%	平均比重/%
项目	产值/亿元	比重/%		
能源	7763.99	0.11	18.39	0.10
冶金有色	8614.24	0.12	14.63	0.13
机械电子	9852.51	0.14	24.73	0.10
石化化工	7630.36	0.10	15.92	0.10
轻纺业	4529.82	0.06	7.54	0.08
工业企业总产值	72707.04	1		

注:1.资料来源于《中国工业经济统计年鉴·2003》和中国统计年鉴。

2.表中的比重是以工业总产值为100%计算的,其中1998年和1999年为全部国有及规模以上非国有企业,1997年以前为独立核算工业企业。另外,为了便于同我国技术引进在各产业的差别进行比较,将各产业稍微作了调整:能源产业主要包括煤炭、石油、天然气和水电,这里主要指煤炭开采和洗选业、石油和天然气开采业以及电力、煤气和水的供应。冶金有色指黑色金属矿采选业和有色金属矿采选业、黑色和有色金属冶炼及压延加工业,以及金属制品业。机械电子指电气机械及器材制造业和通信设备、计算机及其他电子设备制造业。石化化工指石油加工、炼焦、化学原料及制品制造业。轻纺业指纺织业。

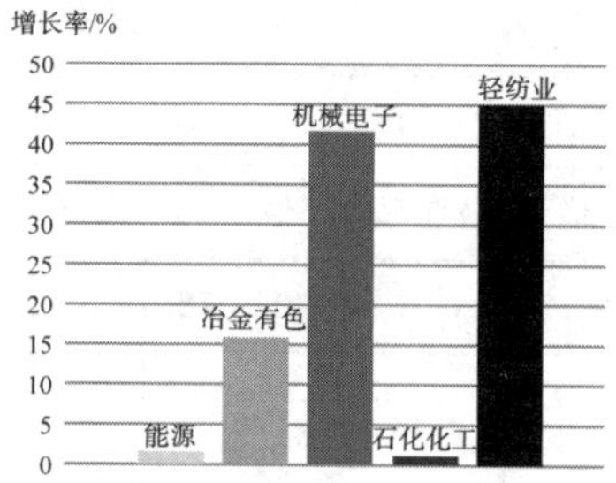

图 4-1　1991～1999 年部分产业技术引进额年均增长率

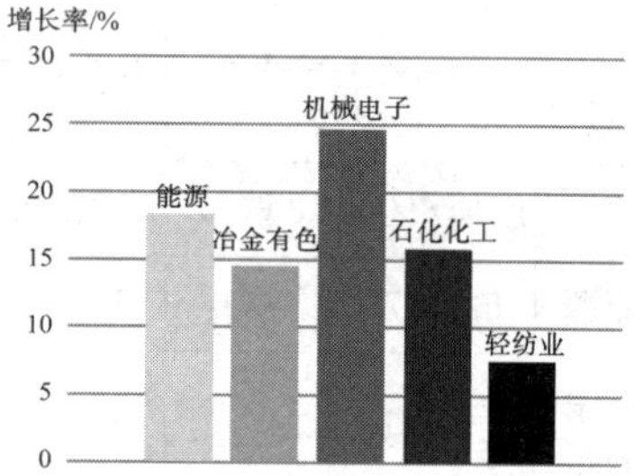

图 4-2　1991～1999 年部分产业产值年均增长率

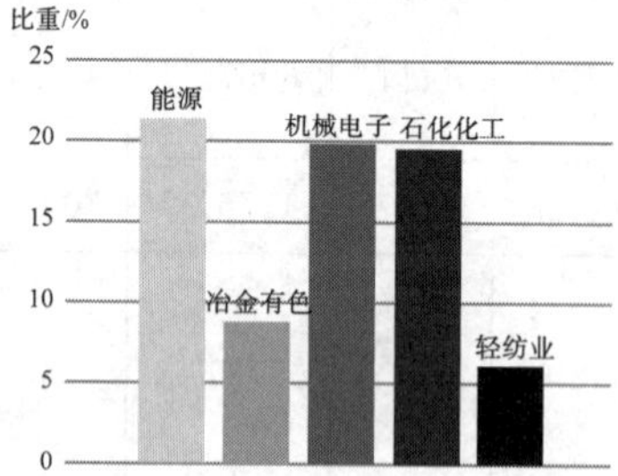

图 4-3　1991～1999 年部分产业技术引进额平均比重

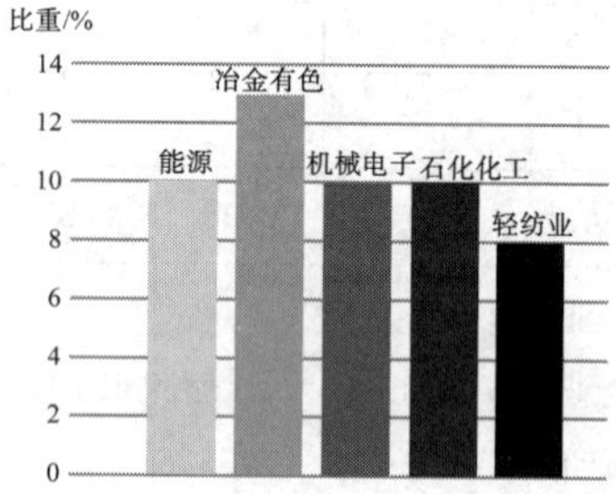

图 4-4　1991～1999 年部分产业产值平均比重

通过数据和图表对比,我们可以清晰地发现以下结论。

(1)从图 4-1 和图 4-2 的对比来看,各产业技术引进额年均增长率和产值年均增长率之间没有明显的一致性规律,但技术引进的行业分布基本体现了工业化进程中的产业发展计划。能源、冶金有色和石化化工产业:和技术引进速度相比,产值的增长较快,尤其是能源和石化化工产业,尽管是低技术引进增长率,却有着较高的产值增长率。轻纺业:高技术引进增长率却伴随着低产值增长率。机械电子产业:伴随着较高的技术引进增长率,产业增长率也较高。我们还可以看出,我国在工业化过程中的基本政策导向和产业本身呈现出的诸多特点。首先,能源、冶金有色和石化化工产业都是基础性产业,是工业化进程中前期重点发展的产业。但是随着工业化进程的不断推进,机械工业在制造业中的地位将不断提升,并最终获得领导地位。因此,国家调整技术引进的重点恰恰配合了我国不断深化的工业化进程。此外,技术引进增长率的先升后降也从另一个侧面说明,上述产业在技术引进的过程中逐步推动了我国技术创新能力。其次,轻纺业在 1991～1999 年间的技术引进年均增长率达到 45 个百分点。轻纺业具有高技术引进增长率的原因:作为我国的出口大行业,轻纺业不同于人力资本密集型的机、电、仪产业,其劳动密集型特征非常突出,技术水平明显滞后,这种技术上的落后已经使我国的轻纺业面临日益增大的出口压力。因此,尽管轻纺业并非工业化进程中后期的主导性产业，但为了增强这一出口大行业的国际竞争力，国家还是非常重视其技术引进。最后，在我们分析的产业中，唯有机械电子产业技术引进增长率与产值增长率保持同步发展，显示出比较一致的正相关关系。但同时我们也应该看到，轻纺业和机械电子产业持续增长的技术引进额意味着这两大产业的技术大部分依赖国外，而且其技术引进并没有迅速带动我国的技术发展。因此，从数据分析可以看出，尽管我国技术引进的行业分布紧紧围绕工业化进程中的产业发展计划展开，但是技术引进和产业成长，尤其是技术进步之间的关系并不明确。由于上述结果主要是根据技术引进和产值的平均增长率来分析的，为了防止一些趋势性的现象被掩盖，我们将1991～1999年各产业的技术引进额和产值分别绘制成图(见图4-5至图4-9)。从图中我们可以看到，尽管中间年份存在一些波动，但总的趋势基本和上述分析一致。

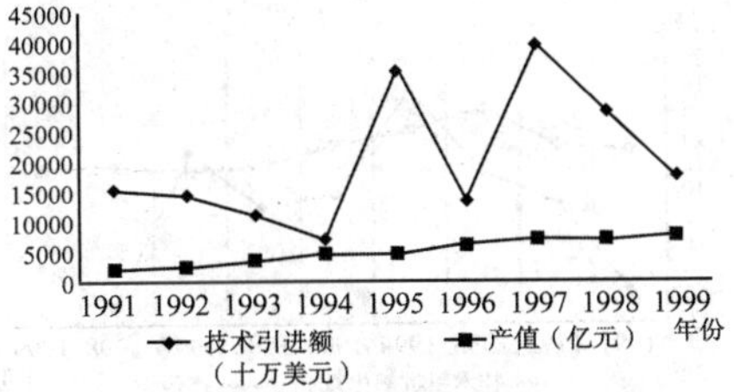

图 4-5 能源产业技术引进额与产值变动

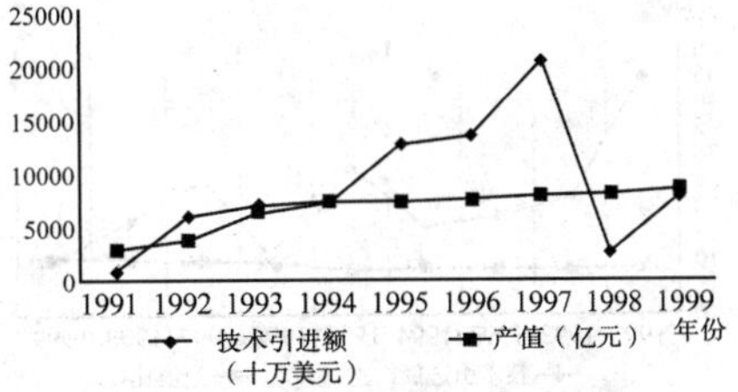

图 4-6 冶金有色产业技术引进额与产值变动

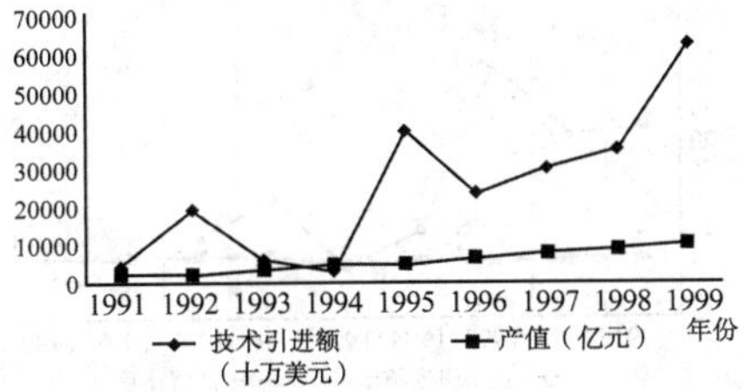

图 4-7 机械电子产业技术引进额与产值变动

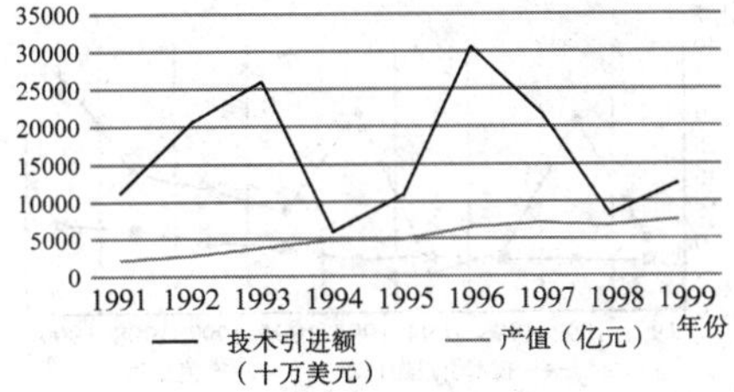

图 4-8 石化化工产业技术引进额与产值变动

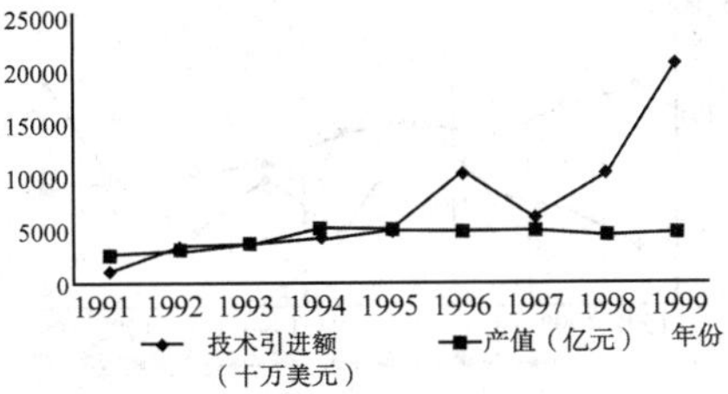

图 4-9 轻纺业技术引进额与产值变动

(2)从比重对比上我们可以看到,各个产业技术引进额所占技术引进平均比重与其产值平均比重呈现非常显著的一致性,这和前面的分析有偏差,问题出在哪里?同样,为了防止一些趋势性的现象被掩盖,我们将1991~1999年各产业的技术引进额和产值分别绘制成图(见图4-10至图4-14)。通过对比可以发现,不同于各个产业的技术引进增长率与产值增长率,在比重上,平均比重的对比和其各个时期的比重状况有明显差异。在我们所选取的年份中,各个产业技术引进比重和产值比重的变动趋势基本上仍然体现了由两组数据的增长率揭示的规律,即能源、冶金有色和石化化工产业技术引进金额占总金额比重呈明显下降趋势,而其产值比重却稳步上升(冶金有色产业产值比重虽略有下降,但其幅度远远小于技术引进额比重);轻纺业技术引进金额比重在波动中不断上升,但产值比重由于增长率低于前者自然呈持续下降趋势;机械电子业技术引进金额比重和产值比重均呈上升趋势。

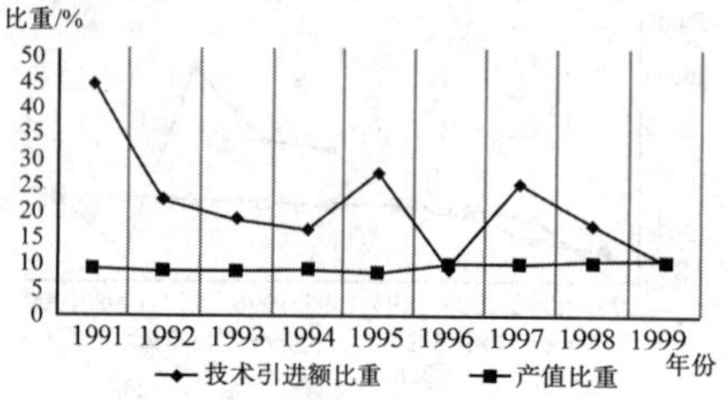

图4-10 能源产业技术引进额与产值比重变动

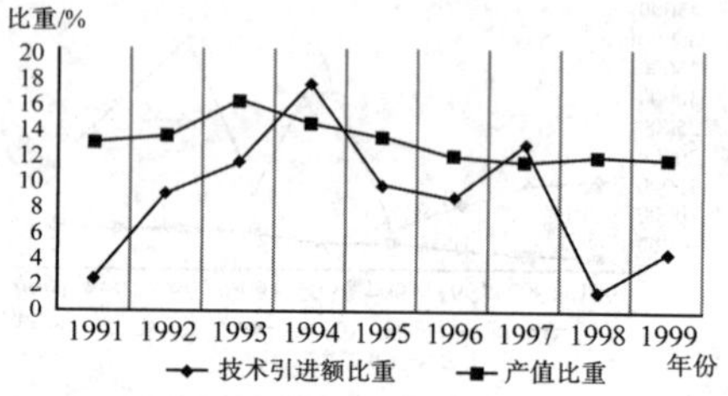

图4-11 冶金有色业技术引进额与产值比重变动

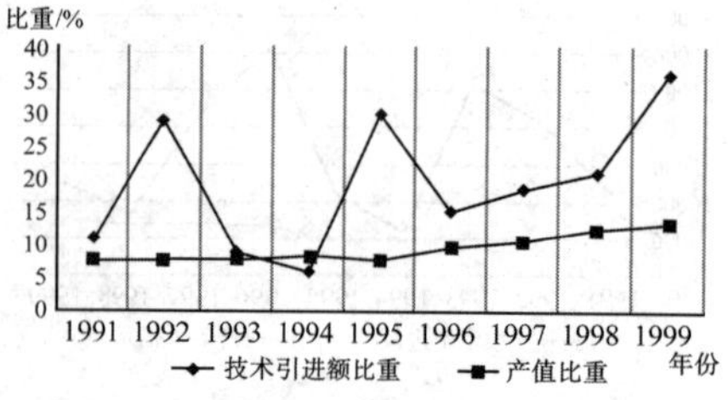

图4-12 机械电子产业技术引进额与产值比重变动

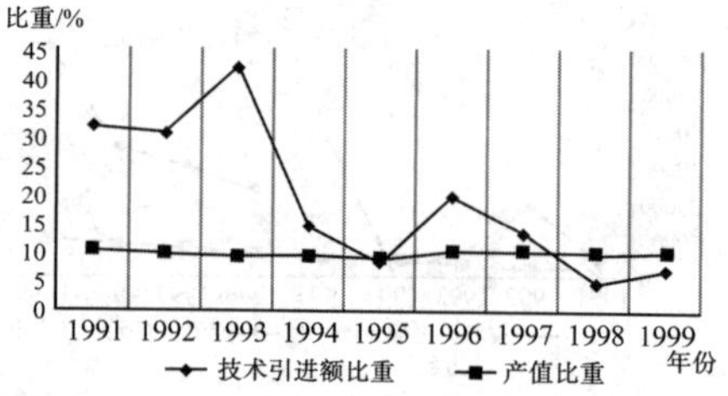

图4-13 石化化工产业技术引进额与产值比重变动

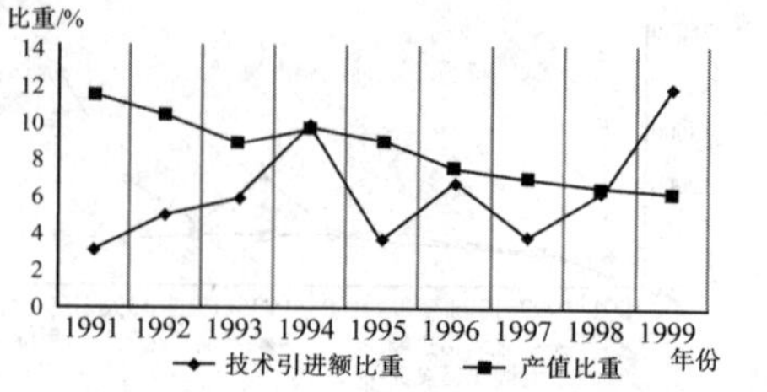

图4-14 轻纺业技术引进额与产值比重变动

首先，分析2003～2010年高、中、低端技术产业产值的变动情况。表4-10是2003～2010年我国高、中、低端技术产业产值结构变动情况。从表中数据可以看出，八年间高端技术产业产值平均比重最高，达到43.07%，其次是中端技术产业，达到25.98%，最低的是低端技术产业，为16.36%。此外，中端技术产业总产值年均增长速度最快，达到25.67%，其次是高端技术产业，为22.99%，低端技术产业最低，为20.73%。同时，我们也按照1991～1999年的数据处理方式，将2003～2010年高、中、低端产业技术引进额年均增长率和产值年均增长率用图4-15和图4-16表示，各产业技术引进金额比重和各产业产值比重用图4-17和图4-18表示。

通过数据和图表我们可以发现：

(1)从图4-15和图4-16来看，高、中、低端技术产业技术引进年均增长率和产值年均增长率也未呈现显著的一致性规律，但技术引进的行业分布特征明显。分产业来看，高端技术产业：技术引进额年均增长率实现正增长，为3.31%，产值年均增长率居第二位，达到22.99%。中端技术产业：技术引进额年均增长率为负(－4.09%)，但产值年均增长率居首位，达到25.67%。低端技术产业：不论是技术引进额还是总产值年均增长率均排在末位，前者为－15.79%，后者为20.73%。我们可以看出，进入21世纪后，技术更新换代速度加快，新技术层出不穷，国家对技术密集的高端技术产业重视程度不断增强，技术引进逐渐向通信电子等高技术行业转移，技术引进带来的先进设备、知识和管理经验，提高国内创新水平和能力，不断提高我国技术水平，带来产值的增长。中、低端制造业技术引进经费支出增长率为负，但产值增长率却仍达到20%以上，究其原因可能是中、低端技术产业大多是资源密集型产业，技术复杂程度较低，在前期发展过程中，通过引进的技术加以消化吸收改造提高了性能和品质。特别是低端制造业的进步最为显著，通过前期的发展对国外技术的依赖程度有所下降，但进一步提高了总产值。进一步地，我们将高、中、低端技术产业八年中的技术引进额和产值分别绘制成图(图4-19至图4-21)。从图中我们也可以看出，除了2008年技术引进额大幅下降外，高端技术产业的技术引进额和总产值整体均呈现上升趋势，中、低端技术产业技术引进额整体呈现下降趋势，但总产值整体呈现上升趋势，与增长率显示的规律一致。

(2)从图4-17和图4-18来看，高、中、低端技术产业技术引进额平均比重和产值平均比重与1991～1999年的结果相似，也呈现明显的一致性，因此，我们依旧将各个产业八年中技术引进额比重和产值比重分别绘制成图(见图4-22至图4-24)。通过对比发现，八年间中端技术产业(包括石油加工、炼焦及核燃料加工业等基础性产业）通过前期技术引进较好地提升了技术能力，产值比重稳步上升，技术引进额比重"先上升后下降"的趋势也侧面说明了国内技术能力的提高；高端技术产业受到的重视程度不断增强，技术引进额比重呈现明显的上升趋势，产值比重波动上升；低端技术产业技术引进比重呈现下降趋势，由于低端技术产业产值增长率最低，因而产值比重也呈现下降趋势。

表 4-10　2003～2010 年我国高、中、低端技术产业产值结构变动情况

年份	2003		2004		2005	
产业	工业总产值/亿元	比重/%	工业总产值/亿元	比重/%	工业总产值/亿元	比重/%
高端技术产业	42643.59	45.97	57175.50	42.90	70146.30	42.77
中端技术产业	21974.43	23.69	33080.44	24.82	42554.14	25.95
低端技术产业	17418.75	18.78	21892.43	16.43	27030.10	16.48
工业总计	92771.23	100	133264.98	100	164015.02	100
年份	2006		2007		2008	
产业	工业总产值/亿元	比重/%	工业总产值/亿元	比重/%	工业总产值/亿元	比重/%
高端技术产业	88262.74	42.96	111580.72	42.85	131078.13	41.04
中端技术产业	54678.86	26.61	70013.84	26.89	89059.59	27.89
低端技术产业	33081.08	16.10	41567.55	15.96	49272.08	15.43
工业总计	205468.49	100	260414.11	100	319367.76	100
年份	2009		2010		工业总产值年均增长率/%	
产业	工业总产值/亿元	比重/%	工业总产值/亿元	比重/%		
高端技术产业	141552.66	42.49	181550.11	43.60	22.99	
中端技术产业	86275.91	25.89	108756.56	26.12	25.67	
低端技术产业	53575.90	16.08	65127.90	15.64	20.73	
工业总计	333177.17	100	416423.01	100	100	

注：资料来源于 2004～2011 年中国统计年鉴。

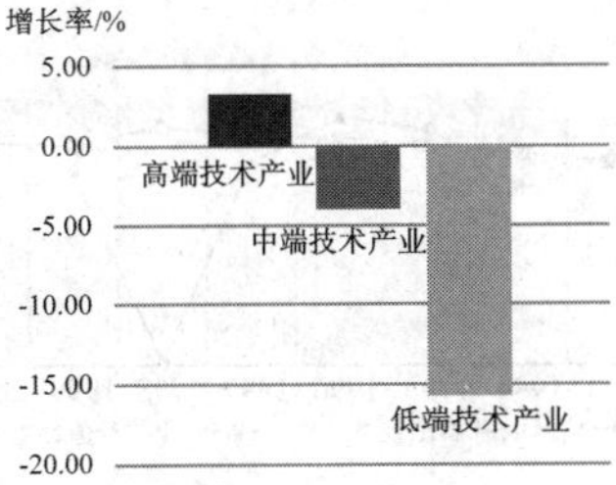

图 4-15 2003～2010 年部分产业技术引进额年均增长率

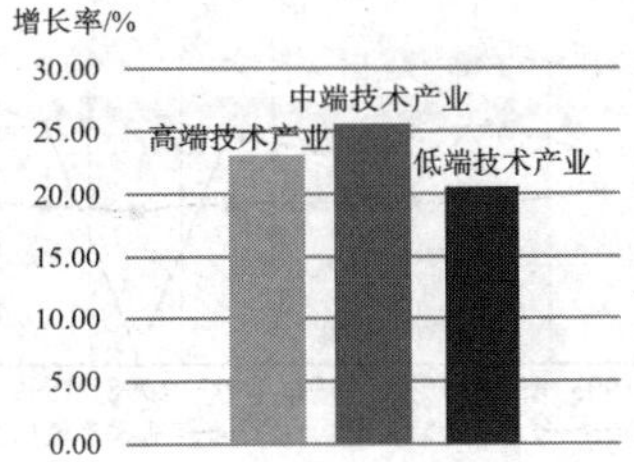

图 4-16 2003～2010 年部分产业产值年均增长率

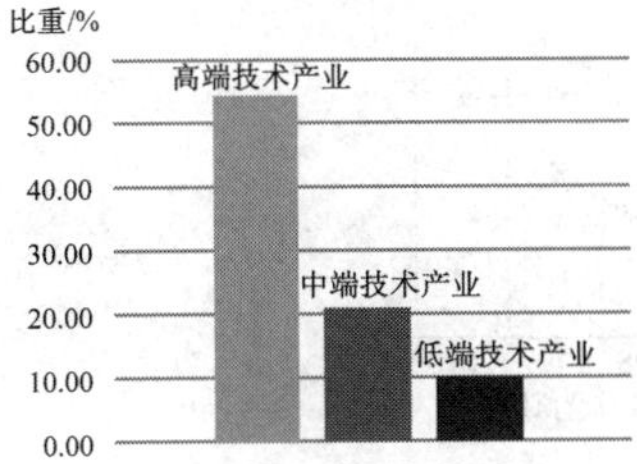

图 4-17 2003～2010 年部分产业技术引进额平均比重

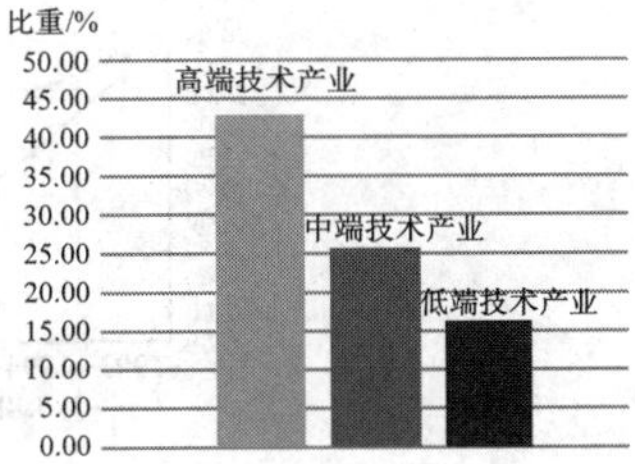

图 4-18 2003～2010 年部分产业产值平均比重

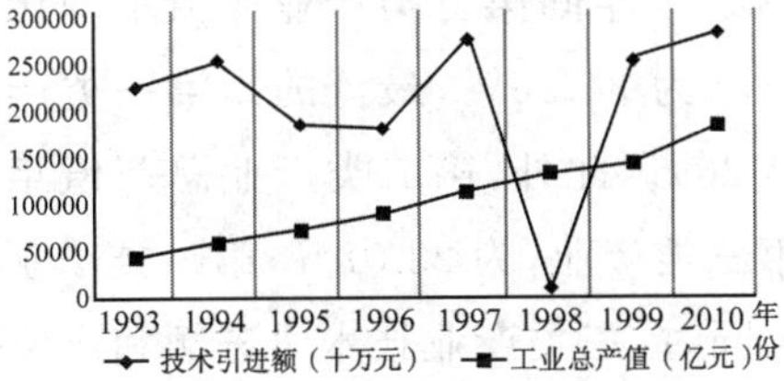

图 4-19 高端制造业技术引进额与产值变动

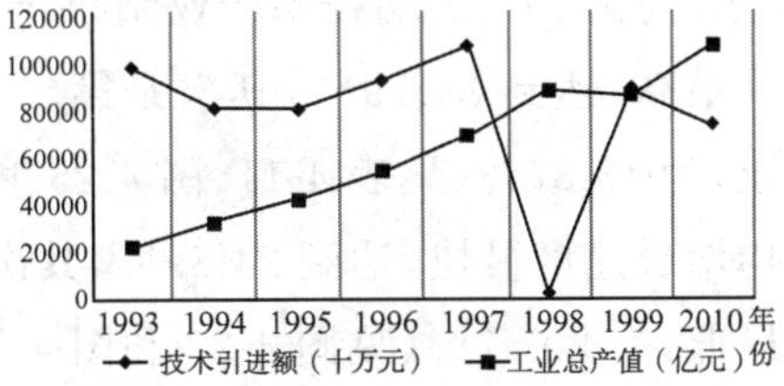

图 4-20 中端制造业技术引进额与产值变动

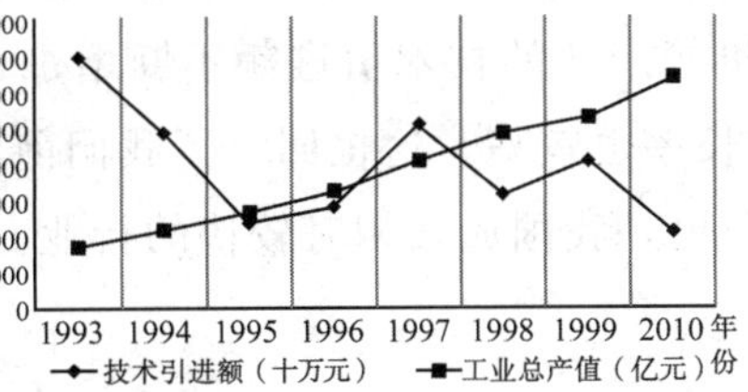

图 4-21 低端制造业技术引进额与产值变动

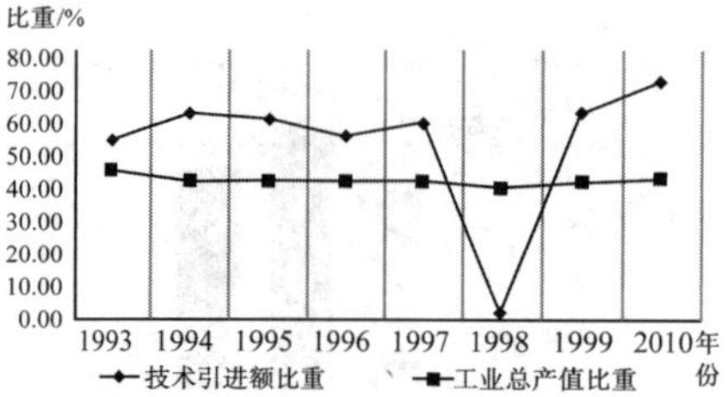

图 4-22　高端制造业技术引进额与产值比重变动

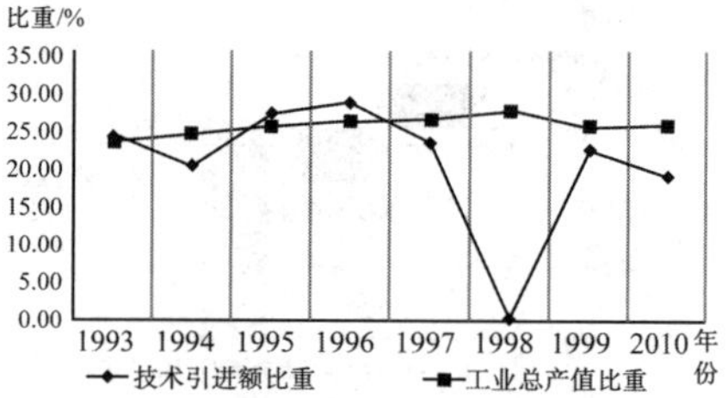

图 4-23　中端制造业技术引进额与产值比重变动

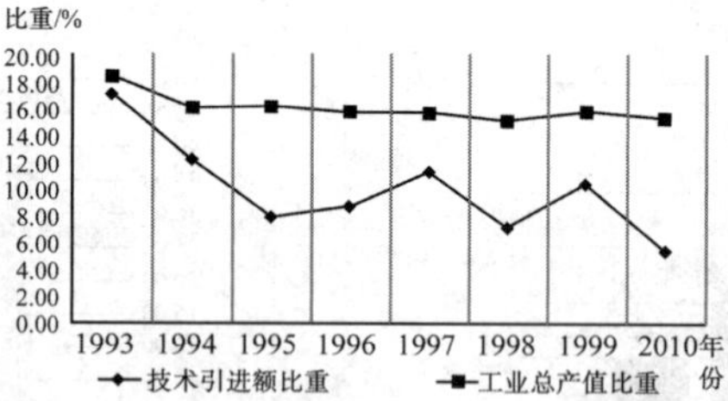

图 4-24　低端制造业技术引进额与产值比重变动

其次，分析 2003～2010 年第一类、第二类、第三类产业产值的变动情况。与高、中、低端技术产业结果十分类似，八年间第三类产业产值平均比重最高，达到 34.79%，其次是第二类产业，为 34.26%，最低的是第一类产业，为 13.87%（见表 4-11、图 4-25 和图 4-26）。此外，第二类产业总产值年均增长速度最快，达到 24.89%，其次是第三类产业，为 23.07%，第一类产业最低，为 20.57%（见图 4-27 和图 4-28）。同时，三类产业技术引进额和产值变动趋势、技术引进额比重和产值比重变动趋势与高、中、低端技术产业结果仍呈现极大的相似性（见图 4-29 至图 4-34），因此此处我们不再详细展开说明。总体来看，国家不断重视知识密集型的高技术类产业发展，机械电子、通信设备、计算机等产业的技术引进额不断增加，产值比重在三类产业中居于榜首，产值增长率也较高。这也回答了我们前文提出的问题，即技术引进快速发展的行业也是我国成长相对较快的行业。

表 4-11　2003～2010 年我国制造业第一类、第二类、第三类产业产值结构变动情况

年份	2003		2004		2005	
产业	工业总产值/亿元	比重/%	工业总产值/亿元	比重/%	工业总产值/亿元	比重/%
第一类产业	14927.87	16.09	18467.20	13.86	22824.16	13.92
第二类产业	30179.77	32.53	43994.91	33.01	56600.73	34.51
第三类产业	34438.25	37.12	46261.03	34.71	56099.71	34.20
工业总计	92771.23	100	133264.98	100	164015.02	100

年份	2006		2007		2008	
产业	工业总产值/亿元	比重/%	工业总产值/亿元	比重/%	工业总产值/亿元	比重/%
第一类产业	27881.5862	13.57	35095.05	13.48	41704.17	13.06
第二类产业	71649.9646	34.87	91461.37	35.12	114399.82	35.82
第三类产业	71291.6321	34.70	90133.19	34.61	105737.91	33.11
工业总计	205468.4935	100	260414.11	100	319367.76	100

年份	2009		2010		工业总产值年均增长率/%
产业	工业总产值/亿元	比重/%	工业总产值/亿元	比重/%	
第一类产业	45796.37	13.75	55000.01	13.20	20.57
第二类产业	112844.90	33.87	143000.28	34.34	24.89
第三类产业	114983.67	34.51	147306.39	35.37	23.07
工业总计	333177.17	100	416423.01	100	100

注：资料来源于 2004～2011 年中国统计年鉴。

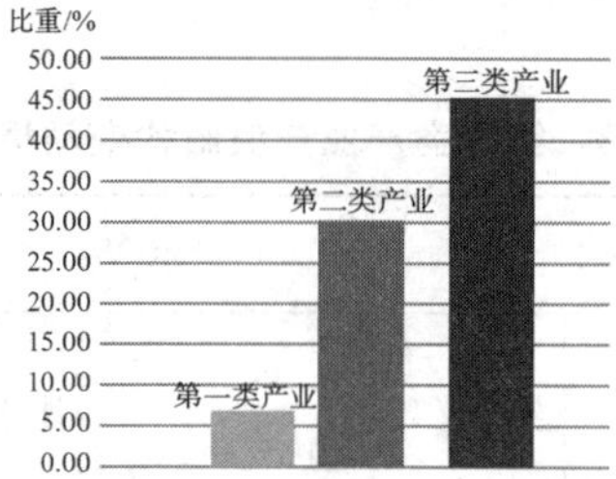

图 4-25　2003～2010 年第一类、第二类、第三类产业技术引进额平均比重

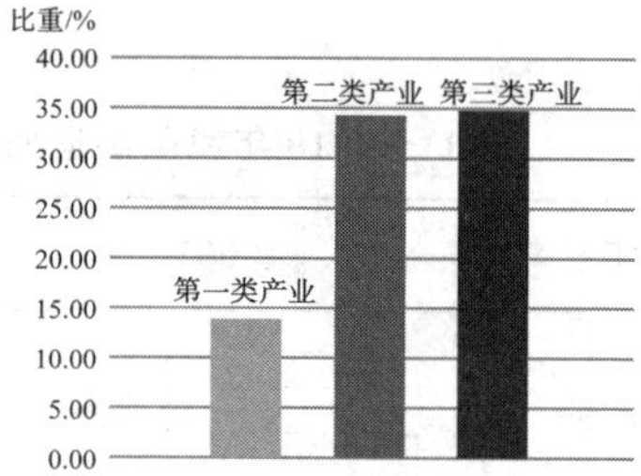

图 4-26　2003～2010 年第一类、第二类、第三类产业产值平均比重

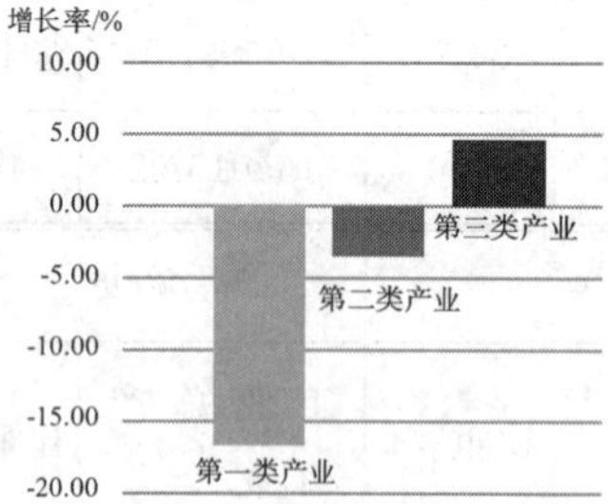

图 4-27　2003～2010 年第一类、第二类、第三类产业技术引进额年均增长率

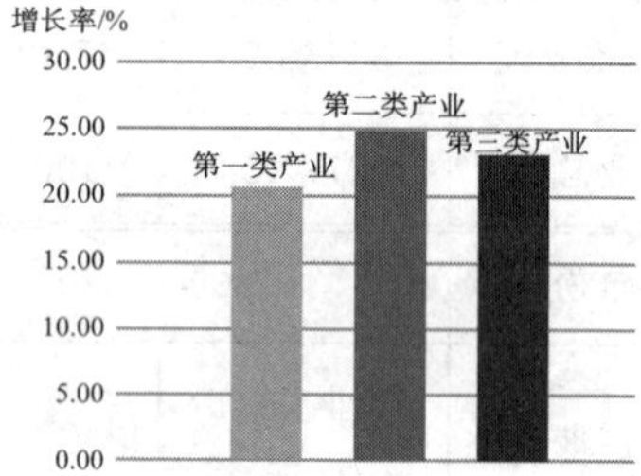

图 4-28　2003～2010 年第一类、第二类、第三类产业产值年均增长率

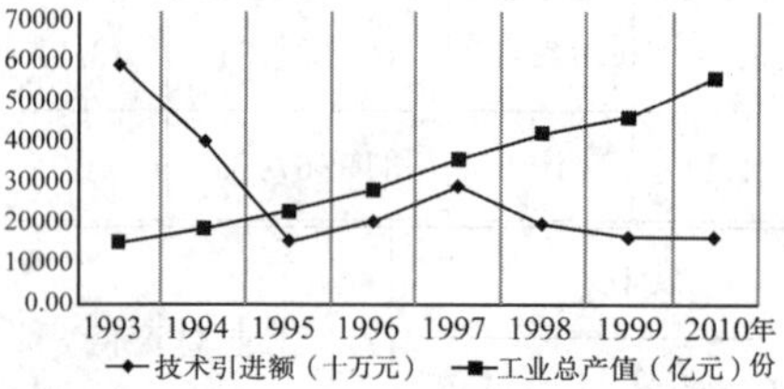

图 4-29　第一类产业技术引进额与产值变动

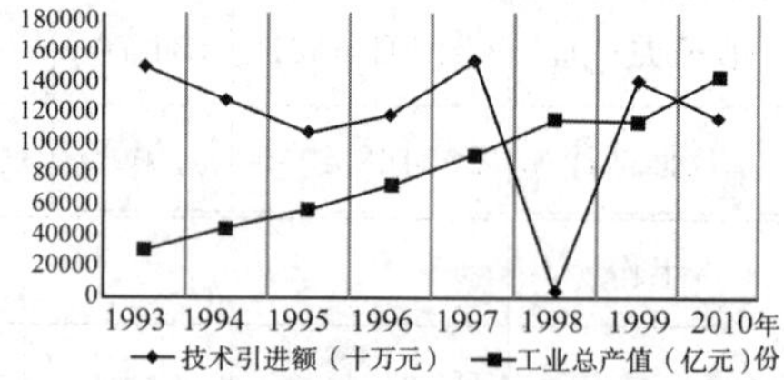

图 4-30　第二类产业技术引进额与产值变动

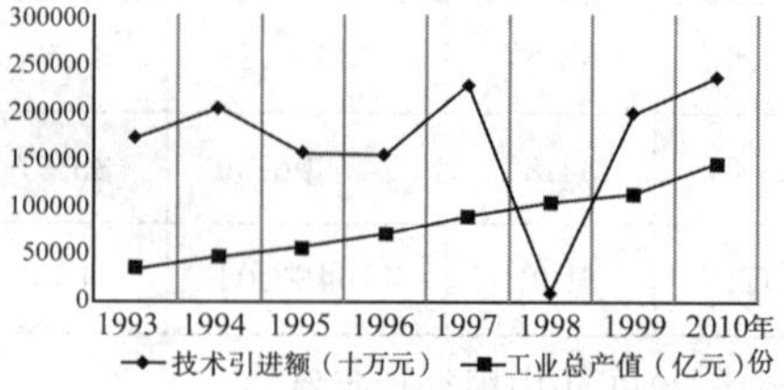

图 4-31　第三类产业技术引进额与产值变动

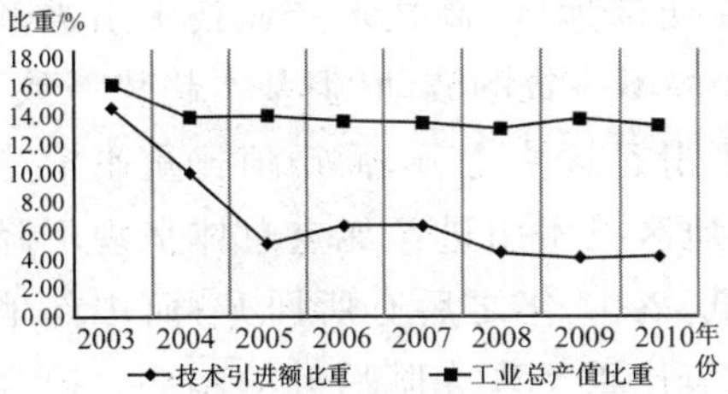

图 4-32 第一类产业技术引进额与产值比重变动

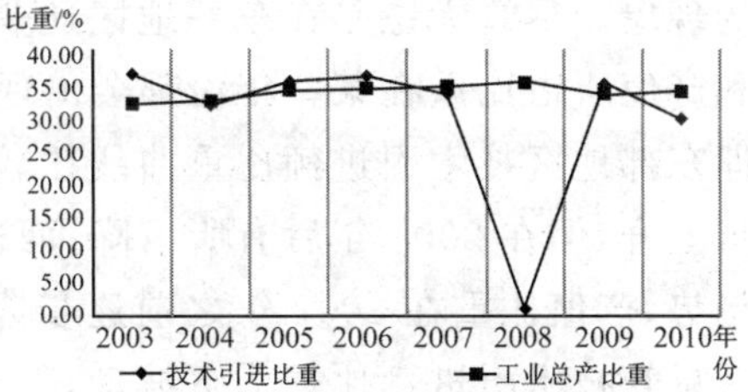

图 4-33 第二类产业技术引进额与产值比重变动

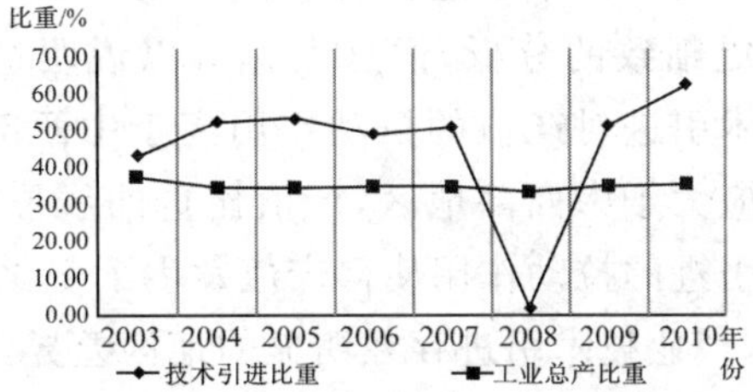

图 4-34 第三类产业技术引进额与产值比重变动

三、分地区的比较分析

分析国际技术转移与工业结构升级之间的关系，还可以从地域的角度入手。本小节我们首先以医药制造业、航空航天制造业、电子及通信设备制造业、电子计算机及办公设备制造业和医疗设备及仪器仪表制造业五大高技术产业为例，分析我国技术引进的地域分布以及工业结构升级的地域性差异，从地区分布的角度寻找技术转移与工业结构升级之间的关系，其次使用手动搜集整理的 2000～2016 年 31 省份技术引进经费支出，FDI，技术引进合同金额，技术引进合同数以及第一类、第二类、第三类产业产值数据进行验证分析。

首先是高技术产业的相关分析。表 4-12 是 1995～2011 年我国高技术产业技术引进地区分布情况，表 4-13 是 1995～2011 年我国高技术产业产值地区分布情况。为了便于比较，根据两个表的数据，我们绘制图 4-35 至图 4-38。从这四个图中，我们可以看到：

(1)尽管技术引进额和相关产业产值增加之间的相关关系有待进一步验证，但图 4-35 显示，在分析的时间跨度内，五大高技术产业的技术引进额和产值在东、中、西部地区的比重变化趋势基本一致。

(2)图 4-36 至图 4-38 是对图 4-35 的分解，从中我们可以看到一些有趣的现象。尽管无论是在东部地区还是在西部地区,高技术产业技术引进额和产值所占比重在某些年份都会出现一些不一致的波动,但基本趋势一致,即东部地区技术引进额比重曲线比较平滑且逐步上升,而产值比重平滑稳步上升,但在2008年后有所下降;西部地区技术引进额比重总体呈现下降趋势,产值比重在2007年之前逐步降低,2007年之后有所回升;而中部地区尽管技术引进额比重上下波动,但产值比重呈现先降后升的趋势。换言之,技术引进额和产值之间的变动趋势并没有呈现明显一致性。

(3)东部地区产值比重曲线在2003年之前位于技术引进额比重曲线的上面,2003年之后则位于技术引进额比重曲线的下面,而中西部地区则基本相反。尽管没有更细致的分析,但这大体可以说明这样一个现实:2003年之前东部地区技术引进对产值的拉动作用高于中西部地区,或者说东部地区技术的溢出效应大于中西部地区,产值比重曲线位置的变化在一定程度上也能说明技术引进的拉动作用使得产值发生了变化。

(4)我国高技术产业技术引进存在明显的地区差异,其中东部地区技术引进额所占比重一直在80%左右波动。这种差异同样体现在产值上。

尽管单纯从数据的对比上我们无法判断出某一产业产值的增加在多大程度上是由技术引进带来的,但基本的事实是,技术引进高速增长的地区同时也是相应产业迅速成长的地区。

表4-12 1995~2011年我国高技术产业技术引进地区分布情况

年份	1995			1998			1999		
项目	东部/万元	中部/万元	西部/万元	东部/万元	中部/万元	西部/万元	东部/万元	中部/万元	西部/万元
医药制造业	19515	9417	1161	10519	6149	1181	10322	6737	2719
航空航天制造业	15852	6274	17980	1637	10121	6734	6889	2703	9528
电子及通信设备制造业	180785	6236	13610	111427	11951	4448	111371	9126	11303
电子计算机及办公设备制造业	1337	268	863	22926	701	380	52269	314	161
医疗设备及仪器仪表制造业	8151	768	9380	8311	24	5096	4023	452	759
合计	225640	22963	42994	154820	28946	17839	184874	19332	24470

续表

年份	2000			2001			2002		
项目	东部/万元	中部/万元	西部/万元	东部/万元	中部/万元	西部/万元	东部/万元	中部/万元	西部/万元
医药制造业	30210	13524	1387	35664	9072	4134	37929	25103	2807
航空航天制造业	3654	6577	19563	2554	15641	28806	4451	20128	49467
电子及通信设备制造业	219002	11185	75373	455463	67681	13289	467396	103919	13472
电子计算机及办公设备制造业	75158	900	1782	115788	350	1028	186381	6474	20
医疗设备及仪器仪表制造业	5304	2913	3932	7748	1267	982	11370	115	8092
合计	333328	35099	102037	617217	94011	48239	707527	155739	73858

年份	2003			2004			2005		
项目	东部/万元	中部/万元	西部/万元	东部/万元	中部/万元	西部/万元	东部/万元	中部/万元	西部/万元
医药制造业	54230	14093	5449	51384	2340	3776	27837	3021	4954
航空航天制造业	5444	45690	24646	338	4849	28299	4523	10347	15498
电子及通信设备制造业	532289	50955	12084	960024	35849	4200	655554	5557	3925
电子计算机及办公设备制造业	166818	6001	1449	22002			114095	570	
医疗设备及仪器仪表制造业	9704	1250	5263	5139	221	174	1447	428	425
合计	768485	117989	48891	1038886	43260	36448	803456	19925	24803

续表

年份	2006			2007			2008		
项目	东部/万元	中部/万元	西部/万元	东部/万元	中部/万元	西部/万元	东部/万元	中部/万元	西部/万元
医药制造业	17290	8064	6745	20026	3464	6832	29421	2622	13372
航空航天制造业	13676	7963	15198	3032	7118	11727	3879	26	3123
电子及通信设备制造业	602033	2998	374	1027101	1953	15185	714951	755	2731
电子计算机及办公设备制造业	98927			189915			26274		638
医疗设备及仪器仪表制造业	10646	1761	120	20889	1079	648	38184	4920	2038
合计	742571	20785	22436	1260963	13614	34392	812709	8322	21902

年份	2009			2010			2011		
项目	东部/万元	中部/万元	西部/万元	东部/万元	中部/万元	西部/万元	东部/万元	中部/万元	西部/万元
医药制造业	47501	4584	4361	42464	5944	5	55337	5267	960
航空航天制造业	4128	4160	19465	7704	26256	30981	7312	419	13379
电子及通信设备制造业	494600	1360	2476	471293	3359	15	500926	37009	2386
电子计算机及办公设备制造业	57557	80	629	36500	94		9673	303	
医疗设备及仪器仪表制造业	34300	8652	851	55758	7340	97	63051	337	139
合计	638085	18837	27782	613719	42992	31098	636299	43335	16863

注:资料来源于中国高技术产业统计年鉴。

表 4-13 1995～2011 年我国高技术产业产值地区分布情况

年份	1995			1998			1999		
项目	东部/亿元	中部/亿元	西部/亿元	东部/亿元	中部/亿元	西部/亿元	东部/亿元	中部/亿元	西部/亿元
医药制造业	598.88	251.53	110.85	852.2	326.2	194.33	923	354.83	219.38
航空航天制造业	90.27	82.22	96.49	76.37	136.45	110.45	85.01	133.27	114.8
电子及通信设备制造业	1846.75	119.06	215.85	3264.72	193.86	388.63	4113.65	235.79	359.08
电子计算机及办公设备制造业	331.49	16.06	6.91	1070.84	31.09	18.67	1138.3	43.53	21.66
医疗设备及仪器仪表制造业	242.66	50.3	38.44	353.19	53.74	39.91	365.01	64.87	44.45
合计	3110.05	519.17	468.54	5617.32	741.34	751.99	6624.97	832.29	759.37
年份	2000			2001			2002		
项目	东部/亿元	中部/亿元	西部/亿元	东部/亿元	中部/亿元	西部/亿元	东部/亿元	中部/亿元	西部/亿元
医药制造业	1094.37	428.42	258.59	1267.27	476.2	297.38	1477.19	559.71	341.54
航空航天制造业	93.1	161.42	133.06	130.81	176.87	161.63	131.33	220.98	182.88
电子及通信设备制造业	5314.57	295.76	371.05	6195.81	334.51	370.12	7157.73	358.47	431.8
电子计算机及办公设备制造业	1603.92	45.44	27.59	2121.84	45.06	32.9	3384.89	60.92	33.02
医疗设备及仪器仪表制造业	460.56	72.87	50.76	521.59	73.94	57.42	607.25	83.1	68.5
合计	8566.52	1003.91	841.05	10237.32	1106.58	919.45	12758.39	1283.18	1057.74

续表

年份	2003			2004			2005		
项目	东部/亿元	中部/亿元	西部/亿元	东部/亿元	中部/亿元	西部/亿元	东部/亿元	中部/亿元	西部/亿元
医药制造业	1823.17	679.61	387.12	2076.40	722.40	442.50	2711.41	971.41	567.63
航空航天制造业	157.5	201.95	191.35	169.30	103.70	228.60	226.44	266.16	304.63
电子及通信设备制造业	9374.17	396.94	446.05	13112.20	461.10	433.40	15831.12	534.91	501.10
电子计算机及办公设备制造业	5888.13	73.58	25.09	8590.90	61.20	39.40	10513.14	131.47	22.34
医疗设备及仪器仪表制造业	746.85	82.15	82.44	1089.90	129.70	107.80	1490.14	175.93	119.28
合计	17989.82	1434.23	1132.05	25038.7	1478.1	1251.7	30772.26	2079.88	1514.97

年份	2006			2007			2008		
项目	东部/亿元	中部/亿元	西部/亿元	东部/亿元	中部/亿元	西部/亿元	东部/亿元	中部/亿元	西部/亿元
医药制造业	3141.85	1224.47	652.63	3909.75	1616.94	835.2	4729.78	2102.61	1042.59
航空航天制造业	272.24	198.25	357.52	348.33	252.64	423.47	433.77	280.93	484.42
电子及通信设备制造业	19954.42	653.46	609.77	23414.3	829.22	844.52	26061.16	1089.14	1001.1
电子计算机及办公设备制造业	12278.87	216.31	15.55	14582.76	238.18	37.63	16121.81	305.13	66.43
医疗设备及仪器仪表制造业	2007.10	251.99	161.57	2585.88	343.48	198.85	2742.93	414.42	211.16
合计	37654.47	2544.48	1797.04	44841.03	3280.47	2339.68	50089.47	4192.22	2805.69

续表

年份	2009			2010			2011		
项目	东部/亿元	中部/亿元	西部/亿元	东部/亿元	中部/亿元	西部/亿元	东部/亿元	中部/亿元	西部/亿元
医药制造业	5530.36	2412.19	1500.74	6926.0	3355.9	1459.4	8404.2	4597.2	1940.6
航空航天制造业	522.36	287.6	543.03	663.6	338.1	596.4	895.5	375.4	642.1
电子及通信设备制造业	26262.45	1260.09	1424.61	32401.9	1934.3	1593.6	38136.2	3537.5	1885.7
电子计算机及办公设备制造业	15810.7	356.44	125.61	19251.6	336.8	234.1	19316.2	446.1	1372.8
医疗设备及仪器仪表制造业	3464.65	586.67	342.98	4503.5	786.6	327.2	5466.7	1034.4	383.1
合计	51590.52	4902.99	3936.96	63746.6	6751.6	4210.7	72218.8	9990.7	6224.3

注：资料来源于中国高技术产业统计年鉴。

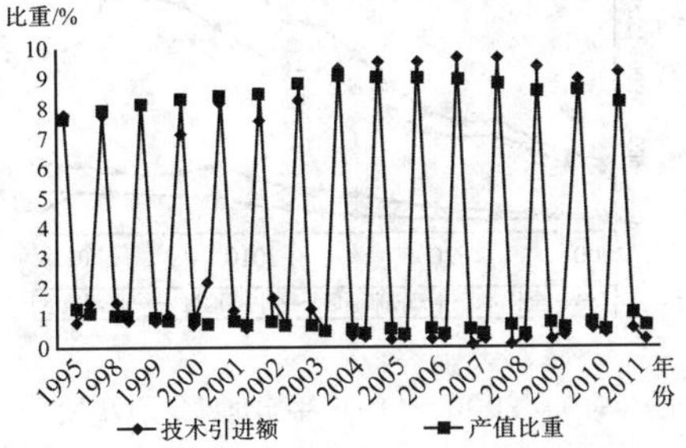

图 4-35　1995～2010 年高技术产业技术引进额和产值比重变化

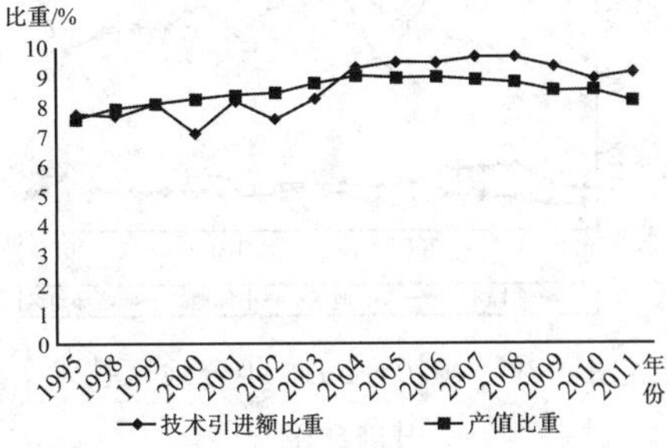

图 4-36　1995～2010 年东部地区高技术产业技术引进额和产值比重变化

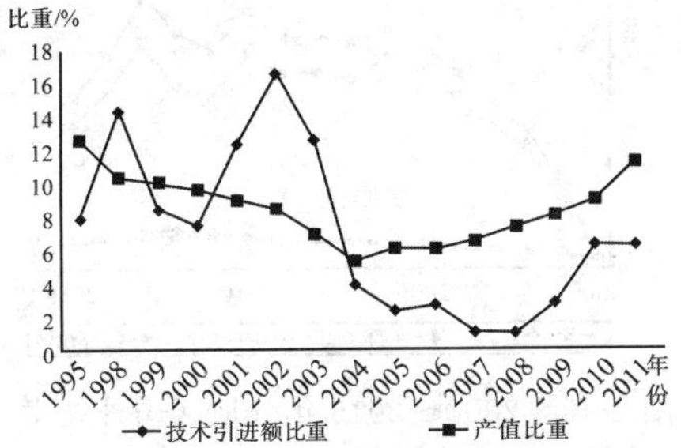

图 4-37　1995～2010 年中部地区高技术产业技术引进额和产值比重变化

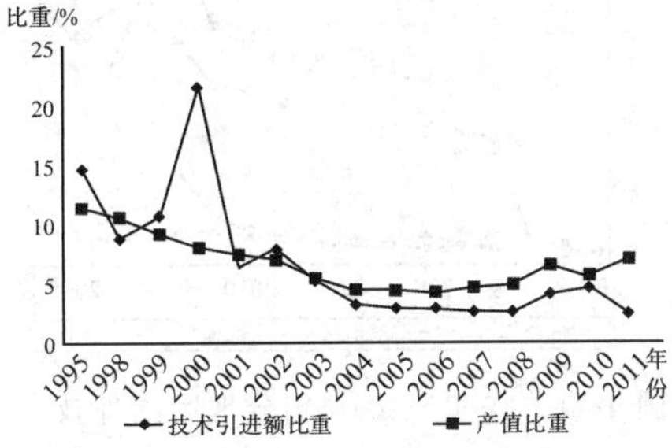

图 4-38　1995～2010 年西部地区技术引进额和产值比重变化

其次，囿于数据的可得性，前文关于高技术产业分地区的数据分析仅截至 2011 年，因此，我们还手动搜集整理了 2000～2016 年 31 省份国际技术转移数据（包括技术引进额、FDI、国外技术引进合同金额以及国外技术引进合同数）和第一类、第二类、第三类产业总产值数据（数据在第五章展开详细说明），将其分别按东、中、西部地区的分类方法绘制趋势图并观察其变化。图 4-39 至图 4-42 分别表示分地区技术引进额、FDI、国外技术引进合同金额以及国外技术引进合同数的变化趋势，虽然有不同之处，但从整体走向来看，国际技术转移仍呈现上升趋势，特别是东部地区，不论是技术引进额、FDI 还是国外技术引进合同金额均呈现显著的增长趋势。图 4-43 至图 4-45分别是第一类、第二类、第三类产业总产值趋势图，可以看出其走势也呈现相同的特征，整体呈现上升趋势。同时东部地区增长最为明显，其中第三类产业总产值变化趋势线更为陡峭，增长速度较快，工业结构趋于高知识化、高技术化，一定程度上代表着工业结构升级。从分析中我们也可以看出，技术引进高速增长的地区也是工业迅速成长的地区，这与前文分析结果呈现相似性。

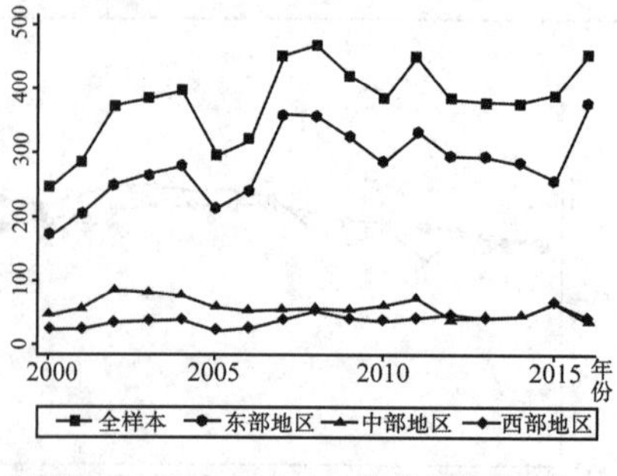

图 4-39　2000～2016 年分地区技术引进额变化

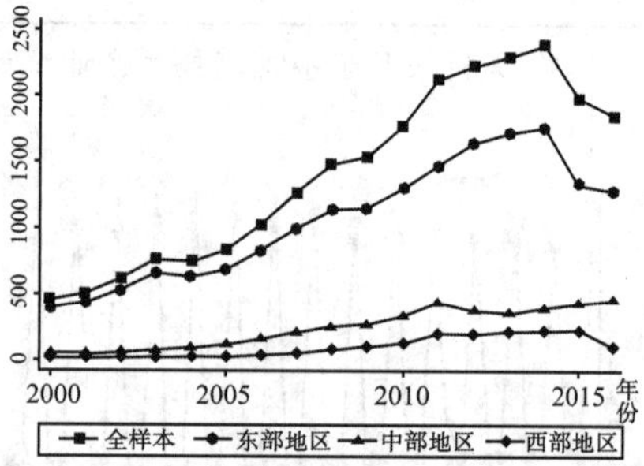

图 4-40　2000～2016 年分地区 FDI 变化

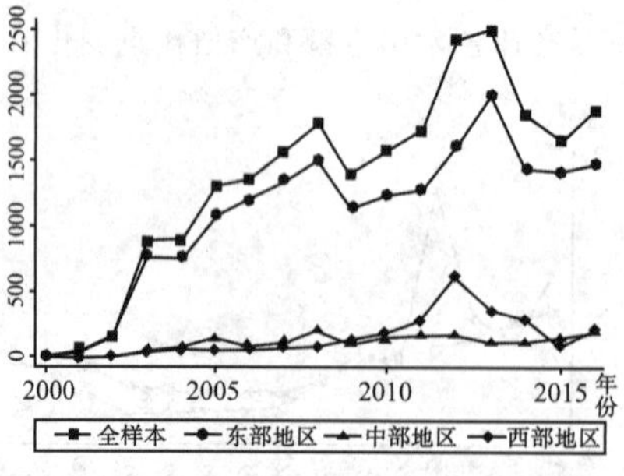

图 4-41　2000～2016 年分地区国外技术引进合同金额变化

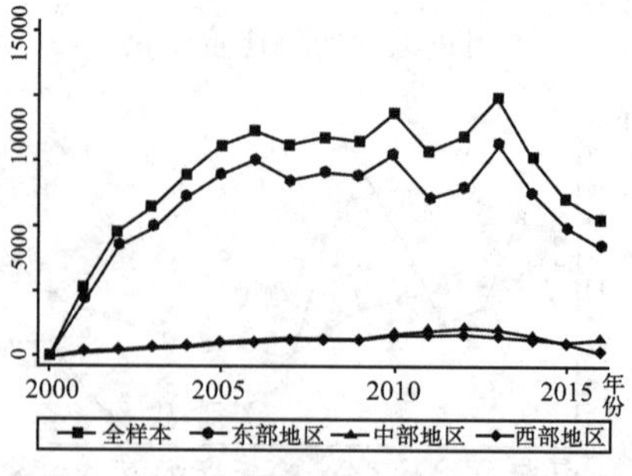

图 4-42　2000～2016 年分地区国外技术引进合同数变化

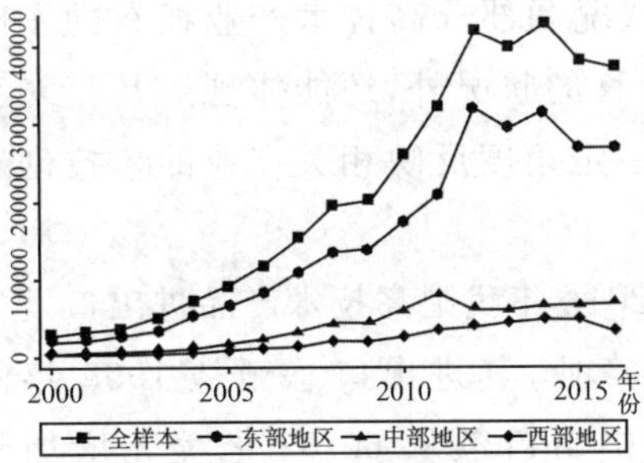

图 4-43　2000～2016 年分地区第一类产业产值变化

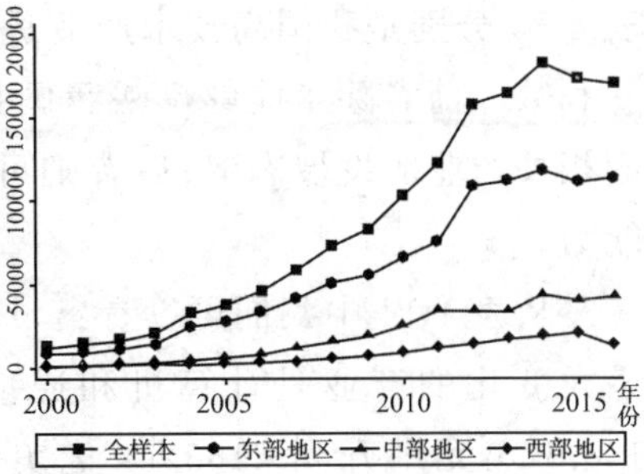

图 4-44　2000～2016 年分地区第二类产业产值变化

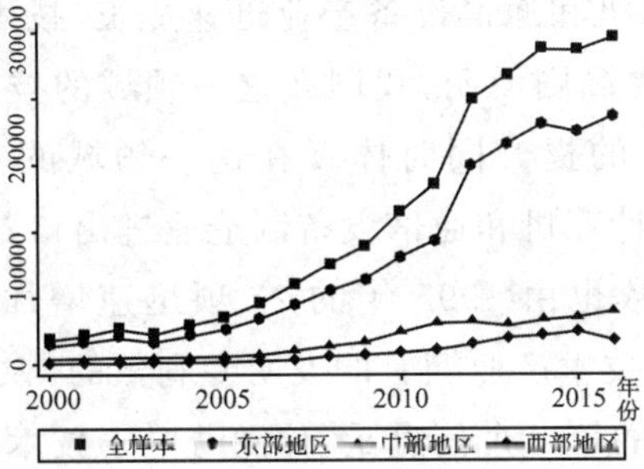

图 4-45　2000～2016 年分地区第三类产业产值变化

多年来，我国的技术引进呈现出明显的区域差异，这将在一定程度上加剧我国经济发展由来已久的东西部差异。工业结构的升级不仅仅指工业结构在总量上不断向高度化和合理化的方向发展，更应该包括地域上的协调。因此，推动我国工业结构升级必须逐步调整我国目前的技术引进政策，有步骤、有计划地向中西部地区倾斜。

四、国际贸易视角的分析

高技术产品出口额是衡量一国高技术产业出口竞争优势和国际产业分工位置的重要指标之一①。同样，高科技产品进出口的总体状况也可以作为国际技术转移状况的一个衡量指标。因此，本小节将从国际贸易的角度分析高科技产品进出口状况与我国工业结构升级之间的关系。表 4-14 和

① 牛华，崔茂生，曾燕萍：《网络视角下研发投入、贸易自由化与高技术产品出口——兼论高技术产品贸易网络的动态特征》，《统计与信息论坛》2020 年第 7 期。

表4-15分别是我国高技术产业进出口状况和部分高技术产业拥有的发明专利数。前者除了能够反映我国技术转移的状况外，还能体现近几年来我国相关产业的发展态势；后者则可以从一定角度反映相关产业的科技创新能力。

从表4-14中我们可以看出，1995～2016年我国高技术产品进出口发生最大变化的产业是计算机和通信技术产业，其进出口总额从1995年的144.57美元攀升到5165.14亿美元，其中出口额从60.82亿美元增加到4091.3亿美元，由此拉动计算机和通信设备贸易额由22.94亿美元的逆差转为3017.46亿美元的顺差。进出口总额的激增表明，自20世纪90年代中期以来，我国计算机和通信设备产业迅速成长，技术流动量大大加速；而出口能力的大幅度提高则说明，我国在这一领域的技术水平和创新能力得到提升，这种技术上的提升同时体现在这一领域的专利申请数量上。表4-15的数据显示，在计算机和通信设备制造业进出口数量迅速增加的同时，其拥有的发明专利数也由1995年的26项迅速增加到2016年的152641项，达到当年我国高技术产业拥有的发明专利数的48.20%。

表4-14给我们的第二个信息是，伴随着电子技术进出口贸易总额的增加(1995年电子技术进出口总额居第三位，2000年就已超过计算机集成制造技术跃居第二位，截至2016年仍居第二位，并达到退居第三位的计算机集成制造技术进出口总额的7倍之多)，电子工业方兴未艾。但是，不同于计算机和通信设备制造业，电子技术的贸易逆差大幅度扩大，至2003年已经由1995年的23.61亿美元扩大到421.7亿美元，至2016年达到1608.53亿美元，成为我国高技术产品贸易中逆差最大的产业。这一方面可以说明近几年来我国电子工业发展迅速，进口需求较大(电子工业的这种飞速发展也可以从表4-9中看到，从1991年到1999年，机械电子工业是各个工业部门年均增速最高的产业，达到24.73%)。但另一方面，迅速扩大的贸易逆差也提醒我们，我国电子工业的技术对外依存度较大，在产值增加的同时，技术的内部创新能力有限。尽管表4-15显示，2016年电子产业拥有的发明专利数达到73012项，占2016年高技术产业拥有的发明专利数的23.05%，但这主要源于电子产业本身所具有的高创新率，并不代表我国电子技术创新能力的迅速提高。以集成电路的生产为例，事实上，集成电路制造是电子产业的核心环节，但是统计数据显示，我国集成电路与工业化国家相比还有相当大的差距，与国内庞大的市场需求不相符合的是国内需求自给率极低，至2017年自给率仅达到10%。据海关统计，2021年1～9月我国集成电路进口总额为3126.1亿美元，而出口总额仅为1086.2亿美元。在高档芯片领

域,90%以上的产品依赖进口,中美贸易战更是暴露出我国芯片技术产业的短板。从总体上看,我国电子产业的核心技术和产品市场基本上掌握在外国企业手中。

从表4-14中我们还可以看到,至2016年,尽管我国高技术产业进出口总额从1996年的265.54亿美元增加到11278.97亿美元,增长了42.48倍,但这主要源于进口额的增加。进出口贸易平衡项显示,在1996年保持顺差的三大产业——生命科学技术、光电技术、生物技术,于2016年均转为逆差,而计算机和通信技术由逆差转为顺差,并不断扩大。除材料技术由逆差转为顺差外,其余高技术产业或者由顺差转为逆差,或者原有逆差进一步扩大。

综上所述我们不难发现,尽管高技术产品贸易总额的激增说明20世纪90年代中期以来我国高技术产业发展迅速,但是作为新兴产业,从总体上看,我国在高技术领域的创新能力和技术水平均有限,由此,我国通过高技术产品进口产生的技术引进大量增加。

表 4-14　1995～2016 年部分年份我国高技术产品进出口状况

年份	1995				2000				2003			
项目	出口额/百万美元	进口额/百万美元	进出口贸易平衡/百万美元	进出口总额/百万美元	出口额/百万美元	进口额/百万美元	进出口贸易平衡/百万美元	进出口总额/百万美元	出口额/百万美元	进口额/百万美元	进出口贸易平衡/百万美元	进出口总额/百万美元
计算机和通信技术	6081.65	8375.48	−2293.83	14457.13	27009	20646	6363	47655	91930	40310	51620	132240
生命科学技术	989.60	1093.58	−103.98	2083.18	1375	1651	−276	3026	2500	3060	−560	5560
电子技术	1393.89	3754.51	−2360.62	5148.40	5845	19325	−13480	25170	11420	53590	−42170	65010
计算机集成制造技术	415.84	6390.25	−5974.41	6806.09	499	5556	−5057	6055	1030	11350	−10320	12380
航空航天技术	157.96	1503.70	−1345.75	1661.66	691	2652	−1961	3343	760	5500	−4740	6260
光电技术	574.79	277.36	297.43	852.15	984	932	52	1916	1800	2180	−380	3980
生物技术	50.53	12.13	38.40	62.66	127	59	68	186	190	110	80	300
材料技术	50.98	208.32	−157.34	259.30	317	790	−473	1107	410	2440	−2030	2850
其他技术	375.58	212.29	163.29	587.88	196	896	−700	1092	280	760	−480	1040
合计	10090.82	21827.62	−11736.80	31918.44	37043	52507	−15464	89550	110320	119300	−8980	229620

续表

年份	2006				2009				2012			
项目	出口额/百万美元	进口额/百万美元	进出口贸易平衡/百万美元	进出口总额/百万美元	出口额/百万美元	进口额/百万美元	进出口贸易平衡/百万美元	进出口总额/百万美元	出口额/百万美元	进口额/百万美元	进出口贸易平衡/百万美元	进出口总额/百万美元
计算机和通信技术	224898	70693	154205	295591	282465	73585	208880	356050	419253	122466	296787	541719
生命科学技术	6342	5138	1204	11480	11059	9477	1582	20536	20925	19407	1518	40332
电子技术	36004	130187	−94183	166191	51075	148481	−97406	199555	101523	238406	−136883	339929
计算机集成制造技术	2862	19629	−16767	22491	5097	19691	−14594	24788	9864	36292	−26428	46157
航空航天技术	2436	13158	−10722	15594	2684	14035	−11351	16719	4437	24207	−19770	28645
光电技术	7070	4094	2976	11164	20927	38538	−17611	59466	39497	58537	−19040	98034
生物技术	256	154	102	410	296	360	−64	656	472	481	−9	953
材料技术	1272	4025	−2753	5297	2963	5074	−2111	8037	4607	6072	−1465	10678
其他技术	310	223	87	533	365	613	−248	978	594	995	−401	1589
合计	281451	247299	34152	528750	376931	309853	67078	686784	601173	506864	94309	1108037

续表

年份	2015				2016			
项目	出口额/百万美元	进口额/百万美元	进出口贸易平衡/百万美元	进出口总额/百万美元	出口额/百万美元	进口额/百万美元	进出口贸易平衡/百万美元	进出口总额/百万美元
计算机和通信技术	441886	116918	324968	558804	409130	107384	301746	516514
生命科学技术	24586	26706	−2120	51291	24737	28320	−3583	53057
电子技术	125542	278658	−153116	404200	111529	272382	−160853	383910
计算机集成制造技术	12506	35850	−23344	48356	13263	36286	−23023	49550
航空航天技术	7326	34972	−27646	42298	7158	31144	−23986	38301
光电技术	35732	49372	−13640	85104	30619	41978	−11359	72597
生物技术	687	1126	−439	1813	638	1286	−648	1924
材料技术	6234	4806	1428	11040	6291	4042	2249	10332
其他技术	797	885	−88	1682	808	904	−96	1712
合计	655297	549291	106006	1204588	604174	523724	80450	1127897

注：资料来源于中国科技统计年鉴。

表 4-15　我国部分高技术产业拥有的发明专利数

年份	1995		2000		2003		2006	
项目	数量/项	比重/%	数量/项	比重/%	数量/项	比重/%	数量/项	比重/%
生物制品制造	1	0.24	37	2.56	26	0.77	119	1.46
航空航天制造	87	21.22	139	9.63	141	4.20	228	2.80
计算机和通信	26	6.34	515	35.69	1679	50.03	2885	35.44
电子技术	64	15.61	200	13.86	288	8.58	2076	25.50
年份	2009		2012		2015		2016	
项目	数量/项	比重/%	数量/项	比重/%	数量/项	比重/%	数量/项	比重/%
生物制品制造	758	1.84	1600	1.38	4224	1.75	5746	1.81
航空航天制造	622	1.51	2153	1.86	6234	2.58	6852	2.16
计算机和通信	20314	49.34	57575	49.72	115372	47.79	152641	48.20
电子技术	8595	20.88	22870	19.75	53438	22.14	73012	23.05

注：本表根据中国高技术产业统计年鉴相关数据整理，2012 年后高技术产业拥有的发明专利数改名为有效发明专利数；2017 年起数据不全，因此统计时间截至 2016 年。

五、统计指标的选择

(一)关于国际技术转移的统计

对于一个国家来讲，国际技术转移既包括技术的引进也包括技术的输出。但是在改革开放以来的 40 多年里，对我国而言，国际技术转移的主体部分是技术引进，因此，本章对我国国际技术转移的量化分析主要是从技术引进方面展开的。

技术引进可发生在一切技术载体的基本因素(设备、文件、技术人员、管理人员)从母国移动到技术接受国的场合,政府很难监管所有的技术引进渠道,因此,不存在衡量技术引进总体数量的单一指标,即衡量技术引进数量的指标必然是多元的,很多指标都可以在不同的方面反映技术引进的情况。第一,技术引进经费支出,指用于购买国外技术的费用支出,包括产品设计、工艺流程、图纸、配方、专利等技术资料的费用支出,以及购买关键设备、仪器、样机和样件等物品的费用支出。进入 21 世纪以来,我国的技术引进从以成套设备和关键设备的引进为主逐渐转向以引进技术许可、技术咨询和服务为主。第二,技术引进合同,比如合同数量、合同金额等指标。第三,外商直接投资额。从我国 FDI 的情况看,设备投资占的比重相当大。随着我国吸收外商直接投资数量的不断增加和质量的稳步提高,这种趋势将持续下去。因此,外商直接投资额能够在很大程度上体现我国技术引进的数量,国内很多学者都将 FDI 视为我国技术引进的重要渠道①。第四,对外直接投资额。对外直接投资(OFDI)作为技术输出的重要方式,有利于一国转移比较劣势产业,发展比较优势以及新兴产业,也是推动母国工业结构升级的重要途径。我们对国际技术转移的量化主要采取上述指标。

(二)关于工业结构升级的量化

工业结构是指“工业内的行业之间质和量的关系”②。同产业结构类似,它包括资源配置结构、生产能力结构和产出结构。工业结构升级就是工业内资源配置结构、生产能力结构和产出结构不断调整优化的过程。按照陈佳贵、黄群慧对工业现代化的定义:工业现代化一般是指在一国或地区的经济现代化过程中,在现代科学技术进步的推动下,新兴工业部门不断产生和增长、原有工业部门持续变革和发展,并由此导致工业结构变化和整体工业生产力水平的提高、最终达到当今世界先进水平的过程③。工业结构升级的过程就是工业现代化的过程,具体体现在以下四个方面:第一,工业结构的变动,包括轻重工业比重的变化、主导产业的更替和工业内部的高加工度化趋势。第二,技术结构的变动,体现在高技术部门所占比重不断增加和工业技术水平的提高。第三,投入与产出的变动,主要体现在技术、知识、信

---

① 此方面的研究很多,如杨先明、陈明森、汤萓、李若曦等都进行过研究。

② 王岳平:《开放条件下的工业结构升级》,北京,经济管理出版社,2004 年,第 1 版,第 27-30 页。

③ 陈佳贵,黄群慧:《工业现代化的标志、衡量指标及对中国工业的初步评价》,《中国社会科学》2003 年第 3 期。

息等高级生产要素对工业增长贡献率的提高。第四,产业组织的优化,即市场结构逐步向高效率的方向发展。从目前国内外的研究来看,根据工业结构升级过程呈现的现象和体现的本质可以将工业结构升级的测度方法分为三种①:第一,"标准模式"与相似系数法,即建立可供参照的标准模式,如钱纳里和库兹涅茨等的多国标准发展模式,并与之比较。第二,以高级要素为特征的高技术部门的比重,工业结构的高技术化、高知识化和高附加值化已经成为工业结构升级的重要标志②。第三,生产率和要素密集度的变化与高级要素对经济增长的贡献。我们主要采用第二种测度方法,借鉴戴魁早等③采用工业行业内部第三类产业④产值占第一类产业与第二类产业产值之和的比例表示工业结构高度化衡量工业结构升级,这一指标能够清晰地反映出工业结构的高技术化、高知识化和高附加值化的趋势特点。

六、本章小结

至此,我们已经从总体数据的对比视角分析了国际技术转移与我国工业结构升级之间的关系,数据表明国际技术转移与我国工业结构升级之间存在着较为一致的发展态势。但是,我们的问题是:

(1)尽管以技术引进为代表的国际技术转移与我国工业结构升级在时间上呈现较为一致的发展态势,但从单个产业上看,并非所有的技术引进都伴随着相关产业的升级;国际技术转移在发展态势上的一致性并不代表二者之间的强关联性,对二者的相关性需要作进一步分析。

(2)FDI 在我国技术引进中的地位日益突出,但是作为技术引进的重要方式,理论界对 FDI 对我国工业技术进步和工业结构升级之间关系的判断

---

① 王岳平:《开放条件下的工业结构升级》,北京,经济管理出版社,2004 年,第 1 版,第 27-30 页。

② 叶祥松,刘敬:《政府支持与市场化程度对制造业科技进步的影响》,《经济研究》2020 年第 5 期。

③ 戴魁早:《中国工业结构变迁的驱动因素:1985～2010》,《当代经济科学》2012 年第 6 期。

④ 参考梁维全在 2009 年的做法,第一类产业包括农副食品加工业,食品制造业,饮料制造业,烟草制品业,纺织业,纺织服装、鞋、帽制造业,皮革、毛皮、羽毛(绒)及其制品业,木材加工及木、竹、藤、棕、草制品业,家具制造业;第二类产业包括石油加工、炼焦及核燃料加工业,化学原料及化学制品制造业,医药制造业,化学纤维制造业,橡胶制品业,塑料制品业,非金属矿物制品业,黑色金属冶炼及压延加工业,有色金属冶炼及压延加工业,金属制品业;第三类产业包括设备制造业,交通运输设备制造业,电气机械及器材制造业,通信设备、计算机及其他电子设备,仪器仪表及文化、办公用机械制造业。

是有争议的，而我们的分析显示，在各种不同的技术引进方式中，实际使用外商直接投资额的效果最为显著，但其程度到底如何还有待进一步分析。

(3)尽管随着工业结构的升级，我国高技术产业迅速发展，但自身的创新能力较弱。诚然，在工业化过程中，国际技术转移可以为东道国某些新兴产业的发展提供最初的技术、资金等方面的带动作用，但是这些产业最终要在激烈的国际竞争中成长起来，就必须具备自己的核心竞争力，这种核心竞争力的“核心”恰恰就是技术创新能力。机械电子等高端技术产业和轻纺业长期的高技术引进额告诉我们，在我国的工业结构升级过程中，改变仅仅掌握引进的新技术、实现国产化的低层技术发展模式是不可回避的当务之急。

如我们在第三章所提到的，国际技术转移推动工业结构升级有两个通道:技术效应和产业效应。要抓住机遇，充分利用国际技术转移推动我国工业结构升级，我们需要从这两个方面入手研究国际技术转移与我国工业结构升级之间的传导机制，弄清楚国际技术转移在我国工业结构升级过程中发挥的以关联效应为代表的产业效应，以及国际技术转移与我国工业技术进步之间的关系。这对于我们清楚地认识国际技术转移与我国工业结构升级之间互动关系的现状和存在的问题，并据此寻找对策具有重要的意义。在第二篇，我们将从实证上检验国际技术转移对我国工业结构升级的影响，分别从产业效应和技术效应两个层面剖析国际技术转移对于我国工业结构优化和工业技术进步的推动作用，并分析存在的问题。

第 二 篇

实证检验

第五章 国际技术转移影响我国工业结构升级的基准检验

国际技术转移，尤其是技术引进是推动工业结构升级的重要因素。第三章分析了国际技术转移推动工业结构升级的机理，第四章运用统计描述方法，分析了我国国际技术转移的发展状况、工业结构升级的轨迹以及两者之间的初步关系。在上述理论分析的基础上，本章采用计量分析方法，实证检验国际技术转移对我国工业结构升级的影响效果。

一、模型构建

针对国际技术转移对工业结构升级的影响这一问题，我们使用2000～2020年省级面板数据进行分析。在处理面板数据时，对固定效应模型和随机效应模型进行选择是一个重要问题。为此进行豪斯曼检验，检验结果显示 p 值为 0.000，故拒绝原假设，应该使用固定效应模型，而非随机效应模型。由于每个省份的情况不同，可能存在不随时间而变的遗漏变量，即存在“个体效应”，也可能存在不随个体异质性变化的“时间效应”，所以我们构建双向固定效应模型。模型结构为：

$$HINS=\alpha_1+\beta_1 FDI_{it}+\theta X_{it}+u_i+v_t+\varepsilon_{it} \tag{5-1}$$

$$RINS=\alpha_2+\beta_2 FDI_{it}+\theta X_{it}+u_i+v_t+\varepsilon_{it} \tag{5-2}$$

其中，i 表示行业；t 表示年份；$HINS$ 表示工业结构高级化；$RINS$ 为工业结构合理化变量；FDI 为核心解释变量，用以衡量国际技术转移；X 为影响工业结构合理化和工业结构高级化的控制变量，包括经济发展水平（$PerGDP$）、经济发展速度（$GDPR$）、金融深化水平（Fin）、贸易开放程度（Tra）、财政水平（Ge）、城市化率（$Urban$）、人力资本水平（Hum）以及全要素生产率（TFP）；α_1 和 α_2 为常数项；β_1 和 β_2 为变量的估计系数；u 表示不随时间变化的个体效应；v 为不随个体异质性变化的时间效应；ε 为随机扰动项。

二、指标选取与数据说明

(一)指标选取

1.被解释变量

工业结构高级化($HINS$):随着信息技术的快速发展,世界主要经济体的工业结构向着高技术化、高附加值以及高知识化的趋势发展,传统的衡量方法如霍夫曼指数无法反映这种新的变化趋势,因此,我们借鉴戴魁早和许家云的做法①②,用工业行业中第三类产业产值与第一类产业产值和第二类产业产值之和的比值来衡量工业结构升级(用 $HINS$ 来表示)。这一衡量指标能够更好地反映出工业结构的高技术化、高附加值和高知识化的发展态势。该比值与工业结构升级正相关,即该比值增加,代表工业结构高级化水平提高,工业结构在不断升级。中国统计年鉴提供的能够反映企业经营效率的所有经济和财务分析指标包括工业总产值、资产总计等,为了更全面地衡量工业结构高级化,我们将被解释变量计算中的工业总产值替换为资产总计重新计算 $HINS$,以此来进行稳健性检验。

工业结构合理化($RINS$):结构偏离度常用于衡量工业结构合理化,但该指标暗含着工业细分行业具有相同的发展地位这一设定,与我国工业发展的现实情况有一定差距,具有明显的缺陷。所以我们借鉴戴魁早的做法③,用泰尔指数来衡量工业结构合理化,具体计算公式如下:

$$RINS = \sum_{i=1}^{n} \left(\frac{Y_i}{Y}\right) \ln\left(\frac{Y_i}{L_i} \div \frac{Y}{L}\right) \tag{5-3}$$

其中,Y 表示工业总产值;L 表示行业平均用工人数;n 表示工业行业数。该指标与工业结构合理化呈负相关关系,即 $RINS$ 越大,工业结构越不合理。当 $RINS=0$ 时,工业结构达到最合理的状态。由于式(5-3)存在一定的负值,而负值无法对应工业结构合理化指标的经济意义,所以在测算各省份合理化指标时,加总各行业的合理化水平之前,将各行业中存在的负值取绝对值。

---

① 戴魁早:《中国工业结构变迁的驱动因素:1985~2010》,《当代经济科学》2012 年第 6 期。

② 许家云:《互联网如何影响工业结构升级?——基于互联网商用的自然实验》,《统计研究》2019 年第 12 期。

③ 戴魁早:《中国工业结构变迁的驱动因素:1985~2010》,《当代经济科学》2012 年第 6 期。

在工业结构高级化和合理化指标测算过程中，2000～2011年的数据来自中国工业统计年鉴，由于中国工业统计年鉴2011年后不再公布相关数据，我们使用各省份统计年鉴对2012～2020年的数据进行补充。

2.主要解释变量

国际技术转移（*FDI*）。国际技术转移主要是指一个地区或国家的企业、机构等通过一定的渠道从国外或者本国的其他企业、机构获取先进技术的行为。国际技术转移作为我国技术创新发展的重要渠道之一，主要包括技术输出以及技术引进两个方面。但是改革开放以来的40多年里，对我国而言，国际技术转移的主体部分是技术引进[①]。因此我们在探究两种技术转移方式的基础上，重点对国外技术引进与我国工业结构升级的关系展开分析。技术引进可发生在一切技术载体的基本因素（设备、文件、技术人员、管理人员）从母国移动到技术接受国的场合，国家又很难监管所有的技术引进渠道，因此，很难找到衡量技术引进总体数量的单一指标，即衡量技术引进数量的指标是多元的。目前的文献在研究国际技术引进相关问题时，通常会采用三种类型的指标衡量技术引进情况。第一，国际直接投资。国际直接投资包括FDI和OFDI。FDI可以为东道国带来有效的技术转移，并通过示范效应、竞争效应以及跨国公司人员培训和流动等渠道将先进技术溢出到东道国企业[②]。FDI通过技术的外溢效应使东道国的技术水平、全要素生产率不断提高[③]，从而推动工业结构的优化升级。因此，FDI能够在很大程度上体现我国技术引进的规模，国内很多学者都将FDI视为我国技术引进的重要渠道。OFDI通过技术交易和企业并购等方式可以获得东道国先进的技术，随着这些技术在运用的过程中不断积累，最终会被本国母公司消化和吸收，从而产生逆向技术溢出，这对母国的技术水平提升具有明显的促进和带动作用[④]。第二，技术引进经费。技术引进经费投入是当前我国科技投入环节中重要的一环，对我国科技的发展功不可没[⑤]。技术引进经费体现了工业企业技术引进活动的强度，在很大程度上能体现我国工业企业的技术引进情况，如张曦和赵国浩使用技术引进经费支出与工业销售

---

① 乔翠霞，宋彩霞，王晨光：《双边关系、制度质量与中国技术引进》，《中南财经政法大学学报》2021年第5期。

② 刘重力，黄平川：《技术进口对我国企业技术创新能力的影响——基于中国省际数据的分位数回归》，《南开经济研究》2011年第5期。

③ 沈坤荣，耿强：《外国直接投资、技术外溢与内生经济增长——中国数据的计量检验与实证分析》，《中国社会科学》2001年第5期。

④ 陈保林，齐亚伟：《对外直接投资逆向技术溢出效应对企业创新的影响——基于省级面板数据的实证分析》，《江西社会科学》2021年第12期。

⑤ 吴耀宏，耿庆申：《对我国自主创新经费投入结构的探讨》，《科技进步与对策》2007年第9期。

产值的比值来度量工业企业技术引进的支出强度①,魏巍以制造业技术引进经费占制造业增加值的比值表示技术引进②。第三,技术引进合同,比如合同数量、合同金额等指标。技术引进最直接、最重要的方式就是技术购买,乔翠霞等使用中国从不同国家的技术引进合同金额代表技术引进,合同包括了设备引进,技术许可、咨询和服务以及合作生产等方面内容③。我们对国际技术转移的量化主要采取上述三个指标。

根据研究假设,我们充分考虑到,FDI不仅仅是资本的转移,更是包括技术、知识等一揽子的资源转移,其核心是技术的转移④,因此,选择FDI衡量技术转移更具有代表性。我们参考聂爱云、沈坤荣等学者的做法⑤⑥,选用各地区FDI与各地区GDP的比值进行衡量。OFDI是重要的国际技术溢出渠道,通过OFDI,企业可以嵌入国外研发密集地区,利用当地研发与技术资源提升自身技术实力⑦。参考*FDI*变量的衡量方式,我们选用各省份当年的OFDI占GDP的比重来衡量OFDI的逆向技术溢出。为了更全面地衡量国际技术转移,参考吴延兵的相关研究,我们选用了技术引进经费占GDP的比重(*Tech*)替代原解释变量*FDI*进行稳健性检验⑧。此外,我们在稳健性检验中还使用了*FDI*的对数值作为衡量国际技术转移的指标。

3.控制变量

通过文献综述可以看出,影响工业结构升级的因素涉及经济因素、技术因素、对外开放因素、结构因素等多个方面。为了控制模型的内生性问题,我们甄选了如下八个与工业结构升级有密切关联的因素作为计量模型的控制变量,以考察这些变量对我国工业结构升级的具体影响。

---

① 张曦,赵国浩:《我国大中型工业企业科技活动支出对产出的影响——基于2005～2011年32个工业行业面板数据的实证分析》,《科技管理研究》2015年第4期。

② 魏巍:《中国制造业技术进步偏向性的空间扩散边界效应研究》,《北京交通大学学报(社会科学版)》2020年第3期。

③ 乔翠霞,宋彩霞,王晨光:《双边关系、制度质量与中国技术引进》,《中南财经政法大学学报》2021年第5期。

④ 王希元:《技术引进、吸收能力与中国经济增长——理论逻辑研究及省际面板数据的门槛回归分析》,《国际商务(对外经济贸易大学学报)》2018年第2期。

⑤ 聂爱云,陆长平:《制度约束、外商投资与产业结构升级调整——基于省际面板数据的实证研究》,《国际贸易问题》2012年第2期。

⑥ 沈坤荣,耿强:《外国直接投资、技术外溢与内生经济增长——中国数据的计量检验与实证分析》,《中国社会科学》2001年第5期。

⑦ 沙文兵:《对外直接投资、逆向技术溢出与国内创新能力——基于中国省际面板数据的实证研究》,《世界经济研究》2012年第3期。

⑧ 吴延兵:《自主研发、技术引进与生产率——基于中国地区工业的实证研究》,《经济研究》2008年第8期。

(1)经济发展水平(*PerGDP*)。经济发展水平是指一个国家的经济发展规模、发展速度以及所达到的水准,经济发展水平是国家综合发展的前提,是工业结构升级的关键。经济发展规模不断扩大,发展水平不断提升,促使我国工业发展水平也不断提升。现有文献对经济发展水平的衡量通常采用GDP、人均GDP等指标,运用最多的是人均GDP指标。因此,我们主要通过对人均GDP取对数来衡量经济发展水平的高低,这种衡量方式能够更加真实地反映我国的经济发展规模和经济质量。

(2)经济发展速度(*GDPR*)。王展祥认为,维持较高的经济发展速度对积累国家财富、提高人民生活水平和生活质量具有重大意义,能促进工业结构优化升级、提质增效,向高级化和合理化方向发展①。经济发展速度的衡量方式常用的有两种,分别是GDP增长率和人均GDP增长率,很多学者更倾向于用GDP增长率来进行测度。这种衡量方法可以从整体上把握经济发展速度的快慢,是当前使用较为普遍的一种测度方法。

(3)贸易开放程度(*Tra*)。贸易开放程度是一个地区或国家贸易开放的程度以及对国际贸易的依赖程度,在一定程度上反映了一个地区或国家开放型经济发展水平。作为我国参与全球一体化进程的重要衡量指标,贸易开放程度不仅能够反映我国在全球价值链中所处的位置,对工业发展以及工业结构的调整升级也有着显著的影响。针对贸易开放程度的衡量有三种方式:第一种是进口额与GDP的比值,第二种是出口额与GDP的比值,第三种是进出口总额与GDP的比值。我们参考李勃昕等选取进出口总额与GDP的比值对贸易开放程度进行衡量,总体把握我国的贸易开放程度②。

(4)财政水平(*Ge*)。财政水平是对一个国家或地区财政收入和支出水平的综合评价指标,财政水平直接关系着政府对工业的投入与补贴,工业结构的升级离不开财政的支持。一方面,地方政府对经济的参与可能有损市场机制在资源配置中发挥作用,从而降低经济资源的配置效率;另一方面,当政府积极参与教育投入和基础设施的改善时,有利于促进地区的技术进步。因此,财政水平对于地区工业结构升级的影响具有双面性。现有研究对财政水平进行衡量主要有以下三种方法:第一种为税收收入与GDP的比值,第二种为一般预算收入与GDP的比值,第三种为一般公共预算支出与GDP的比值。我们主要选取一般公共预算支出与GDP的比值来对财政水平进行衡量。

---

① 王展祥:《经济发展速度的影响因素及其当代启示》,《理论学刊》2017年第6期。

② 李勃昕,董雨,韩先锋:《技术封锁是否会抑制中国创新发展?——基于国外技术引进和国内技术购买的对冲效应解释》,《统计研究》2021年第10期。

(5)金融深化水平(*Fin*)。金融深化指的是作为现代经济核心的金融部门,通过其金融资本不断渗透和作用于实体经济而支持实体产业发展。以逐利为目标的金融部门,通过向实体工业部门提供金融资本,促进其生产力提升和技术进步,并参与工业部门间的社会分工而影响工业结构升级。较高的金融深化水平可以促进制造业技术结构升级,通过外商直接投资的技术溢出效应、人力资本积累以及技术研发效率等促进工业结构升级。金融深化能够提高金融资源的配置效率以及回报率,从而提高生产率。发达的金融体系对技术扩散会产生正的效应,金融发展能降低企业的融资成本,使得企业在学习和吸收外商直接投资获得的知识和技术时能够很容易地获得金融支持,从而有利于 FDI 渠道的技术消化吸收、转移扩散和进一步的创新,进而促进工业结构向高级化和合理化发展。关于金融深化水平的衡量,分别有年末存贷款余额占 GDP 的比重、年末存款余额占 GDP 的比重以及年末贷款余额占 GDP 的比重三种方法。我们借鉴陆铭和陈钊的做法,用年末贷款余额占当年 GDP 的比重来度量金融深化水平①。

(6)城市化率(*Urban*)。城市化率是反映区域城市化程度的度量指标。我们借鉴高波等的做法,用城市人口占总人口的比重来衡量城市化率②。城市化率不断提升、城市化程度不断提高的过程不仅仅是城镇人口不断集中和扩大的过程,也是工业结构不断转变和升级的过程。一方面,工业结构的调整促进了城市化进程,提高了城市化率。这是因为工业的集中发展为劳动力向城镇集中提供了就业基础,是城市化实现的基本条件。另一方面,城市化进程的加速、城市化率的不断提高促使了工业结构的升级与完善。这是因为城市化有利于提高工业部门的生产与服务效率,为工业结构的发展与升级提供了必需的人力资本。

(7)全要素生产率(*TFP*)。全要素生产率是指扣除了资本投入和劳动投入的贡献,其他所有能够实现经济增长的因素贡献的总和,一定程度上可以反映技术进步率。影响工业高级化水平的关键因素是全要素生产率,而全要素生产率的提升又主要来源于技术进步和资源配置效率改善③。我们利用 DEAP 2.1 软件,采用基于数据包络分析法的 DEA-Malmquist 指数来分解测度全要素生产率及其分解指数。在计算全要素生产率过程中,我们选取各省份的实际地区生产总值(实际 GDP)代表产出,选取各省份的全社会实际资本存量和年末从业人数分别代表资本和劳动投入。具体来说,产

---

① 陆铭,陈钊:《城市化、城市倾向的经济政策与城乡收入差距》,《经济研究》2004 年第 6 期。
② 高波,陈健,邹琳华:《区域房价差异、劳动力流动与产业升级》,《经济研究》2012 年第 1 期。
③ 龚关,胡关亮:《中国制造业资源配置效率与全要素生产率》,《经济研究》2013 年第 4 期。

出指标采用GDP平减指数折算名义GDP处理得到的实际GDP衡量，投入指标选用资本投入、劳动投入两个指标：资本投入采用各地区利用永续盘存法计算的实际资本存量衡量，具体计算方法参见张军等的研究①，并参照余泳泽的做法②，采用异质性折旧率以体现不同资本投入结构带来的折旧率差异，从而更准确地衡量资本存量；由于劳动力的价格数据无法直接获得，且劳动时间数据也不可准确获取，我们采用历年的社会从业人员数作为劳动投入指标。*TFP* 主要反映技术进步和资源配置效率提高对工业产出增长的影响程度。

(8)人力资本水平(*Hum*)。人力资本是影响一个地区工业高级化水平的重要因素，拥有低水平人力资本的地区可能无法充分吸收利用通过技术转移获得的先进技术，高水平的人力资本为工业结构的升级提供了充足的高知识、高素质的劳动力资源。我们在具体计算时，借鉴李梅和柳士昌的相关做法，把小学、初中、高中和大专及以上的受教育年限分别记为6年、9年、12年和16年，则各省份人力资本水平(*Hum*)的计算公式为：小学比重×6＋初中比重×9＋高中比重×12＋大专及以上学历比重×16③。该比率越高，说明该地区的人力资本禀赋越高，劳动力的知识和技术掌握度越高，实物资本的使用效率越高，越能加速工业结构调整。

(二)数据说明

我们使用2000～2020年省份层面的行业面板数据构建工业结构高级化和合理化指标，利用测算得出的省级面板数据作为因变量进行实证分析。我国工业分为三大类，分别是采矿业，制造业，电力、热力、燃气及水生产和供应业。考虑到数据的可获得性和代表性，我们没有使用采矿业和电力、热力、燃气及水生产和供应业数据，而是使用31个行业数据进行研究分析。国民行业分类标准在2002年和2012年分别进行了调整，我们研究的细分行业按照行业分类标准的变动进行调整。测算各地区工业结构合理化与高级化的工业总产值、行业平均用工人数、工业行业数、第一类产业、第二类产业、第三类产业产值数据来源于中国工业统计年鉴以及各省份的统计年鉴。国际技术转移相关测算数据FDI和OFDI来源于中国科技统计年鉴和中国

① 张军，吴桂英，张吉鹏：《中国省际物质资本存量估算：1952～2000》，《经济研究》2004年第10期。

② 余泳泽：《异质性视角下中国省际全要素生产率再估算：1978～2012》，《经济学(季刊)》2017年第3期。

③ 李梅，柳士昌：《对外直接投资逆向技术溢出的地区差异和门槛效应——基于中国省际面板数据的门槛回归分析》，《管理世界》2012年第1期。

对外直接投资统计公报，其中 OFDI 数据从 2003 年开始公布。经济发展水平、经济发展速度、金融深化水平、贸易开放程度、财政水平、城市化率、人力资本水平以及全要素生产率的相关测算数据来源于我国及各省份的统计年鉴、中国金融统计年鉴、中国劳动统计年鉴以及中国分省份市场化指数报告。此外，由于数据时间跨度较大，一些变量数据有缺失，采用数据插值法对数据中存在的缺失值进行补充。同时，对样本进行了双边 2.5%的缩尾处理，以降低异常值对回归结果的影响。

三、实证结果与分析

（一）描述性统计

表 5-1 为主要变量的描述性统计结果。在被解释变量方面，工业结构高级化（*HINS*）的均值为 0.609，说明我国工业结构高级化程度整体较高，最大值是北京 2015 年的 2.263，最小值是宁夏 2015 年的 0.0702，相差 2.1928，反映了不同地区工业结构高级化程度存在着时间和空间上的差异，标准差为 0.593，说明样本离散化程度较低，分布相对较为均匀稳定；工业结构合理化（*RINS*）的均值为 0.278，标准差为 0.356，相对较低，表明我国各省份工业结构合理化程度整体较高，样本分布相对均匀，最大值为 1.578，最小值为 0.014，说明各省份工业结构合理化程度也存在时间和空间上的差异。在主要解释变量方面，国际技术转移（*FDI*）的最小值为 2.463，最大值为96.198，相差 93.735，说明我国各省份国际技术转移水平的时空差异十分明显，标准差为 25.835，离散程度较高，表明我国各省份各年份国际技术转移强度并不均衡。在控制变量方面，各地经济发展水平（*PerGDP*）、财政水平（*Ge*）、金融深化水平（*Fin*）、全要素生产率（*TFP*）差距已不大，但是经济发展速度（*GDPR*）、人力资本水平（*Hum*）、城市化率（*Urban*）仍然存在较大差距，尤其是贸易开放程度（*Tra*）在各省份各年份差距较大。此外，为了进一步考察国际技术转移与工业结构升级的关系，我们绘制了工业结构升级与国际技术转移的关系散点图。由于前文所述的不同年份工业总产值的数据获取来源不同，且缺失较多，可能存在一定偏差，而资产总计数据相对完整，因此，我们绘制了由资产总计计算得出的工业结构高级化指数和工业结构合理化指数与主要解释变量国际技术转移的关系散点图，结果如图 5-1 和图 5-2 所示。从图 5-1 可以清晰地看出，工业结构高级化与国际技术转

移之间整体呈现正相关关系，初步体现出国际技术转移与工业结构高级化的同向趋势。而从图 5-2 来看，工业结构合理化与国际技术转移的分布趋势则较为离散，二者的协同趋势较弱。

表 5-1 变量的描述性统计结果

变量	观察值	平均数	标准差	最小值	最大值
HINS	651	0.609	0.593	0.070	2.263
RINS	651	0.278	0.356	0.014	1.578
FDI	651	32.866	25.835	2.463	96.198
Hum	651	8.466	1.291	2.998	12.780
PerGDP	651	10.120	0.853	7.923	12.010
GDPR	651	109.800	3.095	95.000	119.600
Tra	651	216.900	241.000	5.916	1164.000
Ge	651	0.243	0.183	0.069	1.354
Fin	651	1.713	0.684	0.795	5.210
Urban	651	51.230	15.680	20.150	89.600
TFP	651	1.491	0.744	0.050	2.980

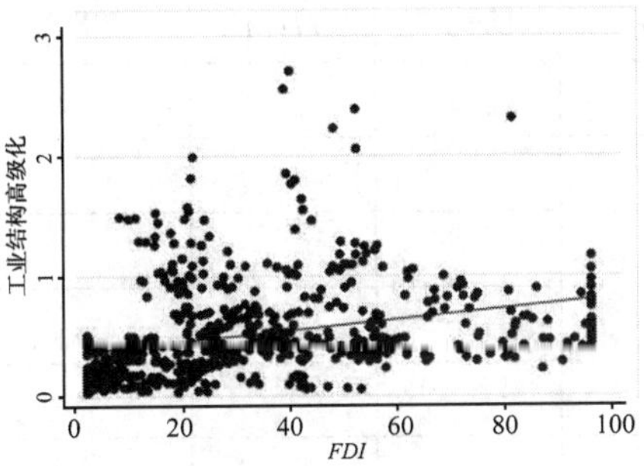

图 5-1 工业结构高级化与 *FDI* 散点图

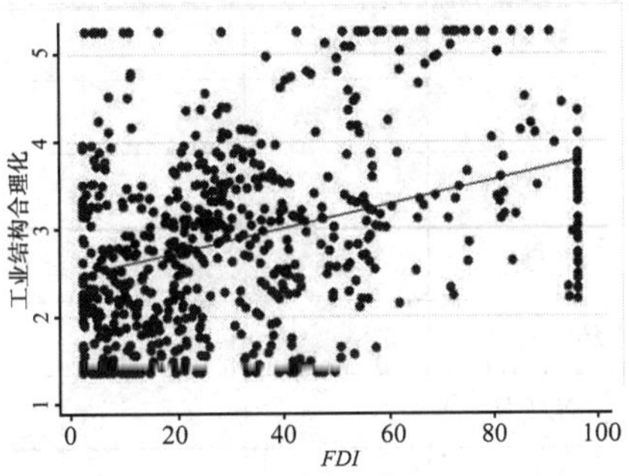

图 5-2 工业结构合理化与 *FDI* 散点图

(二)相关性分析

我们对所用到的变量进行了相关性分析，结果如表 5-2 所示。国际技术转移和工业结构合理化在 1% 的水平上存在显著正相关关系，相关系数为 0.35，这与我们的假设是相符的，为我们的研究提供了初步的经验证据。

国际技术转移和工业结构合理化也显示为正相关关系，这与我们的预期相反，但是相关性分析没有考虑其他因素，更为严格的证据需要实证分析结果得出。同时使用方差膨胀系数对多重共线性进行检验，方差膨胀系数为3.87，说明变量间不存在严重的共线性。

表 5-2　相关性分析

变量	*RINS*	*HINS*	*FDI*	*PerGDP*	*GDPR*
RINS	1				
HINS	0.049	1			
FDI	0.095**	0.350***	1		
PerGDP	0.099**	−0.032	0.213***	1	
GDPR	−0.149***	−0.018	0.178***	−0.423***	1
Fin	−0.087**	0.213***	0.109***	0.528***	−0.285***
Tra	−0.015	0.322***	0.567***	0.403***	0.095**
Ge	−0.081**	−0.318***	−0.333***	0.072*	−0.071*
Urban	0.066*	0.289***	0.473***	0.811***	−0.348***
Hum	0.080**	0.190***	0.344***	0.731***	−0.385***
TFP	−0.032	−0.125***	0.018	0.117***	0.096**

变量	*Fin*	*Tra*	*Ge*	*Urban*	*Hum*	*TFP*
RINS						
HINS						
FDI						
PerGDP						
GDPR						
Fin	1					
Tra	0.255***	1				
Ge	0.343***	−0.257***	1			
Urban	0.586***	0.588***	−0.204***	1		
Hum	0.481***	0.345***	−0.379***	0.852***	1	
TFP	0.028	0.031	0.009	0.077*	0.058	1

注：* 表示 $p<0.1$，** 表示 $p<0.05$，*** 表示 $p<0.01$。

(三)实证结果分析

表 5-3 是国际技术转移对工业结构高级化的回归结果。首先将主要解释变量国际技术转移(*FDI*)与被解释变量工业结构高级化(*HINS*)进行回归,然后逐步加入控制变量经济发展水平(*PerGDP*)、经济发展速度(*GDPR*)、金融深化水平(*Fin*)进行回归,*FDI* 依然在 1%的水平上显著为正;进一步加入贸易开放程度(*Tra*)、财政水平(*Ge*)、城市化率(*Urban*)等控制变量进行回归,*FDI* 系数仍然显著为正,加入人力资本水平(*Hum*)和全要素生产率(*TFP*)后,结果依然稳健。第(4)列只控制了地区效应,*FDI* 在 5%的水平上显著为正。在第(4)列的基础上,进一步控制时间效应,结果如第(5)列所示,*FDI* 的系数在 1%的水平上显著为正,这表明技术引进对工业结构高级化具有正效应,即技术引进对我国工业结构高级化具有积极的推动作用,技术引进代表的国际技术转移促进了工业结构向高技术化、高知识化和高附加值的方向升级。

表 5-3　工业结构高级化的回归结果

变量	(1)	(2)	(3)	(4)	(5)	(6)
	HINS	*HINS*	*HINS*	*HINS*	*HINS*	*HINS*
FDI	0.004***	0.004***	0.004***	0.002**	0.005***	
	(0.001)	(0.001)	(0.001)	(0.001)	(0.001)	
OFDI						0.002
						(0.002)
PerGDP		0.102	0.093	0.092	−0.415***	0.082
		(0.100)	(0.105)	(0.079)	(0.073)	(0.093)
GDPR		−0.013*	−0.013*	0.033***	−0.054***	0.003
		(0.007)	(0.007)	(0.010)	(0.007)	(0.001)
Fin		0.067	0.123	0.295***	−0.253***	0.325***
		(0.063)	(0.083)	(0.043)	(0.077)	(0.066)
Tra			−0.000	0.000	−0.001***	0.001***
			(0.000)	(0.000)	(0.000)	(0.000)
Ge			−0.084	−0.819***	1.096***	−0.839***
			(0.287)	(0.152)	(0.293)	(0.205)
Urban			0.007	0.006	0.015***	−0.005
			(0.004)	(0.004)	(0.005)	(0.005)

续表

变量	(1)	(2)	(3)	(4)	(5)	(6)
	HINS	*HINS*	*HINS*	*HINS*	*HINS*	*HINS*
Hum				−0.026 (0.036)	−0.107** (0.051)	0.111** (0.043)
TFP				−0.089 (0.056)	−0.039** (0.018)	−0.036 (0.033)
时间效应	是	是	是	否	是	是
地区效应	是	是	是	是	是	是
adj.R^2	0.808	0.808	0.809	0.574	0.704	0.832
N	651	651	651	651	651	543
F	18.224	5.293	4.152	68.288	27.528	4.171

注：括号内为标准误差，* 表示 $p<0.1$，** 表示 $p<0.05$，*** 表示 $p<0.01$。

经济发展水平（*PerGDP*）和经济发展速度（*GDPR*）均在1%的水平上显著为正，说明经济发展水平的提高以及经济速度的增长有利于推动我国工业结构的高级化进程。表5-3第(5)列显示，金融深化水平（*Fin*）的系数在1%的水平上显著为正，说明工业结构的调整和升级需要依托更高的金融深化水平，政府减少对金融市场和金融体系的过度干预有利于工业结构朝着高级化的方向发展。此外，贸易开放程度（*Tra*）、财政水平（*Ge*）以及城市化率（*Urban*）的系数均在1%的水平上显著为正，这说明贸易开放程度较高的地区外贸依存度更高，外贸活动更为频繁，经济环境更为开放，有利于工业部门的升级；政府的财政支出有力地支持了工业部门提质增效，为工业部门的调结构、促发展提供了财力支撑；城市就业人口迅速增加、城市规模逐步扩大，为工业发展提供了良好的外部环境，拉动工业化发展和工业结构转移升级。人力资本水平（*Hum*）对工业结构升级同样具有显著的正效应，这表明更高的平均受教育年限即劳动力受教育程度，为推动工业高技术发展提供了更优质的人才储备，有利于加快工业结构的高级化进程。全要素生产率（*TFP*）的系数在5%的水平上显著为正，说明全要素生产率的提高促进了工业部门的要素流动和配置效率，有利于工业结构的升级。

从表5-3不难看出，无论是主要解释变量国际技术转移和被解释变量直接回归，还是逐步加入控制变量，*FDI* 的系数均显著为正。这说明技术引进显著推动了中国工业结构的高级化，结果较为稳健。在表5-3第(6)列中，*OFDI* 对工业结构高级化的回归结果不显著，说明 *OFDI* 的逆向技术溢出对工业结构高级化进程的影响并不明显。

表 5-4 是国际技术转移对工业结构合理化的回归结果。逐步增加控制变量后，结果依然不显著，这表明技术引进对工业结构合理化的影响并不明显。

表 5-4 工业结构合理化的回归结果

变量	(1)	(2)	(3)	(4)	(5)
	RINS	*RINS*	*RINS*	*RINS*	*RINS*
FDI	0.001 (0.001)	0.001 (0.001)	0.001 (0.001)	0.001 (0.001)	0.001 (0.001)
PerGDP		−0.016 (0.099)	−0.033 (0.106)	0.055 (0.056)	0.051 (0.105)
GDPR		0.004 (0.007)	0.006 (0.007)	−0.008 (0.005)	0.005 (0.007)
Fin		−0.154*** (0.050)	−0.074 (0.073)	−0.021 (0.049)	−0.052 (0.071)
Tra			0.000 (0.000)	−0.000 (0.000)	0.000 (0.000)
Ge			−0.357* (0.197)	−0.325* (0.172)	−0.398** (0.194)
Urban			0.004 (0.005)	0.009** (0.004)	0.003 (0.005)
Hum				−0.073** (0.036)	−0.148*** (0.054)
TFP				−0.018 (0.015)	−0.075* (0.038)
时间效应	是	是	是	否	是
地区效应	是	是	是	是	是
adj.R^2	0.358	0.361	0.361	0.372	0.370
N	651	651	651	651	651
F	0.773	3.726	3.553	3.522	4.125

注：括号内为标准误差，* 表示 $p<0.1$，** 表示 $p<0.05$，*** 表示 $p<0.01$。

四、稳健性检验

为了检验回归结果的稳定性，我们将分别利用替换主要解释变量、替换因变量以及增加控制变量对以上回归结果进行稳健性检验。

(一)替换解释变量

(1)我们在主回归分析中，采用各省份当年 *FDI* 与 GDP 的比值衡量国际技术转移。为了验证 *FDI* 的不同衡量方式同样适用于分析结论，我们对 *FDI* 取自然对数值，以检验主回归结果的稳健性。回归结果如表 5-5 第(1)列所示。

表 5-5　稳健性检验结果

变量	(1)	(2)	(3)	(4)
	替换解释变量	替换解释变量	替换被解释变量	增加控制变量
	HINS	*HINS*	*HINS*	*HINS*
*FDI*1	0.069***			
	(0.024)			
Tech		22.024**		
		(10.875)		
FDI			0.001***	0.004***
			(0.000)	(0.001)
PerGDP	0.031	0.075	−0.081	−0.003
	(0.108)	(0.115)	(0.063)	(0.117)
GDPR	−0.008	−0.004	−0.001	−0.008
	(0.007)	(0.007)	(0.004)	(0.007)
Fin	0.118	0.146*	0.308***	0.164**
	(0.081)	(0.079)	(0.054)	(0.082)
Tra	−0.000	−0.000	0.000*	−0.000
	(0.000)	(0.000)	(0.000)	(0.000)
Ge	0.187	−0.087	−1.314***	−0.218
	(0.284)	(0.279)	(0.176)	(0.362)

续表

变量	(1) 替换解释变量	(2) 替换解释变量	(3) 替换被解释变量	(4) 增加控制变量
	HINS	HINS	HINS	HINS
Urban	0.008* (0.004)	0.009** (0.004)	−0.009** (0.004)	0.006 (0.006)
Hum	0.125** (0.057)	0.117** (0.058)	0.096** (0.040)	0.139** (0.058)
TFP	−0.051 (0.040)	−0.040 (0.041)	−0.038** (0.019)	−0.063 (0.040)
Market				−0.025 (0.021)
Infra				0.109*** (0.032)
时间效应	是	是	是	是
地区效应	是	是	是	是
adj.R^2	0.805	0.803	0.894	0.820
N	651	651	651	635
F	2.293	2.203	9.419	5.491

注：括号内为标准误差，* 表示 $p<0.1$，** 表示 $p<0.05$，*** 表示 $p<0.01$。

*FDI*1 在 1%的显著性水平上显著为正，说明 *FDI*1 能够促进工业结构高级化，替换了 *FDI* 的衡量后结果依然稳健。城市化率(*Urban*)在 10%的水平上显著为正，人力资本水平(*Hum*)在 5%的水平上显著为正，同样验证了主回归中城市化水平和人力资本水平的提高对工业结构优化的推动作用。其回归结果与主回归结果基本相同，表明原结论是较为稳健的。

(2)考虑到国际技术转移有多种衡量指标，为使得结论更趋稳健，我们进一步选用 2000～2020 年 31 省份的技术引进经费与各省份当年 GDP 的比值(*Tech*)替代原解释变量(*FDI*)进行替代变量模型估计，并运用双向固定效应模型进行回归。技术引进经费数据来自中国科技统计年鉴，其中 2003 年数据缺失，采用插值法对缺失值进行补全。表 5-5 第(2)列是 *Tech* 对工业结构高级化的回归结果。从回归结果可以看出，解释变量 *Tech* 的系数在 5%的水平上显著为正，这说明技术转移对工业结构高级化具有正效应，即技术引进对我国工业结构的高级化有积极的推进作用，*Tech* 代表的国际技术迁移促进了工业结构向高技术化、高知识化和高附加值方向升级。城市化率（*Urban*）的系数在 5%水平上显著为正，说明工业结构的调整和升级需要依托城市化，城市化是工业结构高级化的重要内容，城市化的健康发展能加快工业结构朝着高技术化方向发展。人力资本（*Hum*）对工业结构升级同样具有显著的正效应，说明高素质劳动力有利于工业结构的优化升级，劳动力素质的提高和各地区劳动力受教育程度的优化对工业结构的高级化发展发挥了重要作用，为工业的高技术发展提供了人才储备。金融深化水平（*Fin*）在 10%的水平上显著为正，说明地区金融深化程度影响工业企业的技术水平，金融深化水平的提高能够促进工业结构升级。估计结果与原模型估计结果基本一致，说明了原结论的稳定性。

（二）替换被解释变量

在基准回归中，工业结构高级化（*HINS*）和工业结构合理化（*RINS*）的指标是用工业总产值来进行计算的，现将工业总产值替换为资产总计重新计算 *HINS* 和 *RINS*。由于资产总计数据存在缺失值，我们采用数据插值法将其补充完整，以减少回归中产生的偏误。表 5-5 中第（3）列是替换被解释变量后的回归结果，可以看出，替换被解释变量后核心解释变量 *FDI* 在 1%的显著性水平上显著为正，说明外商直接投资越多的地区，工业结构更加高级，国外技术转移能够有效地促进地区工业结构向高技术化、高知识化和高附加值方向升级。此稳健性检验的回归结果也与前文的基本模型结论保持一致，验证了我们基准结果的稳健性。

（三）增加控制变量

在基准回归当中，模型控制了地区固定效应和时间固定效应，可以解决随地区而异和随时间而变的遗漏变量。在控制了经济发展水平（*PerGDP*）、经济发展速度（*GDPR*）、金融深化水平（*Fin*）、贸易开放程度（*Tra*）、财政水平（*Ge*）、城市化率（*Urban*）、人力资本水平（*Hum*）以及全要素生产率（*TFP*）之后，考虑到在基准回归分析中可能忽视或遗漏了一些重要因素，而这些因素将会影响估计结果，所以继续增加基础设施建设（*Infra*）和市场化水平（*Market*）两个控制变量。基础设施建设是中国经济快速发展的重要推动力，尤其是交通基础设施会形成集聚效应，加强区位优势，从而会使得工业企业集聚，有利于工业结构升级。王任飞和王进杰将公路里程、铁路运营里程、电力装机容量等作为基础设施的代理变量①。参照其做法，我们选择高速公路里程作为基础设施建设的衡量指标，并作取对数处理。王定星探究了市场化进程对地区工业企业生产率的影响②，我们用市场化总指数来衡量市场化水平(*Market*)，该指标数据来源于《中国分省份市场化指数报告》，由于数据只更新到 2016 年，所以 2016～2020 年数据通过计算得出。

加入两个控制变量之后再次对双向固定效应模型进行回归，结果如表 5-5 第(4)列所示，再加入两个控制变量后核心解释变量 *FDI* 的系数仍在 1%水平上显著为正，再次说明国际技术转移和工业结构高级化具有正相关关系。基础设施建设(*Infra*)的系数在 1%水平上显著为正，说明基础设施建设和工业结构升级是存在正效应的，即基础设施建设会促进工业结构高级化。在加入了影响工业结构升级的另两个控制变量后，回归结果依然和基准回归结论一致，进一步验证了我们基准回归结果的稳健性。

五、内生性检验

内生性问题是实证研究中必须考虑的一个重要问题。根据国际经济学理论，一方面，国际技术转移通过产业效应和技术效应两条通道推动工业结构升级。产业效应是指东道国通过国际技术转移可以充分发挥后发优势，实现技术的跨越性发展，进而推动工业技术进步和工业结构升级；技术效应是指引进的技术可以通过产业关联、示范模仿和外部激励等途径推动工业结构升级。另一方面，技术引进可能倾向于发生在原本工业结构高度化水平就较高的地区。亦即工业结构高度化水平较高的地区对本地区的技术引进在资金、政策等方面会提供更大的支持力度，为技术引进提供更为适宜的软环境和硬环境，从而产生更强的推动作用。地区技术引进会对该地区的工业结构优化产生影响，反过来，工业结构高度化水平的提升也会促进国际技术的进一步引进。因此，国际技术转移与工业结构升级的双向因果关系可能会导致模型估计中出现解释变量的内生性问题，使最小二乘法参数估计结果有偏。我们采用滞后一期和工具变量来缓解可能存在的内生性问题。

---

① 王任飞，王进杰：《基础设施与中国经济增长——基于 VAR 方法的研究》，《世界经济》2007 年第 3 期。

② 王定星：《企业异质性、市场化与生产率分布》，《统计研究》2016 年第 8 期。

(一)滞后一期

FDI作为我国技术转移的重要方式,企业接受投资之后,将资金投入到技术创新进而促进工业结构升级存在一定的时滞性,国际技术转移对工业结构升级的影响会存在滞后效应,同时考虑到技术转移和工业结构高级化之间可能具有的内生性问题,我们采用滞后一期的国际技术转移变量对模型进行回归。

回归估计结果如表5-6第(1)列所示,将*FDI*滞后一期之后,核心解释变量的系数在5%的显著性水平下通过检验,并且符号为正,回归结果依然未发生明显变化。因此可以认为,基准回归结果具有稳健性。

表5-6 内生性检验结果

变量	滞后一期	IV	
	HINS	第一步	第二步
	(1)	(2)	(3)
L.*FDI*	0.003*** (0.001)		
TERR_PORT		7.708*** (1.824)	
FDI			0.032*** (0.009)
PerGDP	0.071 (0.104)	−11.505*** (1.886)	−0.044 (0.122)
GDPR	−0.006 (0.007)	1.934*** (0.258)	−0.076*** (0.019)
Fin	0.180** (0.086)	−7.250*** (1.507)	0.531*** (0.082)
Tra	−0.000 (0.000)	0.024*** (0.005)	−0.001** (0.000)
Ge	−0.466 (0.292)	4.889 (7.312)	−1.337*** (0.257)
Urban	0.005 (0.004)	1.181*** (0.134)	−0.011 (0.011)

续表

变量	滞后一期	IV	
	HINS	第一步	第二步
	(1)	(2)	(3)
Hum	0.074 (0.054)	2.239 (1.628)	−0.218*** (0.061)
TFP	−0.062 (0.039)	−0.764*** (1.046)	−0.045 (0.039)
时间效应	是	是	是
地区效应	是	是	是
N	620	650	650

注：括号内为标准误差，* 表示 $p<0.1$，** 表示 $p<0.05$，*** 表示 $p<0.01$。

（二）工具变量

为尽量降低内生性问题对回归结果的影响，同时检验我们结论的稳健性，本小节引入工具变量，并使用两阶段最小二乘法对模型进行估计。在工具变量选择方面，参考蔡贵龙等的做法①，我们选取各省份第一次鸦片战争至中华人民共和国成立之前是否被迫开放为商埠（*COM_PORT*）以及是否是租界（*TERRITORIES*）作为国际技术迁移的工具变量（*TERR_PORT*），即各省份有开埠通商或租界历史的为1，否则为0。主要原因在于：首先，第一次鸦片战争之前，由于清王朝闭关锁国，中国中断了与其他国家的交流，鸦片战争以后，中国被迫对外开放，之后签订的一系列协议和条约要求中国政府开放部分通商口岸，并设立租界，以允许外国资本进行投资办厂、传教和开办学校等经济文化交流活动。一方面，被迫开放为通商口岸及租界的地区，加强了与其他国家的交流，获得了新的发展动力，进而开始了早期现代化进程，对外开放程度和市场化水平较高，这些地区比其他地区在当代具有显著更高的 FDI 和进出口贸易规模②，对外贸的依存度也相对较高；另一方面，租界保护个人财产和权益的治权及有序的市政管理

① 蔡贵龙，郑国坚，马新啸，等：《国有企业的政府放权意愿与混合所有制改革》，《经济研究》2018 年第 9 期。

② 张川川，张文杰，李楠，等：《清末开埠通商的长期。影响：外商投资与进出口贸易》，《世界经济》2021 年第 11 期。

所提供的相对安定的制度环境，为租界的人口和资金的集中提供了安全保障，吸引着外商和民族资本的不断涌入①，有着更好的制度软环境和硬环境，为技术引入提供更好的土壤，满足工具变量的相关性要求。其次，是否被迫开放为租界的历史会影响国际技术转移，进而间接影响到工业结构升级，而当前的工业结构升级却不可能影响该地区是否曾为商埠或租界的历史。由此，通过此工具变量，我们就将国际技术转移与工业结构升级的双向关系转变为了单向关系。最后，第一次鸦片战争至中华人民共和国成立之前是否被迫开放为商埠或租界不太可能受当地工业化水平直接影响，与地区工业结构高度化水平关系不大，理论上能满足工具变量的外生性要求。因此，一个地区是否被迫开放为商埠以及是否是租界满足工具变量的两条标准。

表 5-6 第(2)列报告了两阶段最小二乘的回归结果。第一阶段基于省份数据，以衡量技术转移的变量 *FDI* 与工具变量 *TERR_PORT* 进行回归，再以第一阶段回归得到的预测值放入第二阶段进行回归分析，回归结果如表 5-6 所示。可以发现，第一阶段回归中，系数在 1%的水平上显著为正，工具变量对 *FDI* 产生显著正向的影响，表明我们选取的工具变量满足相关条件。

表 5-6 第(3)列报告了第二阶段回归结果，进一步表明，在控制内生性问题的情况下，*TERR_PORT* 在 1%的水平上显著为正，表明曾经被迫开放为通商口岸及租界的地区，国际技术转移强度更高，工业结构更加高级。第一阶段的 Cragg-Donald F 统计量为 1607.16，Kleibergen-Paap rk F 统计量为 698.97，远高于 Stock-Yogo 弱工具变量检验(原假设是弱工具变量)的 10%临界值 16.38，说明工具变量满足相关性假设，经验表明通过了"弱工具变量"检验，选取的工具变量是有效的。这表明在缓解内生性问题后，我们的结论依然是稳健的。

六、本章小结

我们使用 2000～2020 年省份层面的行业面板数据构建工业结构高级化和合理化指标，利用测算得出的省级面板数据作为因变量进行实证分析，首先建立双向固定效应模型进行回归，初步检验分析了国际技术转移对我

① 朱婷:《近代上海租界政体制度与城市经济发展》,《上海经济研究》2004 年第 11 期。

国工业结构升级的影响。实证结果表明:国际技术转移对我国工业结构高级化有正相关关系,这意味着国际技术转移能够促进我国工业结构向着更加高级化的方向发展。然而,对于工业结构合理化来说,国际技术转移对其影响并不明显。为进一步检验结果的稳健性,我们采用替换被解释变量、替换解释变量以及增加可能遗漏的控制变量的方法进行稳健性检验,同时采用解释变量滞后一期和引入工具变量的方法缓解内生性问题。在经过一系列稳健性检验之后,结论依然与基准回归保持一致。

第六章　国际技术转移影响我国工业结构升级的机制检验

前文我们对国际技术转移对我国工业结构升级的影响情况进行了实证检验与分析，这一部分重点研究国际技术转移如何影响我国工业结构升级。基于第三章理论分析，我们发现国际技术转移理论上通过产业关联效应、技术创新效应促进了我国工业结构升级，但是并未经过实证检验，因此，首先基于省级投入产出数据测算了各省份间的产业关联，在数据测算基础上，采用中介效应模型验证了以国外技术引进合同、FDI及引进技术经费支出等为代表的国际技术转移主要通过后向产业关联提升了我国工业结构升级。此外，基于面板DH因果关系检验法以及中介效应模型，我们分别验证了国际技术转移影响我国工业结构升级的技术创新效应。实证结果表明，国际技术转移通过技术进步、创新效率以及竞争机制推动了我国工业结构升级。

一、产业关联效应

基于前文理论机制分析，引进的技术可以通过产业关联、示范和外部激励等途径推动工业结构的升级，也就是本书所讲的产业效应，其中最重要的是关联效应。国际技术转移关联效应得到充分发挥，就能够带动前向关联产业和后向关联产业同时发展，从而带动东道国或地区工业结构的升级。本小节主要采用中介效应模型，实证检验国际技术转移是否通过产业关联效应促进我国工业结构升级。

(一)模型设定与数据说明

为了验证国际技术转移是否通过产业关联效应促进我国工业结构升

级，参照温忠麟等研究①，我们采用中介效应模型进行实证检验，设置如下模型：

$$M_{jkt}=\rho_0+\rho_1\ln tech\_f_{kt}+\pi X_{kt}+\varepsilon_{kt} \tag{6-1}$$

$$\ln indu\_up_{kt}=\delta_1 M_{jkt}+\delta_2\ln tech\_f_{kt}+\tau X_{kt}+\varepsilon_{kt} \tag{6-2}$$

其中，$\ln tech\_f_{kt}$ 表示 t 年 k 省的国际技术转移水平，具体采用国外技术引进合同金额（ln*contact*）、国外技术引进合同数（ln*contactn*）、FDI（ln*FDI*）及引进技术经费支出（ln*techintro*）衡量；FDI 已经成为国际技术转移的重要途径和载体，因此，本书将 FDI 作为国际技术转移的代理变量。$\ln indu\_up_{kt}$ 表示 t 年 k 省的工业结构升级程度，具体采用工业结构合理化（ln*RINS*2）、工业结构高级化（*HINS*）衡量。X_{kt} 表示控制变量，具体包括发展速度、金融深化、贸易依存度、财政水平、城市化率、人均受教育年限、全要素生产率。数据来源于各省份的统计年鉴。M_{jkt} 表示中介变量，具体指 t 年 k 省 j 行业的产业关联程度。

本书参照相关研究采用参与国内价值链带来的后向平均生产长度（*link*）、参与全球价值链带来的后向平均生产长度（*pl*）两个指标衡量②。平均生产长度是指在贯序生产过程中生产要素创造的增加值被计算为总产出的平均次数，其实质反映的是产业间的紧密程度，因此，本部分采用后向平均生产长度作为产业关联的代理变量，具体计算公式如下：

$$pl_j^r=\frac{\sum_{s,i}^{G,N} v_i^s \sum_{r,j}^{G,N} b_{ik}^{st} b_{kj}^{tr} y_j^r}{\sum_{s,i}^{G,N} v_i^s b_{ij}^{sr} y_j^r}=\sum_{r,j}^{G,N} b_{kj}^{tr} \tag{6-3}$$

$$link_j^r=\frac{\sum_{s,i}^{G,N} v_i^s \sum_{r,j}^{G,N} l_{ik}^{st} l_{kj}^{tr} y_j^r}{\sum_{s,i}^{G,N} v_i^s l_{ij}^{sr} y_j^r}=\sum_{r,j}^{G,N} l_{kj}^{tr} \tag{6-4}$$

产业关联可根据中国投入产出学会提供的中国 30 个省份投入产出表计算得到。由于现在仅存有 2012 年、2015 年、2017 年三年的数据，本书根据已有数据采用递增等方法进行补充，得到 2012～2018 年数据。**VBY** 和 **VLY** 矩阵是基于投入产出数据计算得到的，具体计算过程存档备索。

（二）数据初步分析

本书采用 STATA16 查看所有变量的统计性描述，如表 6-1 所示。

---

① 温忠麟，张雷，侯杰泰，等：《中介效应检验程序及其应用》，《心理学报》2004 年第 5 期。

② Wang, Z., Wei, S. J. and Yu, X., et al, 2017: "Characterizing global value chains: production length and upstreamness", *National Bureau of Economic Research*, March.

表 6-1　主要变量的统计性描述

变量类别	变量名称	观察值	平均数	标准差	最小值	最大值
被解释变量	*HINS*	3374	0.602078	1.699201	0.001911	21.14477
	ln*RINS*2	3164	0.499756	1.169062	0.001931	7.153948
解释变量	ln*contact*	4403	11.67707	2.311544	0	15.62891
	ln*contactn*	4382	4.46343	1.773246	0.693147	8.033334
	ln*FDI*	4550	12.72268	1.803794	6.102559	15.08974
	ln*techintro*	4550	1.79816	1.284578	0	5.065058
中介变量	*link*	4550	1.861264	0.462605	0.613524	5.246913
	pl	4550	2.863948	0.629079	0.380022	5.761625
控制变量	发展速度	4550	108.2769	2.032558	100.5	113.55
	金融深化	4550	1.955697	0.731889	1.091477	5.188766
	贸易依存度	4550	218.5664	214.2494	17.1072	1018.127
	财政水平	4550	0.298888	0.212386	0.121047	1.353777
	城市化率	4550	57.43509	13.02561	22.87	89.6
	人均受教育限	4550	9.044858	1.144933	4.221938	12.67539
	TFP	4550	1.624788	0.758285	0.155927	2.900139

为了初步检验核心解释变量与中介变量之间的关系，本书采用 STATA16 绘制散点图，具体如图 6-1 所示。图中第一行分别为技术引进合同金额（ln*contact*）与参与国内价值链带来的后向平均生产长度（*link*）、参与全球价值链带来的后向平均生产长度（*pl*）的关系图，第二行分别为国外技术引进合同数（ln*contactn*）与参与国内价值链带来的后向平均生产长度（*link*）、参与全球价值链带来的后向平均生产长度（*pl*）的关系图，第三行分别为 FDI（ln*FDI*）与参与国内价值链带来的后向平均生产长度（*link*）、参与全球价值链带来的后向平均生产长度（*pl*）的关系图，第四行分别为引进技术经费支出（ln*techintro*）与参与国内价值链带来的后向平均生产长度（*link*）、参与全球价值链带来的后向平均生产长度（*pl*）的关系图。通过散点图可以看出，核心解释变量国际技术转移水平与中介变量产业关联呈现正相关关系。

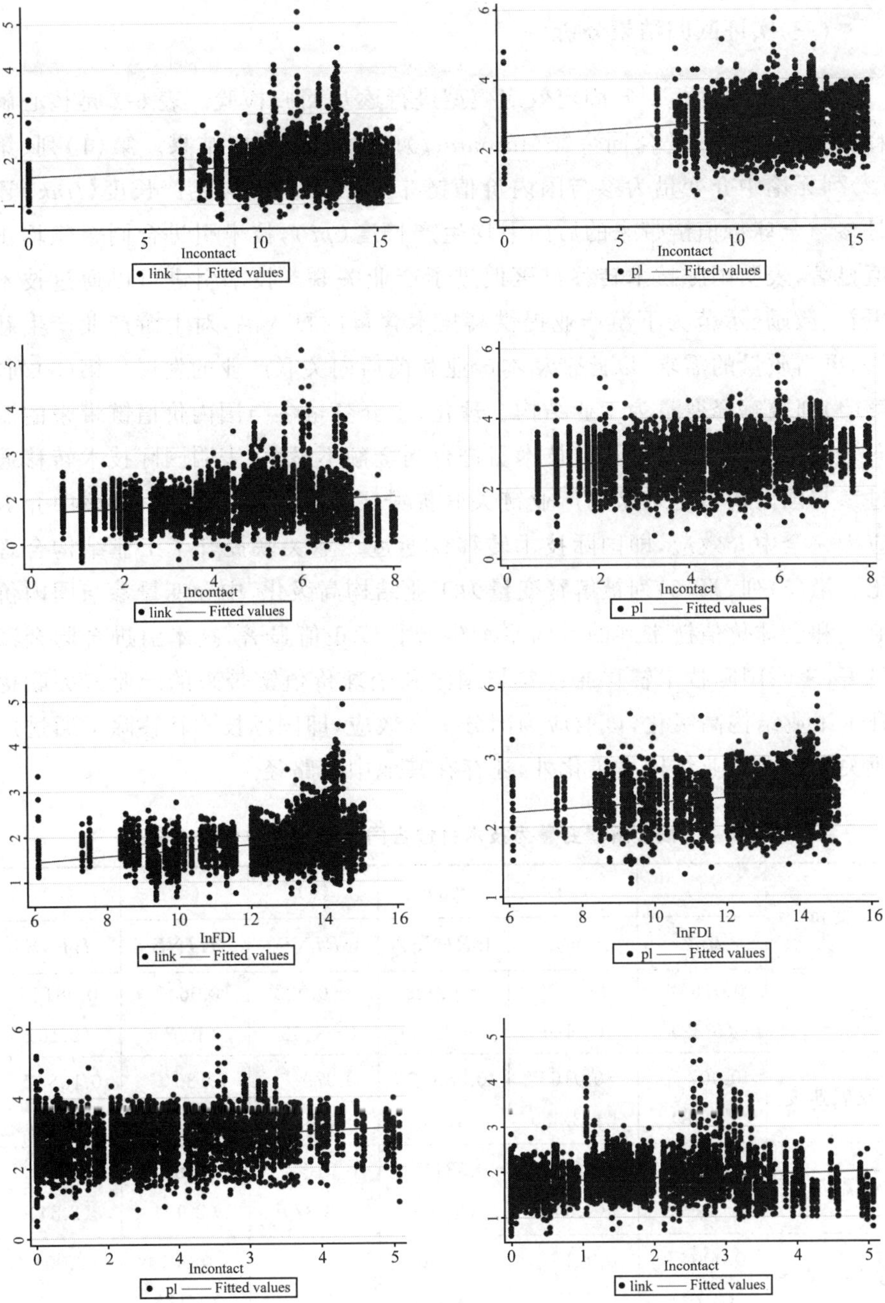

图 6-1　产业关联与国际技术转移关系初步检验的散点图

(三)实证回归结果分析

本书采用面板回归固定效应模型进行逐步回归检验。表 6-2 是核心解释变量为技术引进合同金额(ln*contact*)时的中介效应结果。第(1)列、第(2)列无论中介变量为参与国内价值链带来的后向平均生产长度(*link*)还是参与全球价值链带来的后向平均生产长度(*pl*),技术引进合同金额均正值显著,表明国际技术转移显著促进了产业关联。技术引进可以通过技术更新、激励、示范为下游产业提供高技术含量的投入品,对上游产业产生新的、更高质量的需求,以此带动本产业和前后向关联产业的发展。第(3)列、第(4)列被解释变量为工业结构合理化,中介变量参与国内价值链带来的后向平均生产长度正值显著、技术引进合同金额不显著,表明国际技术转移通过参与国内价值链带来的产业链关联提升了工业结构合理化,且该中介效应为完全中介效应,即国际技术转移仅通过产业关联提升了工业结构合理化。第(5)列、第(6)列被解释变量为工业结构高级化,中介变量参与国内价值链和全球价值链带来的后向平均生产长度正值显著、技术引进合同金额显著,表明国际技术转移通过参与国内和全球价值链带来的产业链关联提升了工业结构高级化,该效应为部分中介效应,即国际技术转移除了通过产业关联提升工业结构高级化外,还存在其他中介路径。

表 6-2 核心解释变量为技术引进合同金额时的中介效应结果

变量	(1)	(2)	(3)	(4)	(5)	(6)
	link	*pl*	ln*RINS*2	ln*RINS*2	*HINS*	*HINS*
ln*contact*	0.016***	0.009**	−0.028	−0.028	0.064*	0.081**
	(5.32)	(2.49)	(−1.34)	(−1.33)	(1.72)	(2.18)
发展速度	0.007**	−0.016***	0.089***	0.079***	0.135***	0.138***
	(1.98)	(−3.55)	(4.43)	(3.88)	(3.85)	(3.94)
金融深化	−0.060*	0.098**	0.531***	0.516***	0.758***	0.665**
	(−1.85)	(2.34)	(3.50)	(3.37)	(2.90)	(2.54)
贸易依存度	0.000***	0.001***	0.000	0.001	0.001	0.001
	(2.70)	(6.97)	(1.13)	(1.59)	(1.15)	(1.25)
财政水平	−0.408**	−1.067***	−0.513	−0.876	3.916**	4.808***
	(−2.11)	(−4.29)	(−0.47)	(−0.79)	(2.31)	(2.85)
城市化率	−0.009***	−0.020***	0.046***	0.044***	0.074***	0.070***
	(−4.86)	(−8.13)	(4.09)	(3.86)	(3.79)	(3.58)

续表

变量	(1)	(2)	(3)	(4)	(5)	(6)
	link	*pl*	ln*RINS*2	ln*RINS*2	*HINS*	*HINS*
人均受教育年限	0.039* (1.72)	−0.040 (−1.40)	−0.376*** (−3.42)	−0.284** (−2.55)	0.585*** (2.98)	0.614*** (3.12)
TFP	−0.043*** (−8.49)	−0.071*** (−10.85)	−0.006 (−0.22)	−0.074*** (−2.88)	−0.226*** (−5.10)	−0.235*** (−5.24)
link			0.570*** (5.02)		0.838*** (4.24)	
pl				0.091 (1.24)		0.322** (2.49)
常数项	1.380*** (2.66)	6.118*** (9.17)	−10.101*** (−3.39)	−8.776*** (−2.91)	−28.413*** (−5.53)	−28.459*** (−5.52)
样本量	4403	4403	3164	3164	3374	3374
R^2	−0.038	−0.002	−0.188	−0.197	−0.165	−0.170
F	59.563	78.468	8.154	6.060	13.037	11.678

注：*、**、*** 分别表示在10%、5%、1%的置信水平上显著，括号内为 *t* 值。

表6-3是核心解释变量为技术引进合同数(ln*contactn*)时的中介效应结果。第(1)列、第(2)列无论中介变量为参与国内价值链带来的后向平均生产长度(*link*)还是参与全球价值链带来的后向平均生产长度(*pl*)，技术引进合同数均正值显著，表明国际技术转移显著促进了产业关联。第(3)列、第(4)列被解释变量为工业结构合理化，中介变量参与国内价值链带来的后向平均生产长度正值显著、技术引进合同数显著，表明国际技术转移通过参与国内价值链带来的产业链关联提升了工业结构合理化，且该中介效应为部分中介效应，即国际技术转移除了通过产业关联提升了工业结构合理化外，还存在其他中介路径。第(5)列、第(6)列被解释变量为工业结构高级化，中介变量参与国内价值链和全球价值链带来的后向平均生产长度正值显著、技术引进合同数显著，表明国际技术转移通过参与国内和全球价值链带来的产业链关联提升了工业结构高级化，该效应为部分中介效应，即国际技术转移除了通过产业关联提升工业结构高级化外，还存在其他中介路径。

表 6-3　核心解释变量为技术引进合同数时的中介效应结果

变量	(1)	(2)	(3)	(4)	(5)	(6)
	link	*pl*	ln*RINS*2	ln*RINS*2	*HINS*	*HINS*
ln*contactn*	0.035***	0.044***	0.079*	0.055	0.295***	0.301***
	(4.29)	(4.18)	(1.90)	(1.30)	(3.95)	(4.01)
发展速度	0.005	−0.020***	0.078***	0.070***	0.116***	0.121***
	(1.52)	(−4.32)	(3.89)	(3.45)	(3.26)	(3.41)
金融深化	−0.015	0.140***	0.588***	0.556***	0.984***	0.898***
	(−0.46)	(3.40)	(3.78)	(3.52)	(3.67)	(3.34)
贸易依存度	0.000***	0.001***	0.001	0.001*	0.001**	0.001**
	(3.50)	(7.77)	(1.63)	(1.94)	(1.98)	(2.07)
财政水平	−0.133	−0.767***	−0.081	−0.586	6.682***	7.742***
	(−0.62)	(−2.79)	(−0.07)	(−0.52)	(3.53)	(4.11)
城市化率	−0.012***	−0.022***	0.049***	0.047***	0.072***	0.067***
	(−6.23)	(−9.10)	(4.36)	(4.12)	(3.70)	(3.43)
人均受教育年限	0.042*	−0.033	−0.321***	−0.239**	0.623***	0.640***
	(1.90)	(−1.16)	(−2.92)	(−2.15)	(3.18)	(3.25)
TFP	−0.042***	−0.069***	−0.001	−0.071***	−0.212***	−0.222***
	(−8.39)	(−10.72)	(−0.05)	(−2.74)	(−4.75)	(−4.92)
link			0.533***		0.845***	
			(4.77)		(4.28)	
pl				0.074		0.325**
				(1.01)		(2.50)
常数项	1.489***	6.260***	−10.597***	−9.207***	−28.523***	−28.485***
	(2.90)	(9.59)	(−3.56)	(−3.05)	(−5.55)	(−5.52)
样本量	4382	4382	3164	3164	3353	3353
R^2	−0.043	0.002	−0.187	−0.197	−0.159	−0.164
F	59.393	83.124	8.361	6.049	14.903	13.506

注：*、**、*** 分别表示在10%、5%、1%的置信水平上显著，括号内为 *t* 值。

表 6-4 是核心解释变量为 FDI(ln*FDI*)时的中介效应结果。第(1)列、第(2)列无论中介变量为参与国内价值链带来的后向平均生产长度(*link*)还是参与全球价值链带来的后向平均生产长度(*pl*)，外商直接投资均正值

显著，表明国际技术转移显著促进了产业关联。第(3)列、第(4)列被解释变量为工业结构合理化，中介变量参与国内价值链带来的后向平均生产长度正值显著、外商直接投资不显著，表明国际技术转移通过参与国内价值链带来的产业链关联提升了工业结构合理化，且该中介效应为完全中介效应，即国际技术转移仅通过产业关联提升了工业结构合理化。第(5)列、第(6)列被解释变量为工业结构高级化，中介变量参与国内价值链和全球价值链带来的后向平均生产长度正值显著、外商直接投资显著，表明国际技术转移通过参与国内和全球价值链带来的产业链关联提升了工业结构高级化，该效应为部分中介效应，即国际技术转移除了通过产业关联提升工业结构高级化外，还存在其他中介路径。

表 6-4　核心解释变量为 FDI 时的中介效应结果

变量	(1)	(2)	(3)	(4)	(5)	(6)
	link	*pl*	ln*RINS*2	ln*RINS*2	*HINS*	*HINS*
ln*FDI*	0.063*** (6.08)	0.071*** (5.13)	0.049 (0.92)	0.035 (0.64)	−0.369*** (−3.89)	−0.341*** (−3.59)
发展速度	0.006 (1.62)	−0.013*** (−2.74)	0.079*** (3.78)	0.071*** (3.34)	0.196*** (5.27)	0.199*** (5.32)
金融深化	−0.022 (−0.73)	0.083** (2.00)	0.515*** (3.41)	0.505*** (3.29)	0.813*** (3.12)	0.707*** (2.71)
贸易依存度	0.000 (0.25)	0.000** (2.50)	0.000 (1.07)	0.001 (1.57)	0.001* (1.65)	0.001 (1.64)
财政水平	−0.759*** (−3.86)	−1.442*** (−5.48)	−0.786 (−0.67)	−1.079 (−0.91)	6.423*** (3.51)	7.214*** (3.91)
城市化率	−0.013*** (−7.09)	−0.021*** (−8.40)	0.046*** (3.99)	0.044*** (3.84)	0.092*** (4.57)	0.085*** (4.22)
人均受教育年限	0.014 (0.73)	0.023 (0.84)	−0.361*** (−3.32)	−0.267** (−2.42)	0.624*** (3.20)	0.637*** (3.25)
TFP	−0.045*** (−9.15)	−0.078*** (−11.71)	−0.001 (−0.05)	−0.071*** (−2.72)	−0.254*** (−5.66)	−0.261*** (−5.77)
link			0.532*** (4.73)		1.004*** (5.13)	

续表

变量	(1)	(2)	(3)	(4)	(5)	(6)
	link	*pl*	ln*RINS*2	ln*RINS*2	*HINS*	*HINS*
pl				0.074 (1.01)		0.416 *** (3.22)
常数项	1.416 *** (2.88)	4.727 *** (7.18)	−9.979 *** (−3.32)	−8.778 *** (−2.88)	−32.208 *** (−6.16)	−31.896 *** (−6.06)
样本量	4550	4550	3164	3164	3374	3374
R^2	−0.032	−0.030	−0.188	−0.197	−0.160	−0.167
F	64.657	65.680	8.044	5.905	14.444	12.613

注：*、**、*** 分别表示在10%、5%、1%的置信水平上显著，括号内为 *t* 值。

表6-5是核心解释变量为引进技术经费支出(ln*techintro*)时的中介效应结果。第(1)列、第(2)列无论中介变量为参与国内价值链带来的后向平均生产长度(*link*)还是参与全球价值链带来的后向平均生产长度(*pl*)，引进技术经费支出均负值显著，表明引进技术经费支出越高，产业关联程度越低，主要原因在于：第一，加工组装为主——长期处于世界垂直分工体系中的低端环节是影响技术引进关联效应发挥的主要原因，如我国彩电业同国际市场联系的主要方式是“核心零部件进口—整机组装”。这种联系方式的最大弊端是限制或者说阻碍了其前后向关联产业的发展，从而不利于整个行业核心竞争力的形成。第二，过于单一的以硬件为主的技术引进方式客观上限制了技术引进关联效应的发挥。国内外经验表明，在各种技术引进方式中成套设备和关键设备等的引进对劳动生产率的提高、资金产出率的提高和单位能耗值提高的影响相对较小，这恰恰是技术引进的主要方式，这便会在客观上限制技术引进关联效应的发挥。第三，相关配套政策缺乏，导致消化能力有限，开发和延伸能力欠缺。国际技术转移产业效应要得到充分发挥需要东道国在技术水平、规模、管理能力等各个方面配套。尽管技术经费支出充足，但是缺乏技术吸收消化的能力，也会产业关联。第四，在技术引进方面，没有形成一个综合协调与平衡的运行机制，或是干涉过多、管得过死，在主体错位、目标扭曲的情况下重量不重质，或是放得过宽、缺乏控制，利益驱动下，有自主权的地方和企业盲目、多头引进，造成巨大的资源浪费。因为没有形成有效的技术引进数量、行业调控机制，没有科学、完善的项目论证体制，在现有的政绩评价体系下，重数量轻质量的技术引进模式在

所难免。第(3)列、第(4)列被解释变量为工业结构合理化，中介变量参与国内价值链带来的后向平均生产长度正值显著、引进技术经费支出负值显著，表明国际技术转移通过参与国内价值链带来的产业链关联提升了工业结构合理化，且该中介效应为部分中介效应，即国际技术转移除了通过产业关联提升了工业结构合理化外，还存在其他途径。第(5)列、第(6)列被解释变量为工业结构高级化，中介变量参与国内价值链和全球价值链带来的后向平均生产长度正值显著、引进技术经费支出均不显著，表明国际技术转移通过参与国内和全球价值链带来的产业链关联提升了工业结构高级化，该效应为完全中介效应，即国际技术转移仅通过产业关联提升工业结构高级化。

表 6-5　核心解释变量为引进技术经费支出时的中介效应结果

变量	(1)	(2)	(3)	(4)	(5)	(6)
	link	*pl*	ln*RINS*2	ln*RINS*2	*HINS*	*HINS*
ln*techintro*	−0.035*** (−4.42)	−0.027*** (−2.58)	−0.082** (−2.20)	−0.062 (−1.63)	0.053 (0.79)	0.039 (0.58)
发展速度	0.015*** (4.34)	−0.004 (−0.78)	0.091*** (4.54)	0.079*** (3.92)	0.139*** (3.98)	0.146*** (4.18)
金融深化	−0.011 (−0.37)	0.095** (2.31)	0.506*** (3.34)	0.498*** (3.25)	0.798*** (3.06)	0.705*** (2.69)
贸易依存度	0.000 (1.30)	0.000*** (3.59)	0.000 (0.86)	0.001 (1.40)	0.001 (1.13)	0.001 (1.16)
财政水平	−0.328* (−1.81)	−0.941*** (−3.88)	−0.455 (−0.42)	−0.852 (−0.77)	3.673** (2.18)	4.555*** (2.70)
城市化率	−0.012*** (−6.30)	−0.019*** (−7.66)	0.047*** (4.15)	0.045*** (3.98)	0.072*** (3.69)	0.067*** (3.41)
人均受教育年限	0.022 (1.09)	0.029 (1.10)	−0.362*** (−3.34)	−0.268** (−2.44)	0.542*** (2.79)	0.558*** (2.86)
TFP	−0.051*** (−10.24)	−0.083*** (−12.45)	−0.013	−0.079*** (−3.03)	−0.224*** (−5.00)	−0.235*** (−5.19)
link			0.525*** (−0.50) (4.69)		0.910*** (4.66)	
pl				0.074 (1.01)		0.360*** (2.80)

续表

变量	(1)	(2)	(3)	(4)	(5)	(6)
	link	*pl*	ln*RINS*2	ln*RINS*2	*HINS*	*HINS*
常数项	0.986** (2.01)	4.281*** (6.51)	−10.491*** (−3.53)	−9.156*** (−3.04)	−27.876*** (−5.43)	−27.837*** (−5.40)
样本量	4550	4550	3164	3164	3374	3374
R^2	−0.036	−0.035	−0.187	−0.196	−0.166	−0.172
F	62.209	62.912	8.503	6.159	12.765	11.168

注：*、**、*** 分别表示在10%、5%、1%的置信水平上显著，括号内为 t 值。

除了采用逐步回归进行检验外，本书还采用中介效应模型的 Sobel 检验对逐步回归结果不显著的情况进行再次检验，即采用 sgmediation 命令分别对表 6-2 至表 6-5 中的第(4)列进行验证，结果如表 6-6 所示。由检验结果可知，中介变量参与全球价值链带来的后向平均生产长度(pl)均正值显著，除了第(4)列 Sobel 值不显著外，其他均通过检验，这表明以技术引进、外商直接投资为主要载体带来的国际技术转移通过提升参与全球价值链带来的产业关联提升了工业结构合理化。

综上，基于完善充分的实证检验，我们认为产业关联是国际技术转移促进工业结构升级的关键路径。

表 6-6　中介效应 Sobel 检验结果

变量	(1)	(2)	(3)	(4)
	ln*RINS*2	ln*RINS*2	ln*RINS*2	ln*RINS*2
pl	0.082** (2.46)	0.064* (1.96)	0.099*** (2.90)	0.114*** (3.35)
ln*contact*	0.252*** (14.84)			
ln*contactn*		0.361*** (17.81)		
ln*FDI*			0.166*** (6.47)	
ln*techintro*				0.169*** (6.04)

续表

变量	(1)	(2)	(3)	(4)
	lnRINS2	lnRINS2	lnRINS2	lnRINS2
发展速度	−0.045*** (−3.50)	−0.021* (−1.77)	0.015 (1.18)	0.002 (0.19)
金融深化	−0.206*** (−4.17)	−0.383*** (−7.78)	−0.188*** (−3.66)	−0.256*** (−5.04)
贸易依存度	−0.001*** (−4.96)	−0.001*** (−6.87)	−0.000** (−2.14)	−0.000*** (−3.34)
财政水平	0.618** (2.17)	2.046*** (6.55)	0.390 (1.07)	−0.470 (−1.61)
城市化率	−0.017*** (−3.61)	−0.005 (−1.02)	−0.003 (−0.63)	−0.006 (−1.22)
人均受教育年限	−0.000 (−0.01)	−0.001 (−0.02)	−0.022 (−0.36)	0.045 (0.73)
TFP	−0.072*** (−2.61)	−0.122*** (−4.53)	−0.108*** (−3.80)	−0.122*** (−4.34)
常数项	3.692** (2.55)	1.877 (1.35)	−2.601* (−1.81)	0.456 (0.31)
样本量	3164	3164	3164	3164
R^2	0.112	0.137	0.062	0.061
F	45.206	56.587	24.309	23.670
Sobel 检验	0.002**	0.003*	0.005**	0.0002

注：*、**、*** 分别表示在 10%、5%、1%的置信水平上显著，括号内为 t 值。

二、技术创新效应

在第三章技术效应部分，我们从理论上分析了国际技术转移影响我国工业结构升级的技术创新效应，本小节将从实证上进一步验证前文提出的机制路径。第一，技术进步机制。由于引进技术通过前后向技术关联带动本国技术进步，而技术进步与关联又是产业关联的核心因素，由此带动工业结构升级。第二,创新效率机制。新引进技术丰富了国内知识存量,打破了技术瓶颈,为本国技术创新提供了较高的平台,因此提高了技术创新效率,实现工业结构转型升级。第三,竞争机制。技术引进将提高区域内出口产品的竞争力和技术增加值,通过贸易出口带动相关产品出口,开拓国外市场,进一步带动本国技术发展,形成良性发展。因此,我们将这三种影响路径归结于技术进步机制、创新效率机制和竞争机制,并分别用技术全要素生产率、基于投入产出构造的 Malmquis 创新效率指标和贸易出口额作为中介变量来检验国际技术转移影响我国工业结构升级的技术创新效应。

(一)分析方法与实证模型

本小节所用到的方法主要包括面板 D-H 因果关系检验法以及改进后的中介效应模型。

1.面板 D-H 因果关系检验法

格兰杰于 1969 年利用滞后分布概念建立了一种利用时间序列来鉴定变量间因果关系的统计分析方法。

格兰杰关于因果性的定义如下:要检验 X 和 Y 之间的因果性,令 Ω_n 为到 n 期为止宇宙中的所有信息,Y_n 为到 n 期为止所有的 $Y_t(t=1,2,\cdots,n)$,X_{n+1} 为第 $n+1$ 期 X 的取值,Ω_n-Y_n 为除 Y 之外的所有信息。如果我们承认“现在和过去可以影响未来,而未来不能影响过去”,并且假设 Ω_n 中不包含任何冗余的信息,并且:

$$F(X_{n+1}|\Omega_n)\neq F(X_{n+1}|(\Omega_n-Y_n)) \tag{6-5}$$

则可以认为变量 Y 对变量 X 有格兰杰因果性。

格兰杰因果性检验的具体方法如下:

零假设为:$\beta_1=\beta_2=\cdots=\beta_k=0$。

如果零假设成立,则意味着 Y 不是 X 的 Granger 原因,则有方程:

$$X_t=\alpha+\sum_{i=1}^{k}\alpha_i X_{t-i}+\varepsilon_{1t} \tag{6-6}$$

此时 F 统计量为:

$$F(K,T-2K)=\frac{SSE_r-\dfrac{SSE_u}{K}}{\dfrac{SSE_u}{T-2K}} \tag{6-7}$$

其中,SSE_r 为施加约束时的残差平方和(也就是没有 Y 的情况下 X 自身做回归的残差平方和);SSE_u 为没有施加约束时的残差平方和;T 为样本容量,K 为最大滞后阶数。如果计算出来的 F 值大于 F 分布在相应显著水平下的临界值，则拒绝零假设，即认为存在 Y 到 X 的因果关系，否则接受零假设，认为不存在 Y 到 X 的因果关系。

杜米特雷斯库和赫林在此基础上进行了拓展，提供了一个检验面板数据因果关系的方法(D-H 检验)。潜在的回归模型是：

$$y_{i,t}=\alpha_i+\sum_{k=1}^{K}\gamma_{it}\,y_{i,t-k}+\sum_{k=1}^{K}\beta_{it}\,x_{i,t-k}+\varepsilon_{i,t} \tag{6-8}$$

其中，$i=1,2,\cdots,N$；$t=1,2,\cdots,T$。$x_{i,t}$和$y_{i,t}$是两个平稳序列在个体 i 和时间 t 上的观测值。D-H 的面板因果检验允许每个截面单元的回归系数是可变的(即在同一时间上，系数在个体之间不同)。假设滞后阶数 k 对于所有个体是相同的，并且面板必须是平稳的。类似于 Granger 因果检验，D-H 检验也是通过 x 的过去值对 y 的现值的影响来判断因果关系。

原假设认为面板中的所有个体都不存在因果关系，即：

零假设：$\beta_{i1}=\cdots=\beta_{iK}=0$，$\forall_i=1,2,\cdots,N_1$。

备择假设为部分(不是所有的)个体存在因果关系，即：

备择假设：$\beta_{i1}=\cdots=\beta_{iK}=0$，$\forall_i=1,\cdots,N_1$。

$\beta_{i1}\neq 0,\cdots,\beta_{iK}\neq 0$，$\forall_i=N_1+1,\cdots,N$。

其中，$N_1\in[0,N-1]$是未知的。如果$N_1=0$，则面板中的所有个体都存在因果关系。N_1必须严格小于 N。

在实际操作方面，D-H 提出运行包含在式(6-8)中的 N 个独立回归，执行 k 个线性假设的 F 检验来获得 Wald 统计量 W_i，最后计算 Wald 统计量的平均值：

$$\overline{W}=\frac{1}{N}\sum_{i=1}^{N}W_i \tag{6-9}$$

D-H 检验的目的在于探索面板数据的因果关系，拒绝零假设并不排除一些个体的非因果关系。使用蒙特卡罗模拟(MonteCarlo Simulation)，D-H发现 W 的渐进表现良好，可以用来检测面板因果关系。

在 Wald 统计量W_i是独立同分布的假设下，当 $T,N\rightarrow\infty$时，标准化的统计$\tilde{Z}$服从下面的正态分布：

$$\tilde{Z}=\sqrt{\frac{N}{2K}}\times(\overline{W}-K)\xrightarrow[T,N\rightarrow\infty]{d}N(0,1) \tag{6-10}$$

而且，对一个 $T>5+3K$ 的固定的 T 维度来说，最大标准统计量 $\overline{Z}$ 服从以下正态分布：

$$\overline{Z}=\sqrt{\frac{N}{2K}\times\frac{T-3K-5}{T-2K-3}}\times\left(\frac{T-3K-3}{T-3K-1}\times\overline{W}-K\right)\xrightarrow[T,N\rightarrow\infty]{d}N(0,1) \tag{6-11}$$

原假设的检验也是基于$\bar{Z}$和$\tilde{Z}$。如果这些值大于标准化值，则拒绝原假设，认为因果关系存在。对 N 和 T 足够大的面板数据来说，使用 Z 统计量是合理的。对 N 足够大但 T 相对较小的面板数据而言，也可以使用 Z 统计量。对于 N 和 T 都很小的样本数据而言，D-H 用蒙特卡洛推断说明了检验具有良好的样本性。

2.中介效应模型

考虑自变量 X 对因变量 Y 的影响，如果 X 通过影响变量 M 而对 Y 产生影响，则称 M 为“中介变量”。关于中介效应的检验，我们借鉴温忠麟和叶宝娟[①]的相关研究方法进行检验。中介模型已经广泛应用于经济学领域，原理不再赘述，这里主要介绍本小节将用到的改进后的中介模型。可用下列回归方程来描述变量之间的关系：

$$Y = cX + e_1 \tag{6-12}$$

$$M = aX + e_2 \tag{6-13}$$

$$Y = c'X + bM + e_3 \tag{6-14}$$

其中，c 为自变量 X 对因变量 Y 的总效；a 为自变量 X 对中介变量 M 的效应；b 是在控制了自变量 X 的影响后，中介变量 M 对因变量 Y 的效应；c'是在控制了中介变量 M 的影响后，自变量 X 对因变量 Y 的直接效应；$e_1 - e_3$是回归残差。中介效应等于间接效应，即等于系数乘积 ab，它与总效应和直接效应有下面关系：

$$c = c' + ab \tag{6-15}$$

在实际操作方面，改进后的中介效应检验主要包括五个步骤。第一步，检验式(6-12)的系数 c，如果显著，按中介效应立论，否则按遮掩效应立论。但无论是否显著，都进行后续检验。第二步，依次检验式(6-13)的系数 a 和式(6-14)的系数 b，如果两个都显著，则间接效应显著，转到第四步；如果至少有一个不显著，则进行第三步。第三步，用 Bootstrap 法直接检验零假设：$ab=0$。如果显著，则间接效应显著，进行第四步；否则间接效应不显著，停止分析。第四步，检验式(6-14)的系数 c'，如果不显著，即直接效应不显著，说明只有中介效应。如果显著，即直接效应显著，进行第五步。第五步，比较 ab 和 c'的符号，如果同号，属于部分中介效应，报告中介效应占总效应的比例 ab/c。如果异号，属于遮掩效应，报告间接效应与直接效应的比例的绝对值$|ab/c|$。

① 温忠麟，叶宝娟：《中介效应分析：方法和模型发展》，《心理科学进展》2014 年第 5 期。

3.实证模型设定

我们采用改进后的逐步因果法中介效应模型，检验国际技术转移影响我国工业结构升级的技术创新效应，具体计量模型设定如下：

$$\ln INS_{it} = \beta_0 + \beta_1 \ln Tech_{it} + \beta_2 \sum Z_{it} + \mu_i + \gamma_i + \varepsilon_{it} \tag{6-16}$$

$$D_{it} = \alpha_0 + \alpha_1 \ln Tech_{it} + \alpha_2 \sum Z_{it} + \mu_i + \gamma_i + \varepsilon_{it} \tag{6-17}$$

$$\ln INS_{it} = \theta_0 + \theta_1 \ln Tech_{it} + \theta_2 D_{it} + \theta_3 \sum Z_{it} + \mu_i + \gamma_i + \varepsilon_{it} \tag{6-18}$$

其中，INS_{it}代表工业结构升级；$Tech_{it}$代表国际技术转移；D_{it}表示中介变量；$\sum Z_{it}$为控制变量。根据作用机制分析，我们选择技术进步（X_1）、创新效率（X_2）和贸易出口（X_3）作为中介变量。

（二）指标选择及数据处理

1.工业结构升级

对于因变量的指标选取，参考戴魁早①和许家云②构建的工业结构高级化和合理化指标，我们利用工业增加值来表示工业结构升级能力。数据来源于中国工业统计年鉴、各省份统计年鉴。

2.国际技术转移

采取技术引进合同金额表示技术引进③，它包括成套设备和关键设备的引进、技术许可、技术咨询和技术服务，以及合作生产等不同的技术引进方式。技术输出用技术出口合同总额表示。因为2001年外经贸部对我国技术进出口统计指标进行了规范和调整，为了数据的可比性，对技术转移总量和技术输出与工业技术进步的分析，我们选取的时间段是2000～2020年，所有数据均来源于中国对外经济贸易年鉴、中国科技统计年鉴。

3.技术进步机制

技术进步的测度是一个比较复杂的问题，自20世纪20年代中期以来，世界各国的经济学家都在尝试采用不同的方法定量测算科技进步，比较常用的方法有五种。

---

① 戴魁早：《中国工业结构变迁的驱动因素：1985～2010》，《当代经济科学》2012年第6期。

② 许家云：《互联网如何影响工业结构升级？——基于互联网商用的自然实验》，《统计研究》2019年第12期。

③ 因为官方公布的统计数据中从2001年开始有工业部门的技术引进额，从计算的结果看，2001年、2002年和2003年工业部门技术引进额占技术引进总量的比重分别是83%、90%和90%，即工业部门的技术引进占据了我国技术引进的主体部分，因此，用我国技术引进总额近似地代替工业部门的技术引进额。

(1)余值法。它是美国经济学家索洛于1957年提出来的,由于计算简单,因此在宏观经济分析中经常用到,是国内外科技进步测算中最常用也是最有影响的方法。

(2)非中性科技进步估计方法。因为索洛余值法的假设条件是技术进步是希克斯中性的,但实际上很多情况下技术进步都具有一定的偏向性,或者是资本节省型,或者是劳动节省型,因此很多经济学家尝试把技术进步的偏向结合到生产函数中去,比如建立要素增强型生产函数和超越对数成本函数等。

(3)全要素生产率指数。这是1970年克力斯坦逊(Christensen)等①提出的,目的是修正计算全要素生产率时某些不能满足的假设条件,如生产函数是齐次性的,投入要素、产品市场是完全竞争的,厂商使成本极小化,投入产出市场必须是长期均衡的等。

(4)非参数分析方法。这是1984年由韦伦(Varian)②提出的,这一方法不需要给出确定的生产函数的参数形式,也避免了估计参数的麻烦。

(5)联合国提出的评价方法。相比于前几种方法,这种方法对技术进步的评价更加深入、详细。在具体估计中,首先将技术看作生产工具和设备、生产技能和经验、生产资料和信息、生产组织和计划四个要素的组合,然后分别从技术含量、技术状态、技术能力和技术环境四个方面对技术进行综合评价。这种方法虽然可以比较全面地衡量技术进步状况,但是由于涉及的变量较多,估计起来比较麻烦,因此国内采用的比较少,而且多用来估计企业层面的技术进步。

由于本章的目的是寻找国际技术转移与工业技术进步的关系,因此对技术进步的测度仅仅是估计出其总体趋势,并不要求精确估算技术进步的数值。鉴于此以及数据的可得性,我们遵从现有文献中使用全要素生产率(TFP)衡量技术进步的做法,具体运用索洛余值法计算出各省份历年的全要素生产率。具体估算中,选取两要素(资本和劳动力)的C-D生产函数:$Y=AK^{\alpha}L^{\beta}$。其中,Y为产出,用各地区实际GDP衡量;L为劳动投入,用各地区就业人数衡量;K为资本投入,用各地区实际固定资产存量衡量;α、β分别为平均资本产出份额和平均劳动力产出份额。数据来源于中国统计年鉴。

4.创新效率机制

研究创新的效率,核心是确定技术创新投入与产出的代理变量。对于

① Christensen, L. R., Jorgenson, D. W. and Lau, L, J., 1973: "Transcendental logarithmic production frontier", *Review of Economics and Statistic*, January.

② Varian, H.R., 1984: "The nonparametric approach to production analysis", *Econometrica: Journal of the Econometric Society*. Vol.52.

区域创新效率来说，研发费用的投入与研发劳动的投入对其有直接的影响，也是主要的影响因素。参考肖文等的研究，利用 Malmquist 生产率指数测算创新效率①。这里采用各省份的科技活动经费内部支出总额和科技活动人员作为投入变量，专利申请受理数作为产出指标变量。之所以采用科技活动经费和科技活动人员，是因为区域创新活动范围比区域研发活动范围要大得多。区域创新效率是区域所有创新活动的效率体现，用区域科技活动经费内部支出与科技活动人员能较为全面地反映区域创新活动的成果，专利受理数在反映创新效果上不如专利授权数，但是能较好地反映创新效率。数据来源于中国科技统计年鉴和中国统计年鉴。

如何测算区域创新的效率呢？目前，评测效率的方法主要有参数法和非参数法两大类别。参数法以随机前沿分析（Stochastic Frontier Analysis，SFA）为代表，该方法的优点是具有坚实的经济理论基础，可以清晰地描述生产的过程，但其缺点是需要事先设置生产函数的形式，如果误设了生产函数，结果便会出现较为严重的偏差。非参数法则以数据包络分析（Data Envelopment Analysis，DEA）为代表，该方法采用线性规划技术测算效率，不需要设定生产函数的具体形式，从而避免了主观设定生产函数的影响，同时计算简便，且能够处理多投入、多产出条件下的效率度量。因而，我们选择数据包络分析方法测算区域创新的效率。

5.竞争机制

本小节将贸易出口单独作为一个变量纳入分析框架，作为竞争机制的中介代理变量。这主要基于以下原因：通常出口与进口是两个性质截然不同的变量，贸易出口往往反映输出国的技术优势，且与进口相比，出口更多地受到国际因素的影响，比如国外相关技术的发展、需求等。而进口往往反映本国的技术弱势，其变化主要源于内部，即进口的变动主要受到技术引进国内部的需求、技术发展水平的影响。技术转移将提高区域内出口产品的竞争力和技术增加值，通过贸易出口带动相关产品出口，开拓国外市场，进一步带动本国技术发展，形成良性发展。数据来源于中国统计年鉴。

6.控制变量

人力资本用高等教育人数比例表示，计算方法为：（大专＋本科＋研究生）/6 岁及以上人口之和；城镇化率，计算方法为：城镇人口/（城镇人口＋农村人口）；基础设施建设，取各地区高速公路线路里程的对数；金融发展程度，计算方法为：年末存贷款余额/GDP；财政水平，计算方法为：一般公共预

① 肖文，林高榜：《政府支持、研发管理与技术创新效率——基于中国工业行业的实证分析》，《管理世界》2014 年第 4 期。

算支出/GDP;制度质量用市场化指数表示,经济发展水平取 GDP 的对数。数据来源于中国统计年鉴、中国金融统计年鉴、市场化指数报告以及各省份统计年鉴。相关变量的描述性统计如表 6-7 所示。

表 6-7　相关变量的描述性统计

变量	*N*	平均值	标准差	最小值	最大值
HINS	558	0.748	1.237	0.0019	21.14
RINS	548	4.630	60.57	0.0019	1,278
edu	651	0.102	0.072	0.0079	0.505
insti	651	6.159	2.214	−1.420	12
ln*tech*	593	11.27	2.170	2.944	15.63
ln*GDP*	651	8.992	1.257	4.769	11.62
trade	651	216.9	241.0	5.916	1,164
caizheng	651	0.0792	0.0260	0.0339	0.188
finan	651	2.993	1.076	1.454	7.552
road	635	7.473	1.086	2.565	9.258
city	651	51.23	15.68	20.15	89.60
TFP	651	1.491	0.744	0.0506	2.980
innova	330	1.088	0.193	0.543	1.943

(三)实证结果与分析

1.国际技术转移与技术进步的关系分析

关于国际技术转移与我国工业技术进步关系的研究,虽然涌现出一批成果,如唐未兵等①、赵红岩和田夏②、程惠芳和陆嘉俊③、李凯杰④等,但目前尚不是很成熟。其意见可以分为两派:一是尽管技术引进是我国工业技

① 唐未兵,傅元海,王展祥:《技术创新、技术引进与经济增长方式转变》,《经济研究》2014 年第 7 期。

② 赵红岩,田夏:《本土创新能力、跨国资本技术溢出与长三角高技术产业升级》,《上海经济研究》2013 年第 7 期。

③ 程惠芳,陆嘉俊:《知识资本对工业企业全要素生产率影响的实证分析》,《经济研究》2014 年第 5 期。

④ 李凯杰:《国际贸易、技术进步偏向性与我国工业能源强度》,《经济经纬》2020 年第 6 期。

术进步的重要原因，但二者之间并不存在长期共同发展的趋势；二是以 FDI 为代表的技术引进对我国技术进步具有明显的促进作用。因此，本部分采用 D-H 因果关系检验法验证国际技术转移与技术进步之间的因果关系。D-H 检验对于大 N 样本，以 Z-bar 为准；对于 N 和 T 相近的样本，以 Z-bar tilde为准。

对两组数据的 D-H 检验结果如表 6-8 和表 6-9 所示。

表 6-8　D-H 因果关系检验 a(技术转移与技术进步)

格兰杰非因果检验结果(Dumitrescu & Hurlin，2012)	
Lag order：1	
W-bar＝1.5285	
Z-bar＝2.0467	(p-value＝0.0407)
Z-bar tilde＝0.4285	(p-value＝0.6683)
H0：技术转移不是技术进步的格兰杰原因	
H1：至少一条面板数据表明技术转移是技术进步的格兰杰原因	

表 6-9　D-H 因果关系检验 b(技术转移与技术进步)

格兰杰非因果检验结果(Dumitrescu & Hurlin，2012)	
Lag order：1	
W-bar＝1.1692	
Z-bar＝0.6551	(p-value＝0.5124)
Z-bar tilde＝-0.3605	(p-value＝0.7185)
H0：技术进步不是技术转移的格兰杰原因	
H1：至少一条面板数据表明技术进步是技术转移的格兰杰原因	

表 6-8 和表 6-9 的结果表明，在原假设为技术转移不是技术进步的原因时，W 统计量为 2.0467，p 值为 0.0407，在 5％的显著性水平下通过检验，所以拒绝原假设，认为技术转移是技术进步的原因。在原假设为技术进步不是技术转移的原因时，p 值为 0.5124，在 10％的显著性水平下也无法通过检验，所以接受原假设，认为技术进步不是技术转移的D-H原因，如表6-10所示。

表 6-10　国际技术转移与技术进步的关系分析

原假设	W 统计量	p 值	结论
技术转移不是技术进步的原因	2.0467	0.0407	拒绝
技术进步不是技术转移的原因	0.6551	0.5124	接受

2.国际技术转移与创新效率的关系分析

经济学里有个词叫“技术黑洞”，意思是如果发展中国家缺乏技术的自主研发能力，多数行业的关键核心技术与装备只能依赖国外，核心硬件、系统软件也只能大量依赖进口，从而导致产业发展在技术上高度依赖于发达国家，永远在利用人家淘汰的或者已经落后的技术，就像陷入一个黑洞，难以找到出路。发展中国家要走出这个黑洞，唯一的途径就是提高自主创新能力。尽管国家当初引进国外技术的目的是抛砖引玉，目前也正在努力推行自主创新战略，但实际上的技术和外资引入往往由于“主体错位”导致只重眼前利益而忽视长远利益，如南孚电池。1958 年创建于福州的南孚电池，于 2003 年以近 8 亿元的销售收入占据中国电池市场半壁江山，是世界第五大碱性电池生产商。而南孚的竞争对手——美国吉列公司进入中国十年，面对南孚的强劲竞争，始终无法在中国打开局面，市场份额不及南孚的 10％。但盲目的合资合作却让南孚丧失了进一步成长的机会。1999 年正值南孚的黄金时期，在南平市政府吸引外资的要求下，南孚数家股东以南孚电池 69％的股份出资，与摩根斯坦利、荷兰国家投资银行、新加坡政府投资公司合资组建中国电池有限公司，其中外方持股 49％，中方持股 51％。随后摩根斯坦利不惜重金，大量增持中国电池股份。当其拥有南孚电池 72％的控股权时，摩根斯坦利迅速改变了原定海外上市的计划，转手以 1 亿美元价格将所持中国电池股份全部卖给美国吉列公司。此后，为避免南孚和吉列母公司的冲突，南孚从增长迅速的海外市场退出，一半生产线闲置，在中国市场上逐渐收缩，基本上成为吉列公司的加工车间。

改革开放以来，技术引进和跟踪模仿对我国的经济建设起到了重要的推动作用。但同时我们也应看到，由于种种原因，某些领域在技术引进的过程中，不仅没有通过追赶战术形成技术优势，反而逐渐陷入依赖国外技术的被动局面，丧失了自己原有的技术积累，背离了技术引进的初衷。因此，自主创新效率在技术转移优化国内工业结构升级的过程中承担着极为重要的桥梁作用，对两组数据的 D-H 检验结果如表 6-11 和表 6-12 所示。

表 6-11　D-H 因果关系检验 a(技术转移与创新效率)

格兰杰非因果检验结果(Dumitrescu & Hurlin, 2012)	
Lag order:2	
W-bar=6.6170	
Z-bar=12.6441	(p-value=0.0000)
Z-bar tilde=2.4130	(p-value=0.0158)
H0:技术转移不是创新效率的格兰杰原因	
H1:H1:面板数据中至少一条数据表明技术转移是创新效率的格兰杰原因	

表 6-12　D-H 因果关系检验 b(技术转移与创新效率)

格兰杰非因果检验结果(Dumitrescu & Hurlin, 2012)	
Lag order:2	
W-bar=4.2889	
Z-bar=6.2684	(p-value=0.0000)
Z-bar tilde=0.7022	(p-value=0.4826)
H0:创新效率不是技术转移的格兰杰原因	
H1:至少一条面板数据表明创新效率是技术转移的格兰杰原因	

表 6-11 和表 6-12 的结果表明,在原假设为技术转移不是创新效率的原因时,W 统计量为 2.4130,p 值为 0.0158,在 1%的显著性水平下通过检验,所以拒绝原假设,认为技术转移是创新效率的原因。在原假设为创新效率不是技术转移的原因时,p 值为 0.4826,在 10%的显著性水平下也无法通过检验,所以接受原假设,认为创新效率不是技术转移的 D-H 原因,如表 6-13 所示。

表 6-13　国际技术转移与创新效率的关系分析

原假设	W 统计量	p 值	结论
技术转移不是创新效率的原因	2.4130	0.0158	拒绝
创新效率不是技术转移的原因	0.7022	0.4826	接受

3.国际技术转移与技术贸易出口的关系分析

随着技术引进的增加和不断消化,依托于陈旧技术的传统产品在技术引进国的生产和贸易比重逐渐下降，而依托于先进技术的现代产品的生产和贸易份额逐渐上升，从而改变了该国的产品贸易格局，提升了贸易产品的竞争力，也带动了贸易出口，并且随着技术引进国的不同产品贸易格局优化，该国也将实现产业结构优化。对两组数据的 D-H 检验结果如表 6-14 和表 6-15 所示。

表 6-14　D-H 因果关系检验 a(技术转移与贸易出口)

格兰杰非因果检验结果(Dumitrescu & Hurlin，2012)	
Lag order：1	
W-bar＝1.6256	
Z-bar＝2.4230	(p-value＝0.0154)
Z-bar tilde＝1.4633	(p-value＝0.1434)
H0：技术转移不是贸易出口的格兰杰原因	
H1：至少一条面板数据表明技术转移是创新效率的格兰杰原因	

表 6-15　D-H 因果关系检验 b(技术转移与贸易出口)

格兰杰非因果检验结果(Dumitrescu & Hurlin，2012)	
Lag order：1	
W-bar＝1.2243	
Z-bar＝0.8686	(p-value＝0.3851)
Z-bar tilde＝0.2467	(p-value＝0.8051)
H0：贸易出口不是技术转移的格兰杰原因	
H1：至少一条面板数据表明贸易出口是技术转移的格兰杰原因	

表 6-14 和表 6-15 的结果表明，在原假设技术转移不是贸易出口的原因时，W 统计量为 2.4230，p 值为 0.0154，在 1%的显著性水平下通过检验，所以拒绝原假设，认为技术转移是贸易出口的原因。在原假设为创新效率不是技术转移的原因时，p 值为 0.3851，在 10%的显著性水平下也无法通过检验，所以接受原假设，认为贸易出口不是技术转移的 D-H 原因，如表 6-16所示。

表 6-16　国际技术转移与技术贸易出口的关系分析

原假设	W 统计量	p 值	结论
技术转移不是贸易出口的原因	2.4230	0.0154	拒绝
贸易出口不是技术转移的原因	0.8686	0.3851	接受

通过 D-H 因果关系分析，可以初步得出结论，国际技术转移对技术进步、创新效率以及贸易出口的单向因果关系是存在的，也从实证上验证了前文提出的国际技术转移对三者的机制影响。

4.基于中介效应模型的机制检验

理论上，技术转移可以通过技术溢出等渠道为母国企业提供模仿和学习的机会，从而促进母国企业生产效率和技术水平的提升，进而有利于母国产业结构的优化升级，这是技术进步机制。但是，技术转移与我国工业技术进步之间不存在长期协调变化趋势，其主要原因是我们的自主创新能力低下，因此，创新效率也是不可忽视的一条机制路径。为了实现经济的长期持续发展，各国政府尤其是经济起飞阶段的国家均在技术引进的同时将提高自主创新能力作为战略重点。比如日本，他之所以在第二次世界大战之后能够在没有什么原始发明的情况下迅速崛起并成为今天的经济巨头，一条重要的经验就是在吸收和应用国外已有科技成果的基础上加强技术改进，并以此推动本土技术创新，韩国同样如此。

关于技术影响国际贸易的理论研究可以追溯到较早时期。以李嘉图为代表的古典经济学家们肯定了技术在国际贸易中发挥的重要作用。他们认为，技术差距引起了国际贸易，技术进步可以通过提高要素的边际生产率，在国际贸易中形成比较优势。在他们的研究中，技术被看作是影响国际贸易的外生变量。此后，波斯纳①也从技术差距影响国际贸易入手，以一个动态的角度出发，建立了技术差距模型。他认为，国际贸易的决定因素在于技术的转移和变动。起初，一国可以凭借技术优势与他国产生技术差距，但不久后他国会模仿其先进技术，这样该国会丧失比较优势，国家间技术差距也会逐渐减小，有时甚至消失。尽管如此，寻求新技术来替代原有的旧技术，仍可以维持原有的优势。同样，维农②提出了产品生命周期理论，并再次强调了国际贸易的基础是技术差距。随后，贸易理论进一步发展，格罗斯曼和

① Posner, M.V., 1961:"International trade and technical change", Oxford Economic Papers, March.

② Vernon, R., 1966:"International investment and international trade in the product cycle", *The Quarterly Journal of Economics*, Vol.80.

赫尔普曼①在探讨技术进步对国际贸易影响的时候，把技术当作了内生变量来研究。

国际技术转移对工业升级的三条主要机制也是相辅相成、相互促进的。技术转移可以提高产业生产效率，降低生产成本，在改进原有产品的基础上，开发出新产品。通过这些途径，本国企业可以充分利用本国资源禀赋情况形成产品比较优势，以提高该国贸易的国际竞争力。技术进步是一国贸易的基础，也只有保持了技术不断进步，才能保持贸易比较优势以及提高国际竞争力，提高产品创新效率。国际贸易对于优化产业结构所起的作用，也正是需要通过国际贸易的这种比较优势机制来实现的。

基于中介效应模型，我们对国际技术转移对工业机构升级的技术创新效应进行实证检验，主要分为三个方面：技术进步、创新效率和贸易出口。基于国际技术转移对工业结构合理化升级并无显著影响，所以这里主要考察其对工业结构高级化升级的影响机制。

国际技术转移影响工业结构升级的技术进步机制如表6-17所示。第(1)列和第(2)列验证的是中介效应的第一步，不管是否控制控制变量，其系数 c 都是显著的。第(3)列至第(6)列分别考察了系数 a 和系数 b，均在1%的显著性水平下通过了第二步检验。第三步的系数 c' 是显著的，并且 ab 与 c' 同号。此外，在加入技术进步这一中介变量之后，技术转移对工业结构升级的回归拟合系数由0.161下降为0.140，所以，判定国际技术转移通过技术进步影响了工业结构升级，并且是部分中介效应。

表6-17　中介效应检验——技术进步

变量	(1)	(2)	(3)	(4)	(5)	(6)
	HINS	*HINS*	*HINS*	*HINS*	*TFP*	*TFP*
ln*tech*	0.221***	0.161***	0.193***	0.140***	0.131***	0.126***
	(0.0319)	(0.0384)	(0.0328)	(0.0389)	(0.0217)	(0.0249)
TFP			0.203***	0.176***		
			(0.0626)	(0.0645)		
控制变量	否	是	否	是	否	是
固定效应	是	是	是	是	是	是

① Grossman, G. M. and Helpman, E., 1990: "The new growth theory: trade, innovation, and growth", *American Economic Review*, February.

续表

变量	(1)	(2)	(3)	(4)	(5)	(6)
	HINS	*HINS*	*HINS*	*HINS*	*TFP*	*TFP*
Constant	3.201***	5.568**	3.174***	6.145***	0.001	3.297**
	(0.365)	(2.271)	(0.361)	(2.266)	(0.246)	(1.497)
Observations	513	513	513	513	593	593
R-squared	0.332	0.349	0.346	0.359	0.068	0.129

注:括号内为稳健标准误差,*** 表示 $p<0.01$,** 表示 $p<0.05$,* 表示 $p<0.1$。

国际技术转移影响工业结构升级的创新效率机制如表 6-18 所示。第(1)列和第(2)列验证的仍旧是中介效应的第一步,不管是否控制控制变量,其系数 c 都在 1%的水平显著。第(3)列至第(6)列分别考察了系数 a 和系数 b。这里,只有系数 a 在 5%的水平下通过了第二步检验,而且在加入控制变量后变得不再显著,系数 b 是不显著的。按照中介效应的检验流程,需要进行 Bootstrap 检验(见表 6-19),可见_bs_2 的置信区间里是不包括 0 的,也就是说是显著的,通过了第二步检验。第三步的系数 c' 是显著的,并且 ab 与 c' 同号。所以判定国际技术转移通过提高创新效率影响了工业结构升级,并且是部分中介效应。

表 6-18　中介效应检验——创新效率

变量	(1)	(2)	(3)	(4)	(5)	(6)
	HINS	*HINS*	*HINS*	*HINS*	*innova*	*innova*
ln*tech*	0.221***	0.161***	0.224***	0.162**	0.0115**	0.0032
	(0.0319)	(0.0384)	(0.0378)	(0.0779)	(0.0051)	(0.0116)
innova			0.465	0.405		
			(0.485)	(0.500)		
控制变量	否	是	否	是	否	是
固定效应	是	是	是	是	是	是
Constant	3.201***	5.568**	−2.636***	−5.731**	0.942***	0.0988
	(0.365)	(2.271)	(0.664)	(2.286)	(0.0654)	(0.258)
Observations	513	513	281	281	330	330
R-squared	0.332	0.349	0.153	0.190	0.401	0.440

注:括号内为稳健标准误差,*** 表示 $p<0.01$,** 表示 $p<0.05$,* 表示 $p<0.1$。

表 6-19 Bootstrap 检验

变量	Observed coefficient	Bootstrap std.err.	z	$P>\|z\|$	Normal-based [95% conf.interval]	
_bs_1	0.0009185	0.0010955	0.84	0.402	−0.0012287	0.0030657
_bs_2	0.2072767	0.068282	3.04	0.002	0.0734465	0.3411069

国际技术转移影响工业结构升级的竞争机制如表 6-20 所示。第(1)列和第(2)列验证的是中介效应的第一步，不管是否控制控制变量，其系数 c 都是显著的。第(3)列至第(6)列分别考察了系数 a 和系数 b，分别在 1%和 5%的显著性水平下通过了第二步检验。第三步的系数 c' 是显著的，并且 ab 与 c' 同号。所以判定国际技术转移通过提高贸易国竞争力影响了工业结构升级，并且是部分中介效应。

表 6-20 中介效应检验——竞争机制

变量	(1)	(2)	(3)	(4)	(5)	(6)
	HINS	*HINS*	*HINS*	*HINS*	*trade*	*trade*
ln*tech*	0.221***	0.161***	0.189***	0.161***	84.43***	14.20**
	(0.0319)	(0.0384)	(0.0314)	(0.0470)	(4.130)	(5.690)
trade			0.0005**	0.0005**		
			(0.0002)	(0.0003)		
控制变量	否	是	否	是	否	是
固定效应	是	是	是	是	是	是
Constant	3.201**	5.568**	−1.572***	−2.622**	−726.4***	−737.1***
	(0.365)	(2.271)	(0.325)	(1.255)	(47.17)	(152.2)
Observations	513	513	513	513	593	593
R-squared	0.332	0.349	0.309	0.343	0.437	0.717

注：括号内为稳健标准误差，*** 表示 $p<0.01$，** 表示 $p<0.05$，* 表示 $p<0.1$。

综上可知，技术引进可以使得国家间在技术创新方面的重复投资减少，从而能够合理配置创新资源，缩小发展中国家与发达国家之间存在的技术差距，使得技术落后国家的技术水平逐渐追赶上发达国家，通过提高整体技术进步水平和创新效率促进工业产业结构升级。此外，发展中国家也可以通过国际货物以及技术的贸易改变本国技术发展水平，改善国际资源禀赋状况，促进国际贸易结构的改善，提高贸易国竞争力，从而促进产业结构进一步优化。

三、本章小结

本章主要采用中介效应模型实证检验国际技术转移是否通过产业关联、技术创新促进了工业结构升级。中介变量的选取是关键，本书采用参与国内价值链带来的后向平均生产长度、参与全球价值链带来的后向平均生产长度两个指标量化产业关联，采用技术进步、创新效率量化技术创新效应。通过采用逐步回归和 Sobel 检验相结合的方法，我们发现，国际技术转移能够通过产业关联促进工业结构高级化与合理化，亦能通过推动技术进步、提高创新效率以及优化贸易结构推动我国工业结构升级。

第七章　国际技术转移影响我国工业结构升级的异质性检验

前文基于省级面板数据进行了回归分析，在经历一系列稳健性检验后得出国际技术转移对工业结构升级具有显著正向影响的结论。然而，我国不同区域发展水平差异较大，面临不同的市场化环境，拥有不同的经济发展路径，国际技术转移对于工业结构升级的影响可能因为上述因素的差异而有所区别。为使结论更趋稳健性和具有针对性，我们进一步展开异质性分析。具体地，在各部分异质性分析中，为了更加直观地观察不同组别国际技术转移的发展情况，我们首先基于不同组别进行描述性统计的分析，然后进行回归分析，探究不同条件下国际技术转移对工业结构升级的差异性影响。

一、地理位置

区域间经济发展不平衡是我国经济发展的一大特征。这种不平衡最明显的表征为东、中、西部三大地区经济发展的差异。一方面，外商直接投资所带来的影响需要一定的条件才能够实现和深化，而这些条件在很大程度上表现为一个地区的经济发展程度、开放程度以及相应基础设施建设水平；另一方面，经济发展差异对于吸引外商直接投资也会产生直接影响[①]。因此，区域之间的差异可能作用于国际技术转移对工业结构升级的影响。为探究不同区域的异质性影响，我们参考彭文斌和刘友金[②]的做法，对东、中、西部地区进行划分。东部地区包括上海、北京、天津、山东、广东、江苏、河北、浙江、海南、福建和辽宁 11 个省份；中部地区包括吉林、安徽、山西、江

① 肖政，维克特・盖斯特勒格：《影响外商直接投资的因素：兼论中国沿海与西部地区差别》，《世界经济》2001 年第 3 期。

② 彭文斌，刘友金：《我国东中西三大区域经济差距的时空演变特征》，《经济地理》2010 年第 4 期。

西、河南、湖北、湖南和黑龙江 8 个省份；西部地区包括云南、内蒙古、四川、宁夏、广西、新疆、甘肃、西藏、贵州、重庆、陕西和青海 12 个省份。

在对区域进行界定后，我们首先对东、中、西部外商直接投资的实际利用金额与所占比重进行分析，以观察不同区域外商直接投资的发展差异，相关结果如表 7-1 所示。从外商直接投资实际利用金额来看，东部地区 FDI 流入的绝对规模始终高于中西部地区。这一现象或可归结于以下两点原因：一方面，从政策层面来看，改革开放过程中东部率先全面开放，随后逐步开放内地的战略使得 FDI 更多地流向东部地区；另一方面，东、中、西部经济发展不均衡的状况在我国长期存在，东部地区较大的经济总量可以吸收更多的 FDI。从外商直接投资在不同区域所占比重来看，流入东部地区的 FDI 比重也一直高于中西部地区。2000～2006 年，东部地区流入的 FDI 占比高达 80%，随后基本保持逐年下降的趋势。流入中部地区的 FDI 比重从 2000 年的 9.57%最高增长到 2019 年的 35.17%，总体来看呈现出一个逐年上升的态势。流入西部地区的 FDI 比重在 2000～2011 年总体呈现上升态势，2011 年之后虽有波动，但其比重基本维持在 10%左右。总体来看，FDI 经历了一个从主要集中在东部地区向东、中、西部地区均衡流动的发展过程。

表 7-1　外商直接投资实际利用情况：东、中、西部

年份	东部地区		中部地区		西部地区	
	利用金额/万美元	所占比重/%	利用金额/万美元	所占比重/%	利用金额/万美元	所占比重/%
2000	3923400	85.75	437700	9.57	214100	4.68
2001	4356400	86.19	483500	9.57	214500	4.24
2002	5315100	86.04	615000	9.96	247500	4.01
2003	6582600	86.53	743600	9.78	280800	3.69
2004	6262000	83.64	895000	11.95	329500	4.40
2005	6836300	81.51	1105600	13.18	445200	5.31
2006	8255600	80.39	1407000	13.70	606500	5.91
2007	9942400	78.37	1959900	15.45	784500	6.18
2008	11300000	76.24	2304900	15.55	1216500	8.21
2009	11400000	74.31	2510500	16.36	1430500	9.32

续表

年份	东部地区		中部地区		西部地区	
	利用金额/万美元	所占比重/%	利用金额/万美元	所占比重/%	利用金额/万美元	所占比重/%
2010	12900000	72.94	3034900	17.16	1750500	9.90
2011	14600000	68.80	4058600	19.13	2560800	12.07
2012	16400000	69.02	4867028	20.48	2493366	10.49
2013	17300000	67.26	5655703	21.99	2763563	10.75
2014	17500000	65.58	6398454	23.98	2785976	10.44
2015	15900000	61.87	7023339	27.33	2775710	10.80
2016	14500000	59.66	7568467	31.14	2237780	9.21
2017	16000000	60.96	7978100	30.40	2269718	8.65
2018	14700000	56.92	8627172	33.41	2498059	9.67
2019	13400000	55.00	8568402	35.17	2393268	9.82
2020	14600000	56.21	8926432	34.37	2445669	9.42

在分析东、中、西部外商直接投资的发展趋势后，我们基于东、中、西部地区分组，分别考察国际技术转移对工业结构升级的差异性，相关回归结果如表7-2所示。第(1)列显示在东部地区的回归样本中，国际技术转移(*FDI*)的系数估计值在1%的水平上显著为正，表明东部地区的国际技术转移对于工业结构升级有显著的正向影响。在第(2)列与第(3)列中，国际技术转移(*FDI*)的系数估计值为负且不显著，表明中部和西部地区的国际技术转移对工业结构升级没有显著影响。

这种回归结果或许由如下原因所致：东部地区更有利于通过关联效应将引进的技术进行消化、吸收和改进，从而推动工业结构升级。技术引进所带来的影响需要一定的条件才能更好地实现与深化，引进的先进技术需要相关支持要素的关联才能充分发挥作用①。东部地区具有更高的经济发展水平、更好的工业基础和更高素质的劳动力。这些因素使得东部地区对于技术吸收拥有更佳的适配条件，可以针对引进技术的实际情况，在基础设

① 王然，燕波，邓伟根：《FDI对我国工业自主创新能力的影响及机制——基于产业关联的视角》，《中国工业经济》2010年第11期。

施、生产设备、劳动力素质等方面作出及时调整。在这一过程中，东部地区逐步提高技术水平和生产效率，推动工业结构升级。相比较而言，中西部地区的经济发展长期落后于东部地区，其工业基础和劳动力素质也处于相对弱势的状态。在这种情况下，国际技术转移引进新的技术可能与当地的技术水平差距较大，中西部地区由于自身的相对劣势无法及时调整生产过程以适应技术消化吸收的过程，无法充分发挥技术转移的外溢效应，而难以发挥推动工业结构升级的效果。

表 7-2　不同地理位置的回归结果

变量	东部地区	中部地区	西部地区
	Stru	*Stru*	*Stru*
	(1)	(2)	(3)
FDI	0.181***	−0.086	−0.008
	(0.055)	(0.060)	(0.017)
PerGDP	−0.460	−3.132***	−0.796***
	(0.328)	(1.124)	(0.264)
GDPR	−0.012	−0.013	−0.002
	(0.013)	(0.017)	(0.010)
Fin	0.009	0.221	−0.070
	(0.130)	(0.255)	(0.108)
Tra	0.000	−0.000	−0.000
	(0.000)	(0.001)	(0.000)
Ge	−2.588***	−2.603	−0.100
	(0.695)	(2.038)	(0.331)
Urban	0.001	0.028*	0.000
	(0.010)	(0.014)	(0.006)
HUM	0.329***	−0.181	0.058
	(0.081)	(0.126)	(0.063)
TFP	−0.042	−0.065	0.008
	(0.047)	(0.096)	(0.039)
_cons	5.603**	6.209*	5.825***
	(2.558)	(3.665)	(1.897)

续表

变量	东部地区	中部地区	西部地区
	Stru	*Stru*	*Stru*
	(1)	(2)	(3)
地区固定效应	Y	Y	Y
时间固定效应	Y	Y	Y
adj.R^2	0.900	0.694	0.830
N	231	168	252
F	8.092	3.414	2.755

注：括号内为标准误差，* 表示 $p<0.1$，** 表示 $p<0.05$，*** 表示 $p<0.01$。

二、市场化水平

良好的制度环境有利于创造秩序和减少交易中的不确定性①。制度环境对于转型国家市场化改革进程中的经济活动有着广泛和关键的影响。在当前研究中，市场化指数是衡量我国不同省份制度环境的一个常用指标。樊纲等指出中国各地区市场化进程存在明显差异，这种差异也可能作用于国际技术转移对工业结构升级的影响②。因此，我们基于市场化水平这一问题进行了异质性分析。具体地，市场化水平使用王小鲁等披露的各省份市场化指数来衡量③。由于市场化水平的最新披露时间为2019年，我们借鉴俞红海等的做法，对2020年的市场化指数进行计算补充④。在对市场化水平标准进行界定时，我们借鉴蔡贵龙等的做法，使用市场化水平的年度中位数作为划分标准⑤。若某省当年的市场化指数大于该年度的中位数，则定义其取值为1，表示该省市场化水平较高；若某省当年的市场化指数小于

① North, D. C., 1993: "Institutions and credible commitment", Journal of Institutional and Theoretical Economics, Vol.149.

② 樊纲，王小鲁，马光荣：《中国市场化进程对经济增长的贡献》，《经济研究》2011年第9期。

③ 王小鲁，胡李鹏，樊纲：《中国分省份市场化指数报告：2021》，北京，社会科学文献出版社，2021年，第1版，第1-7页。

④ 俞红海，徐龙炳，陈百助：《终极控股股东控制权与自由现金流过度投资》，《经济研究》2010年第8期。

⑤ 蔡贵龙，郑国坚，马新啸，等：《国有企业的政府放权意愿与混合所有制改革》，《经济研究》2018年第9期。

该年度的中位数，则定义其取值为0，表示该省市场化水平较低。

通过表7-3的统计结果可以看出，流向高市场化水平地区的FDI的规模始终大于流向低市场化水平地区的规模。2000～2020年，流向高市场化水平地区的FDI占到全部FDI的80%左右，最高占比达到91.90%，最低占比也有73.59%，表明高市场化地区对FDI有着更大的吸引力。从增长趋势来看，低市场化水平地区的FDI利用金额在2000～2010年基本保持逐年上升趋势，2011年之后的变化趋势有所波动。高市场化水平地区FDI利用金额在2000～2014年总体上呈现逐年上升趋势，这也在一定程度上反映了高市场化水平地区在更长的时期内保持着对FDI的高吸引力。

表7-3　外商直接投资实际利用情况：市场化水平

年份	低市场化水平		高市场化水平	
	利用金额/万美元	所占比重/%	利用金额/万美元	所占比重/%
2000	649800	14.20	3925400	85.80
2001	425200	8.41	4629200	91.59
2002	586300	9.49	5591300	90.51
2003	616300	8.10	6990700	91.90
2004	644300	8.61	6842200	91.39
2005	1017600	12.13	7369500	87.87
2006	1918500	18.68	8350600	81.32
2007	1394400	10.98	11300000	89.02
2008	2147800	14.47	12700000	85.53
2009	2061500	13.42	13300000	86.58
2010	3912400	22.09	13800000	77.91
2011	3330700	15.69	17900000	84.31
2012	2644984	11.14	21100000	88.86
2013	4101837	15.96	21600000	84.04
2014	3718310	13.92	23000000	86.08
2015	6783138	26.41	18900000	73.59
2016	4867606	20.06	19400000	79.94

续表

年份	低市场化水平		高市场化水平	
	利用金额/万美元	所占比重/%	利用金额/万美元	所占比重/%
2017	2436905	9.25	23900000	90.75
2018	6666408	25.77	19200000	74.23
2019	5329307	21.90	19000000	78.10
2020	3363601	12.96	22600000	87.04

在进行回归分析时，为使得结论更加稳健，我们使用另一种划分标准来界定市场化水平的高低。具体地，我们借鉴鲁桐和党印①的做法划分市场化水平的高低：若某省当年的市场化指数大于该年度的平均数，则定义其取值为1，表示该省市场化水平较高，反之则定义其取值为0。回归结果如表7-4所示。

表 7-4　不同市场化水平的回归结果

变量	年度中位数划分市场化水平		年度平均数划分市场化水平	
	高市场化水平	低市场化水平	高市场化水平	低市场化水平
	(1)	(2)	(3)	(4)
FDI	0.159***	0.005	0.176***	−0.002
	(0.046)	(0.020)	(0.046)	(0.019)
PerGDP	−0.477	−0.370	−0.533*	−0.371
	(0.307)	(0.244)	(0.298)	(0.234)
GDPR	−0.015	−0.003	−0.019	−0.003
	(0.013)	(0.008)	(0.013)	(0.008)
Fin	−0.177	0.303***	−0.169	0.321***
	(0.131)	(0.115)	(0.125)	(0.116)
Tra	0.000	0.001**	−0.000	0.001*
	(0.000)	(0.000)	(0.000)	(0.000)
Ge	−0.479	−0.451	−0.525	−0.680*
	(1.077)	(0.369)	(1.055)	(0.352)

① 鲁桐，党印：《公司治理与技术创新：分行业比较》，《经济研究》2014年第6期。

续表

变量	年度中位数划分市场化水平		年度平均数划分市场化水平	
	高市场化水平	低市场化水平	高市场化水平	低市场化水平
	(1)	(2)	(3)	(4)
Urban	−0.000 (0.009)	0.016*** (0.005)	0.005 (0.008)	0.012** (0.005)
HUM	0.149* (0.082)	0.112* (0.062)	0.161* (0.085)	0.085 (0.062)
TFP	−0.011 (0.059)	−0.019 (0.041)	−0.017 (0.060)	−0.038 (0.039)
_*cons*	3.074 (2.053)	−0.527 (1.618)	3.922* (2.005)	−0.332 (1.567)
地区固定效应	Y	Y	Y	Y
时间固定效应	Y	Y	Y	Y
adj.R^2	0.831	0.733	0.832	0.721
N	323	325	318	332
F	1.937	3.631	2.363	3.365

注：括号内为标准误差，* 表示 $p<0.1$，** 表示 $p<0.05$，*** 表示 $p<0.01$。

以年度中位数作为划分市场化水平高低的标准时，第(1)列的回归结果显示在高市场化水平的样本中，国际技术转移(*FDI*)的系数估计值在1%的水平上显著为正，表明国际技术转移对于工业结构升级在高市场化水平环境下有显著的正向影响。第(2)列的回归结果显示国际技术转移(*FDI*)的系数估计值不显著，表明在低市场化水平的环境下，国际技术转移对工业结构升级没有显著的影响。以年度平均数作为划分市场化水平高低的标准时，第(3)列的回归结果显示高市场化水平样本中国际技术转移(*FDI*)的系数估计值在1%的水平上显著为正，第(4)列的回归结果显示低市场化水平样本中国际技术转移(*FDI*)的系数估计值则不显著，与上述分析是一致的。不难看出，无论采取何种市场化水平的定义方式，国际技术转移都是只有在高市场化水平的环境下才对工业结构升级存在显著的正向影响。

一般而言，市场化水平更高的地区表现出更高的产权保护水平、更健全的法律制度环境、更高程度的金融发展水平、更完善的产业化体系等特点①。首先，这些因素通常意味着该地区拥有更好的创新环境、更大的创新动力、更丰富的创新资源和更好的创新技术保护，与发达市场的技术差距更小，从而有利于提升技术引进的学习与吸收效率，增加企业创新活动，提升企业劳动生产率，进而推动工业结构升级②。其次，高市场化水平地区更有利于引导各种生产要素以及劳动力和专业技术人才的流动。一方面，市场化水平较高的地区的产品市场与要素市场通常也具有较高的发展程度③，市场秩序更加规范；另一方面，市场化水平较高的地区更多地依靠市场在资源配置中的核心作用，能够缓解政府对资源配置干预所带来的效率损失④。这些因素有利于提升资源配置效率，增强产业之间的联动，为先进技术的吸收和工业结构升级提供了良好的发展环境。最后，高市场化水平地区所拥有的良好制度环境更有利于技术的流动与扩散。高市场化水平地区在知识生产和共享方面也有更高的效率，这些因素有利于活跃行业内部的技术交易，推动技术市场的发展与繁荣。当更多技术成果的信息可以被供求双方获得时，可以有效提升国外转移技术的扩散与推广效率⑤。技术的需求方可以更加方便地获得先进技术以提升自身的生产效率，当大部分企业享受到国外技术转移的溢出效应时，则推动工业结构的优化与升级。同时，高市场化水平地区有利于推动人才的自由流动，增加人力资本积累，发挥人才的交流示范效应，加快技术进步，从而推动工业结构升级⑥。

作为一个处于转型过程中的发展中国家，当前我国存在多种所有制类型的经济主体。国有经济是社会主义市场经济的关键组成成分，在不同地区具有不同的发展水平，这可能导致不同地区在资源配置和生产效率方面有所差异，从而导致国际技术转移对工业结构升级的影响不尽相同。因此，在对市场化水平进行异质性分析之后，我们想进一步探究国际技术转移是

---

① 李丹蒙，夏立军：《股权性质、制度环境与上市公司 R&D 强度》，《财经研究》2008 年第 4 期。

② 周平录，李东红，邢小强：《转型经济中双向 FDI 与区域创新效率——制度环境的调节作用》，《国际经济合作》2020 年第 2 期。

③ 戴魁早，刘友金：《行业市场化进程与创新绩效——中国高技术产业的经验分析》，《数量经济技术经济研究》2013 年第 9 期。

④ 张治栋，廖常文：《技术创新与长江经济带产业结构升级——市场化的调节作用》，《科技进步与对策》2020 年第 7 期。

⑤ 邓娅娟，王元地，秦颖：《FDI 对中国制造业行业二元式创新的影响——行业市场化水平和外资进入速度的调节作用》，《软科学》2021 年第 11 期。

⑥ 毛其淋，许家云：《市场化转型、就业动态与中国地区生产率增长》，《管理世界》2015 年第 10 期。

否会因国有化的水平而对工业结构升级产生差异性影响。为此，我们借鉴许家云的做法①，使用各地区国有企业工业销售收入比重与从业人员比重的算术平均值来反映各地区的国有化水平，然后按照所有地区国有化水平的中位数值将样本划分为高国有化地区和低国有化地区。

对不同地区国有化水平进行界定的相关统计结果如表 7-5 所示。数据显示，流入低国有化水平地区的外商直接投资实际利用金额和所占比重始终大于高国有化水平的地区。一方面原因可能是 FDI 在区位选择方面更倾向于低国有化水平地区②；另一方面原因可能是低国有化水平地区拥有更好的经济发展水平，从而有能力吸引更大规模的 FDI。

表 7-5　外商直接投资实际利用情况：国有化水平

年份	高国有化水平		低国有化水平	
	利用金额/万美元	所占比重/%	利用金额/万美元	所占比重/%
2000	870900	19.04	3704300	80.96
2001	519600	10.28	4534800	89.72
2002	790500	12.80	5387100	87.20
2003	546900	7.19	7060100	92.81
2004	372400	4.97	7114100	95.03
2005	619100	7.38	7768000	92.62
2006	2351000	22.89	7918100	77.11
2007	1755200	13.87	10900000	86.13
2008	1438500	9.69	13400000	90.31
2009	3304600	21.45	12100000	78.55
2010	4478900	25.33	13200000	74.67
2011	2996700	14.14	18200000	85.86
2012	2955332	12.44	20800000	87.56
2013	6553953	25.55	19100000	74.45

① 许家云：《互联网如何影响工业结构升级？——基于互联网商用的自然实验》，《统计研究》2019 年第 12 期。

② 徐亚静，王华：《开放条件下的外商直接投资与中国技术创新》，《国际贸易问题》2011 年第 2 期。

续表

年份	高国有化水平		低国有化水平	
	利用金额/万美元	所占比重/%	利用金额/万美元	所占比重/%
2014	3245286	12.18	23400000	87.82
2015	4556876	17.76	21100000	82.24
2016	5324779	21.89	19000000	78.11
2017	6228868	23.66	20100000	76.34
2018	4198087	16.21	21700000	83.79
2019	7475365	30.67	16900000	69.33
2020	4914801	18.97	21000000	81.03

下面我们就国有化水平这一异质性进行回归分析。为使回归结果更趋稳健,我们使用另一种标准界定国有化水平。《中国分省份市场化指数报告》中包含非国有经济发展这一项目,我们使用这一数据对各地区国有化水平进行区分。具体地,若某省当年的非国有经济发展指数大于该年度的中位数,则定义其取值为0,表示该省非国有经济发展水平较高;若某省当年的市场化指数小于该年度的中位数,则定义其取值为1,表示该省国有经济发展水平较高。

相关回归结果如表7-6所示。第(1)列至第(4)列的回归结果显示,无论对国有化水平采取何种划分标准,国际技术转移(*FDI*)的系数估计值都是在低国有化水平的样本中显著为正,在高国有化水平的样本中则不显著。这表明国际技术转移对于工业结构升级的显著影响在低国有化水平的区域才存在。

表7-6 不同国有化水平的回归结果

变量	国有化水平划分标准1		国有化水平划分标准2	
	低国有化水平	高国有化水平	低国有化水平	高国有化水平
	(1)	(2)	(3)	(4)
FDI	0.210***	−0.006	0.175***	−0.001
	(0.044)	(0.017)	(0.043)	(0.016)
PerGDP	−0.475	−0.680***	−0.557*	−0.706***
	(0.302)	(0.214)	(0.297)	(0.222)

续表

变量	国有化水平划分标准 1		国有化水平划分标准 2	
	低国有化水平	高国有化水平	低国有化水平	高国有化水平
	(1)	(2)	(3)	(4)
GDPR	−0.004 (0.012)	−0.004 (0.008)	−0.004 (0.012)	−0.003 (0.008)
Fin	−0.245** (0.106)	0.201** (0.084)	−0.168 (0.111)	0.108 (0.090)
Tra	0.000 (0.000)	0.000 (0.000)	0.000 (0.000)	−0.000 (0.000)
Ge	−2.136*** (0.769)	−0.194 (0.279)	−1.831** (0.781)	−0.104 (0.284)
Urban	0.008 (0.008)	0.010** (0.004)	0.016** (0.008)	0.004 (0.005)
HUM	0.072 (0.079)	0.154** (0.061)	0.059 (0.078)	0.112* (0.064)
TFP	−0.042 (0.058)	0.011 (0.036)	−0.022 (0.054)	−0.005 (0.038)
_cons	4.434** (2.034)	0.739 (1.451)	3.427* (1.873)	1.325 (1.602)
地区固定效应	Y	Y	Y	Y
时间固定效应	Y	Y	Y	Y
adj.R^2	0.823	0.852	0.810	0.840
N	324	322	360	288
F	4.289	3.650	4.073	3.562

注：括号内为标准误差，* 表示 $p<0.1$，** 表示 $p<0.05$，*** 表示 $p<0.01$。

尽管国有化水平较高的地区在资源、资本和人力等方面具有优势，但国有化水平较低的地区的竞争机制往往更加完善和健全，拥有更好的资本流动性、更灵活的管理体系、更好的资源配置效率，企业也往往具有更好的活力和更高的生产效率①。这些因素使得低国有化水平地区有更好的条件吸收国际技术转移，进而推动工业结构升级。同时，低国有化水平地区以非国有企业为经济主体，非国有企业有更大的压力和动力与外资企业构建产业关联，从而捕捉国际技术转移的溢出效应，推动工业结构升级②。包群等的研究还指出，外资能够显著延长民营企业的存活期限，却会加速国有企业的市场退出行为，也一定程度上体现了不同所有制经济对国外技术和资本的不同反应③。

三、经济发展路径

不同地区可能因不同的资源禀赋而拥有不同的经济发展路径。一些省份如广东、浙江等拥有较为完备的产业基础以支撑经济发展，也有一些省份如山西、内蒙古等因自然资源的开采而兴起或发展壮大，且资源性产业在其整体经济规模中占有较大比重。在以自然资源为物质基础的工业化进程中，资源型城市对国民经济发展作出了巨大贡献。由于资源型城市产业通常以资源开发为主导，伴随着长期的高强度开发和经济体制改革，资源型城市面临资源储备逐渐枯竭、经济持续发展动力不足、资源开采成本急剧上升、生态环境恶化、收入差距拉大、失业率大幅增加等一系列问题④。在这一背景下，面对国际技术转移，资源型城市是把握机遇，利用先进技术推动产业结构优化升级，摆脱对单一能源产业的束缚与依赖，从而实现经济的可持续发展？或是因为自身产业基础薄弱、技术差距落差过大而无法有效学习吸收转移的先进技术，无法实现工业结构升级？为研究上述问题，我们将不同地区划分为资源型省份与非资源型省份，以探究不同发展路径下国际技术转移对工业结构升级的异质性影响。

具体地，我们参考国家计委宏观经济研究院课题组⑤的做法，综合考虑

① 许家云：《互联网如何影响工业结构升级？——基于互联网商用的自然实验》，《统计研究》2019年第12期。

② 包群，叶宁华，王艳灵：《外资竞争、产业关联与中国本土企业的市场存活》，《经济研究》2015年第7期。

③ 包群，叶宁华，王艳灵：《外资竞争、产业关联与中国本土企业的市场存活》，《经济研究》2015年第7期。

④ 李虹，邹庆：《环境规制、资源禀赋与城市产业转型研究——基于资源型城市与非资源型城市的对比分析》，《经济研究》2018年第11期。

⑤ 国家计委宏观经济研究院课题组：《我国资源型城市的界定与分类》，《宏观经济研究》2002年第11期。

各省份资源型产业产值和从业人员占比等因素，选取云南、内蒙古、吉林、山西、新疆、贵州、辽宁、陕西、青海、黑龙江 10 个省份作为资源型省份，其他省份作为非资源型省份。通过表 7-7 可以看出，在样本期间内，流入资源型省份的 FDI 在规模和比重方面都始终远小于非资源型省份。

表 7-7　外商直接投资实际利用情况：经济发展路径

年份	非资源型省份		资源型省份	
	利用金额/万美元	所占比重/%	利用金额/万美元	所占比重/%
2000	4075200	89.07	500000	10.93
2001	4491100	88.86	563300	11.14
2002	5502600	89.07	675000	10.93
2003	6731800	88.49	875200	11.51
2004	6576400	87.84	910100	12.16
2005	7532600	89.81	854500	10.19
2006	9019200	87.83	1249900	12.17
2007	10900000	85.95	1782100	14.05
2008	12600000	85.09	2207300	14.91
2009	12800000	83.36	2555600	16.64
2010	14400000	81.45	3278800	18.55
2011	17200000	81.04	4022800	18.96
2012	19200000	80.90	4534362	19.10
2013	20600000	80.31	5049549	19.69
2014	21700000	81.43	4018286	18.57
2015	22900000	89.23	2763348	10.77
2016	21900000	90.22	2373051	9.78
2017	23700000	90.08	2610847	9.92
2018	23100000	89.38	2744054	10.62
2019	22400000	92.05	1934231	7.95
2020	24000000	92.61	1915984	7.39

从表 7-8 第(1)列与第(2)列的回归结果来看,国际技术转移(*FDI*)的系数估计值均在 1%的水平上显著为正,表明在非资源型省份和资源型省份,国际技术转移对于工业结构升级有显著的正向影响。但第(1)列中国际技术转移(*FDI*)的系数估计值大于第(2)列中国际技术转移(*FDI*)的系数估计值,表明在非资源型省份中国际技术转移对于工业结构升级的促进作用更大。这可能由于非资源型省份本身具有更多元的产业结构和更完善的工业基础,在面对先进技术时,可以更好地学习和吸收,从而提高劳动生产效率,进而推动工业结构升级。而资源型省份通常面临产业结构相对单一、产业转型基础薄弱、政府管理效率低下、难以吸引高素质劳动力等问题①。这些因素导致资源型省份无法有效吸收国际技术转移的技术溢出效应,从而难以实现工业结构升级。

表 7-8　不同经济发展模式的回归结果

变量	非资源型省份	资源型省份
	(1)	(2)
FDI	0.095*** (0.034)	0.064** (0.025)
PerGDP	−0.036 (0.193)	−0.958** (0.446)
GDPR	−0.018* (0.010)	0.005 (0.010)
Fin	−0.127 (0.097)	0.583*** (0.133)
Tra	−0.000 (0.000)	0.001 (0.000)
Ge	−0.026 (0.360)	0.377 (0.407)
Urban	0.002 (0.006)	0.007 (0.012)
HUM	0.108* (0.058)	0.155 (0.106)

① 张米尔,武春友:《资源型城市产业转型障碍与对策研究》,《经济理论与经济管理》2001 年第 2 期。

续表

变量	非资源型省份	资源型省份
	(1)	(2)
TFP	−0.047 (0.051)	−0.006 (0.046)
$\_cons$	2.803* (1.677)	−4.141*** (1.495)
地区固定效应	Y	Y
时间固定效应	Y	Y
adj.R^2	0.812	0.819
N	441	210
F	2.116	6.578

注：括号内为标准误差，* 表示 $p<0.1$，** 表示 $p<0.05$，*** 表示 $p<0.01$。

四、本章小结

本章基于地理位置、市场化水平和经济发展路径进行了异质性分析，探究了不同条件下国际技术转移对工业结构升级的不同影响。我们发现，在东部地区、高市场化水平以及低国有化水平的省份中，国际技术转移对工业结构升级有显著的正向影响。就经济发展路径而言，国际技术转移在资源型省份和非资源型省份中对工业结构升级都有正向的促进作用，在非资源型省份中的促进作用更大。

第八章　国际技术转移影响我国工业结构升级的空间溢出效应

前文利用省级面板数据检验了国际技术转移对工业结构升级的关系，初步判断了国际技术转移对工业结构高级化的提升作用。但上述结论是由线性回归模型估计得出的，并未考虑区域间的空间效应，而这与现实情况相距甚远。我国各省份之间的经济联系愈加密切，并且发达地区和非发达地区、中心地区与边远地区的经济差距也较为明显，这种空间相关性或依赖性与空间异质性违背了传统计量回归模型的基本假设，很有可能导致原有估计结果出现偏差，并且难以观测国际技术转移影响工业结构升级的空间溢出效应，因此，有必要使用空间计量模型对国际技术转移与工业结构升级的关系作进一步的探讨。我们将在前文基础上考察 FDI 对我国工业结构升级的空间溢出效应，同时相应增加对 OFDI 以及双向 FDI 协同空间溢出效应的讨论，以展现更为完整的国际技术转移体系及其在空间维度下对工业结构升级的作用特征。首先，我们将对空间计量的研究方法作简要介绍，分析在何种条件下应当使用以及使用何种空间计量模型。其次，由于本部分研究的特殊性，所使用的数据范围与变量选择与基准回归部分有一定差异，因此对有变化的数据样本和变量作简要说明。最后，我们将依次对 FDI 技术溢出、OFDI 逆向技术溢出、双向 FDI 协同技术溢出影响我国工业结构升级的空间效应作实证检验，并对实证结果作简要分析以补充完善前文结论。

一、研究方法

(一)空间权重矩阵与空间相关性检验

空间计量分析的基础是对空间相关性的定量分析，这离不开空间权重矩阵的设定。根据空间计量分析的经典做法，我们利用外生设定的空间矩阵来表示空间结构相关性。在设定空间权重矩阵的过程中，主要有两种设定规则：一种是根据“地理距离”测算，一种是根据“经济距离”测算。前者主要以样本的空间地理距离（邻接等）为依据，后者主要以样本的经济变量差距为依据。由于经济变量很可能随时间而变，溢出效应的大小与方向很难判定，并且经济变量的差异也未必一定就是导致空间溢出的原因①，因此，我们仅采用地理距离测算空间权重矩阵。一种常见的地理距离是相邻距离，表示的是样本区域存在共享边界这一空间特征。相邻距离主要分为车相邻、象相邻和后相邻三种邻接方式，分别是指样本区域存在共同边、存在共同顶点、存在共同边或存在共同顶点。结合我国各省份邻接现实情况，我们选择后相邻法进行二进制空间权重矩阵设定。不同区域的空间结构关系如下：

$$W_{ij}=\begin{cases}1,\text{区域 } i \text{ 和 } j \text{ 存在共同的边或顶点}\\0,\text{区域 } i \text{ 和 } j \text{ 不存在共同的边或顶点}\end{cases}$$

其中，下角标 i 和 j 指不同的省份区域。当二者存在共同的边或顶点时，即 W_{ij} 值为 1 时，可认为存在空间交互效应。

在设定空间权重矩阵之后，就可以利用已设置的空间权重矩阵测算主要变量的空间相关性，以进一步判断其是否存在空间关联以及是否需要使用空间计量模型进行估计。我们依照研究惯例，使用 Moran's I 统计量衡量全局空间相关性，其计算方式如下：

$$Moran's\ index=\frac{\sum_{i=1}^{n}\sum_{j=1}^{n}W_{ij}(X_i-\overline{X})(X_j-\overline{X})}{S^2\sum_{i=1}^{n}\sum_{j=1}^{n}W_{ij}} \tag{8-1}$$

其中，$S^2=\frac{1}{n}\sum_{i=1}^{n}(X_i-\overline{X})^2$，$\overline{X}=\frac{1}{n}\sum_{i=1}^{n}X_i$，Moran's I 取值一般为 $-1\sim1$。在满足显著性水平的情况下，Moran's I 小于 0 表示负相关或有离散趋势，等于 0 表示不相关，大于 0 表示正相关或有集聚趋势。

需要注意的是，全局自相关假定所有区域空间是同质的，但事实上空间异质性是普遍存在的，比如有的省份空间相关性较强，有的省份空间相关性较弱，因此，我们将绘制主要变量的局部莫兰指数图以刻画某一特定区域的空间相关程度。局部莫兰指数图划分为四个象限，第一象限至第四象限分别代表高高集聚、低高集聚、低低集聚、高低集聚，分别表示高变量值区域被高变量值区域包围、低变量值区域被高变量值区域包围、低变量值区域被低

① 张可云，杨孟禹：《国外空间计量经济学研究回顾、进展与述评》，《产经评论》2016 年第 1 期。

变量值区域包围、高变量值区域被低变量值区域包围。高高集聚和低低集聚均说明区域之间的变量差距较小，具有相似变量值的区域在空间上表现为聚集，也就呈现了正向的空间相关关系。由于篇幅限制，我们仅介绍2013年和2018年主要变量的局部莫兰指数图。

（二）空间计量模型选择

空间计量模型多种多样，主要有空间杜宾（SDM）模型、空间滞后（SAR）模型以及空间误差（SEM）模型，因为无法确定空间效应是由空间滞后相关引起还是由空间误差残差相关引起，所以在实证分析中具体选择哪一种模型需要经过一系列检验来决定。在实际操作中，应当先对样本做OLS回归，再进行LM_Lag、Robust LM_Lag以及LM_Error、Robust LM_Error检验，如果只通过LM_Lag、Robust LM_Lag检验，而无法通过LM_Error、Robust LM_Error检验，则应该选择空间滞后模型分析，反之选择空间误差模型分析；若二者均能通过，则优先选择SDM模型进行分析；若二者都不显著，则应该考虑放弃使用空间计量分析方法。在具体回归中，SDM模型是否会退化为SAR模型或SEM模型还有需要经过LR检验的判断，使用何种固定效应也要根据Hausman检验的结果进行选择。另外，由于空间计量模型的解释变量不能满足完全外生的假设，因此使用最小二乘回归会导致估计结果有偏、不准确，于是按照研究惯例，我们使用极大似然估计方法进行估计。

二、数据说明

（一）数据来源

我们所使用的地图数据来自国家基础地理信息系统提供的SHP文件。由于国际技术转移主要以我国内地省份为主，并且相当多的研究把来自港澳台的投资视为外资处理，因此在设定空间权重矩阵的过程中剔除了香港、澳门、台湾地区以及部分面积极小的岛屿。FDI及相关控制变量数据来自各省份统计年鉴，OFDI数据来自各年份的中国对外直接投资统计公报。由于空间计量回归要求使用完全平衡的面板数据，因此针对既有缺失值，我们对其进行线性插值处理，最终得到2000～2020年31省份651个观测数据。

(二)变量测量

我们基本上采用了和基准回归相一致的变量，仍旧选用工业结构高级化($HINS$)作为因变量，选用FDI、OFDI以及双向FDI协同(C_{it})作为自变量，选用经济发展水平(GDP)、经济发展速度($GDPR$)、金融深化水平(FIN)、贸易开放程度(TRA)、财政水平(GE)、城市化率($URBAN$)、人力资本水平(HUM)、全要素生产率(TFP)作为控制变量，在模型中统一用X_{it}表示。其中，FDI和OFDI的测算方式分别为省份当年外商直接投资和对外直接投资额的对数值，双向FDI协同参考黄凌云等和董婉怡等的做法，令$C_{it}=\left[\frac{FDI_{it}\times OFDI_{it}}{(FDI_{it}+OFDI_{it})/2}\right]^{1/2}$，$C_{it}$越大，表示双向FDI协同作用越强，协同发展的水平越高，其余变量的测量方式均与基准回归保持一致。我们在实际回归时对主要自变量与因变量均作了5%的双边缩尾处理。

三、FDI影响我国工业结构升级的空间溢出效应

(一)空间相关性分析

从表8-1和图8-1的数据分布与变化趋势看，2000～2020年FDI的Moran's I均大于0且呈现先升高再降低继而升高的M形走势，且一半以上的年份其值超过0.5，这意味着我国各省份的FDI流入存在空间上的相关性，即FDI流入越高的省份往往相邻，且这种空间因素在FDI流入中发挥的作用呈现先增强再减弱再增强的变化。总体上看，我国各省份FDI流入存在集聚现象，空间相关性的存在可以初步判断使用空间计量方法是合理的。

表8-1　2000～2020年31省份FDI全局Moran's I指数

年份	2000	2001	2002	2003	2004	2005	2006	2007	2008	2009
Moran's I	0.375	0.459	0.472	0.503	0.529	0.543	0.522	0.553	0.491	0.442
p值	0.000	0.000	0.000	0.000	0.000	0.000	0.000	0.000	0.000	0.000
年份	2010	2011	2012	2013	2014	2015	2016	2017	2018	2019
Moran's I	0.425	0.439	0.440	0.443	0.455	0.502	0.553	0.575	0.501	0.506
p值	0.000	0.000	0.000	0.000	0.000	0.000	0.000	0.000	0.000	0.000

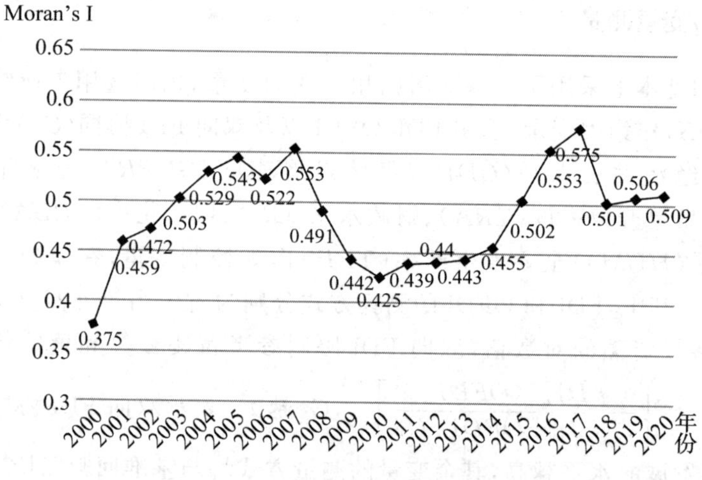

图 8-1　2000～2020 年我国 31 省份 FDI 的 Moran's I 统计量

图 8-2 和图 8-3 展示了 2013 年和 2018 年各省份 FDI 的空间集聚情况,发现大部分省份均能落入第一象限和第三象限,且第一象限的省份居多,空间上表现为高高集聚和低低集聚,总体上与全局空间自相关的检验结果一致,说明各省份 FDI 存在较强的正向相关关系。

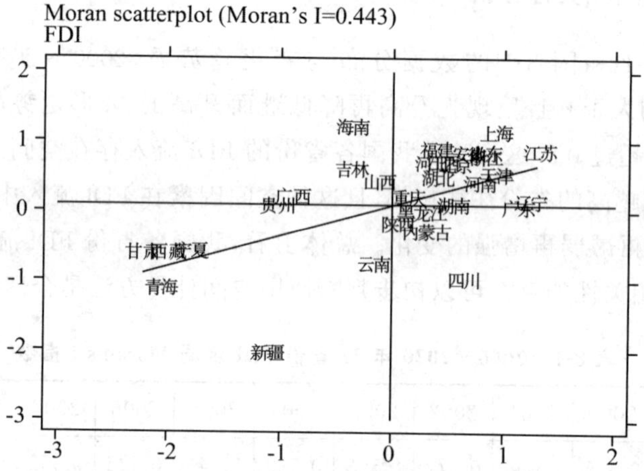

图 8-2　2013 年各省份 FDI 的局部莫兰图

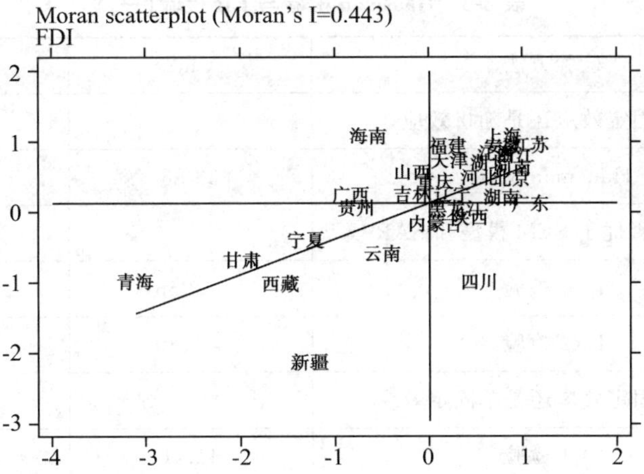

图 8-3　2018 年各省份 FDI 的局部莫兰图

(二)模型设定与检验

基于 LM 的空间计量模型检验结果如表 8-2 所示。检验结果显示,基于无空间效应线性模型均能通过 LM_Lag、Robust LM_Lag 以及 LM_Error、Robust LM_Error 检验,因此可以选择 SDM 模型、SAR 模型和 SEM 模型进行估计。在此,我们优先选择 SDM 模型。

表 8-2　基于 LM 的空间计量模型检验结果(一)

LM 检验	自由度	统计量	p 值
拉格朗日乘数(误差)	1	233.260	0.000
鲁棒拉格朗日乘法器(误差)	1	39.995	0.000
拉格朗日乘数(滞后)	1	198.239	0.000
鲁棒拉格朗日乘法器(滞后)	1	4.975	0.000

针对 SDM 模型是否会退化为 SAR 或 SEM 模型以及应该选择何种固定效应模型,我们亦作了相关的检验,结果如表 8-3 所示。自上至下检验的原假设如下:Huansman 检验的原假设为随机效应比固定效应更有效,LR1 检验和 LR2 检验的原假设是 SDM 模型弱于 SAR 模型、SDM 模型弱于 SEM 模型,以及双向固定效应弱于地区固定效应、双向固定效应弱于时间固定效应。

表 8-3 Hausman 检验与 LR 检验(一)

检验方法	Chi2	p 值
选择固定效应还是随机效应		
Hausman 检验	33.86	0.0001
SDM 模型是否优于 SEM 模型和 SAR 模型		
LR1 检验	150.56	0.0000
LR2 检验	485.80	0.0000
选择双固定效应还是单固定效应		
LR1 检验	41.41	0.0000
LR2 检验	41.45	0.0000

表 8-3 显示,相应检验 p 值均显著小于 0.01,显著拒绝了原假设,因此我们选择构建双向固定效应的空间静态面板杜宾模型进行参数估计。回归模型设定如下:

$$HINS_{it}=\beta_1 W_{ij} HINS_{it}+\beta_2 FDI_{it}+\beta_3 W_{ij} FDI_{it}+\beta_4 X_{it}+\beta_5 W_{ij} X_{it} +\delta_i+\gamma_t+\varepsilon_{it} \tag{8-2}$$

其中,β_1 为其他区域工业结构高级化对本区域工业结构高级化的影响系数;β_2 与 β_3 为本区域 FDI、其他区域 FDI 对本区域工业结构高级化的影响系数;β_4 与 β_5 为本区域、其他区域相应控制变量对本区域工业结构高级化的影响系数。为保持简洁,回归结果表中的变量名不保留下缀。

(三)FDI 对工业结构升级影响的空间效应分析

表 8-4 结果显示,在双向固定效应的情况下,无论是使用 SDM 模型还是 SAR 模型、SEM 模型,FDI 的系数均显著为正,并且 $WFDI$、ρ 值和 λ 值等空间项系数均显著为正,这表明工业结构的高级化呈现空间集聚特征,工业结构相对高级的省份彼此相邻。因此,本区域工业结构的升级不仅得益于本区域 FDI 的促进效应,相邻区域的工业结构升级本身也会对本区域工业结构产生正向影响,这说明 FDI 技术溢出影响工业结构升级的空间效应既有可能来自省份工业结构的相互作用也有可能来自 FDI 的随机冲击。总而言之,FDI 技术溢出对工业结构升级的影响存在空间效应,相邻区域工业结构的高级化与 FDI 流入的增长会促进本区域的工业结构升级,在利用 FDI 促进工业结构升级的问题上,各区域政府之间亦存在良性互动。

表 8-4 FDI 技术溢出对工业结构升级的影响检验

变量	SDM 模型			SEM 模型	SAR 模型
	地区固定	时间固定	双固定	双固定	双固定
FDI	0.0620*** (3.5616)	0.0702*** (3.8500)	0.0712*** (4.3398)	0.0548*** (3.3300)	0.0553*** (3.3569)
GDP	−0.3511** (−2.5195)	−0.1015*** (−2.8884)	−0.2788** (−2.0612)	−0.1222 (−0.9734)	−0.0846 (−0.7062)
GDPR	−0.0102 (−1.4066)	0.0319*** (3.5760)	−0.0147** (−2.0032)	−0.0076 (−1.0338)	−0.0074 (−0.9964)
FIN	−0.0777** (−1.9899)	0.2229*** (7.6379)	−0.0101 (−0.2664)	−0.0098 (−0.2610)	0.0044 (0.1223)
TRA	−0.0000 (−0.4604)	0.0004*** (5.2179)	−0.0001* (−1.7155)	−0.0001 (−0.9474)	−0.0001 (−1.2705)
GE	−1.0722 (−0.7350)	−9.2804*** (−7.1736)	−2.0830 (−1.5013)	−3.0716** (−2.3282)	−3.2942*** (−2.5770)
URBAN	0.0111*** (2.6630)	0.0041 (1.3612)	0.0080* (1.9045)	0.0072* (1.7344)	0.0067 (1.6225)
HUM	0.1555*** (3.0076)	0.1270*** (4.2694)	0.1385*** (2.6260)	0.1556*** (2.9105)	0.1480*** (2.7536)
TFP	−0.0552* (−1.6724)	−0.0311 (−0.6390)	−0.0529 (−1.5299)	−0.0403 (−1.1517)	−0.0427 (−1.2131)
WFDI	−0.0240 (−0.5969)	0.1668*** (3.6397)	0.0891** (2.2242)		
WGDP	0.2249 (1.4517)	−0.0118 (−0.1460)	0.9432*** (4.0280)		
WGDPR	−0.0132 (−1.4437)	−0.0007 (−0.0455)	−0.0183 (−1.2935)		
WFIN	0.1139** (2.1157)	−0.0678 (−1.1920)	0.2871*** (4.3705)		
WTRA	−0.0004*** (−2.9800)	−0.0005*** (−4.0089)	−0.0004*** (−2.9051)		
WGE	0.4688 (0.2181)	8.0600*** (2.7721)	−7.4294*** (−2.6335)		

续表

变量	SDM 模型			SEM 模型	SAR 模型
	地区固定	时间固定	双固定	双固定	双固定
WURBAN	−0.0062 (−0.8009)	−0.0002 (−0.0320)	−0.0067 (−0.7211)		
WHUM	−0.3233*** (−4.5675)	−0.2264*** (−3.5379)	−0.1960* (−1.7233)		
WTFP	0.0446 (1.2788)	0.0492 (0.5040)	−0.0497 (−0.7113)		
Spatial					
ρ	0.5321*** (14.3298)	0.2168*** (3.9690)	0.1311** (2.3537)		0.1585*** (2.9494)
λ				0.1681*** (2.9583)	
N	651	651	651	651	651
R^2	0.0089	0.1698	0.0031	0.0689	0.0458

注：*、**、*** 分别表示在 10%、5%、1%的水平上显著，括号内为 z 值。

但在空间计量回归中，回归系数不能简单地解释为 FDI 技术溢出对工业结构升级的边际影响①，因此按照空间计量文献的研究惯例，我们将 FDI 对工业结构升级的影响区分为直接效应、间接效应与总效应。直接效应包括两部分，一部分是本区域 FDI 流入带来的技术溢出对本区域工业结构升级的影响，另一部分是本区域 FDI 流入后，促进了其他相邻区域的工业结构升级，而其他相邻区域工业结构升级又会反馈给本区域，从而对本区域的工业结构升级产生的影响。间接影响则是指相邻区域 FDI 流入后对本区域工业结构升级的影响效果，总效应为某区域 FDI 流入后对所有区域的工业结构升级的平均影响，可以认为是直接效应与间接效应之和，具体结果如表 8-5 所示。

① Elhorst J, 2014:"Spatial Econometrics: from Cross-sectional Data to Spatial Panels", *Berlin*:*Springer*.

表 8-5　FDI 技术溢出影响工业结构升级的直接、间接、总效应

变量	SDM 模型			SAR 模型		
	直接效应	间接效应	总效应	直接效应	间接效应	总效应
FDI	0.0749*** (4.4204)	0.1125** (2.4997)	0.1874*** (3.8144)	0.0563*** (3.3086)	0.0105** (2.0525)	0.0669*** (3.2732)
GDP	−0.2580** (−1.9923)	1.0043*** (4.0359)	0.7463*** (2.9442)	−0.0911 (−0.7754)	−0.0180 (−0.7360)	−0.1091 (−0.7791)
GDPR	−0.0145** (−2.0409)	−0.0214 (−1.2683)	−0.0359* (−1.8537)	−0.0066 (−0.9275)	−0.0013 (−0.8231)	−0.0079 (−0.9236)
FIN	−0.0019 (−0.0526)	0.3170*** (4.3478)	0.3150*** (3.9577)	0.0039 (0.1115)	0.0005 (0.0708)	0.0044 (0.1059)
TRA	−0.0002* (−1.9290)	−0.0005*** (−2.8509)	−0.0006*** (−3.4352)	−0.0001 (−1.3049)	−0.0000 (−1.0935)	−0.0001 (−1.2985)
GE	−2.2513* (−1.6552)	−8.6797*** (−2.8610)	−10.9310*** (−3.6527)	−3.2473** (−2.5407)	−0.5965* (−1.8331)	−3.8438** (−2.5407)
URBAN	0.0079* (1.8444)	−0.0064 (−0.5912)	0.0015 (0.1222)	0.0068* (1.6534)	0.0013 (1.2903)	0.0082 (1.6297)
HUM	0.1327*** (2.6152)	−0.1838 (−1.4314)	−0.0512 (−0.3485)	0.1483*** (2.8680)	0.0282* (1.7765)	0.1765*** (2.7746)
TFP	−0.0519 (−1.5169)	−0.0655 (−0.8065)	−0.1174 (−1.2542)	−0.0401 (−1.1555)	−0.0076 (−0.9894)	−0.0478 (−1.1467)
N	651	651	651	651	651	651
R^2	0.0031	0.0031	0.0031	0.0458	0.0458	0.0458

注：*、**、*** 分别表示在 10%、5%、1%的水平上显著，括号内为 *z* 值。

从总效应的分解情况来看，无论是使用 SDM 模型还是 SAR 模型，直接效应、间接效应与总效应均显著为正，进一步印证了 FDI 技术溢出影响工业结构升级存在空间效应的判断。从 SDM 模型的结果来看，间接效应超过了直接效应，这意味着在 FDI 技术溢出影响工业结构升级的过程中，间接效应发挥了主要作用。究其原因，为了谋求更多的利益，外资在流入我国后不会仅仅停留在单一区域或单一产业，而有可能沿着地理区位和产业链条向外扩散，因此，寻求邻接省份的投资机会就可能成为一种低成本高回报的手段。一方面，这是因为相邻区域往往有着相似的资源格局，因此也就倾向于形成相近的产业格局，抑或通过产业链相互联系形成产业集群。对于外资而言,寻求邻接省份的投资机会可以避免因重复投资或重复搜集信息带来的成本。另一方面,这是因为相邻区域往往有着类似的政策安排,有助于外资适应区域的营商环境,享受政策便利的同时减少不必要的违规处罚。因此,FDI 带来的技术溢出不仅会促进本区域的工业结构升级,也会促进相邻区域的工业结构升级,而邻接区域工业结构升级亦会促进资源结构、人才结构的变化,加速生产要素流动,从而正反馈于本区域的工业结构升级。相应地,其他区域外资进入也存在类似的溢出路径,从而使得 FDI 影响工业结构升级的空间效应可能带有规模经济的特征,能够发挥"1+1>2"的作用效果。

四、OFDI 影响我国工业结构升级的空间溢出效应

(一)空间相关性分析

表 8-6 中的 Moran's I 测算显示,2011 年以前各省份 OFDI 的空间相关性并不显著,而在 2011 年之后 OFDI 逐渐体现出显著的空间集聚效应,这与我国现实情况基本符合。2008 年金融危机之后,寻求避难的外部资本不断涌入我国,使我国资本市场逐渐充裕。随着经济形势的逐渐恢复,我国新一轮对外投资开始增长。2013 年 9 月和 10 月,习近平主席在出访中亚和东南亚国家期间,先后提出共建"丝绸之路经济带"和"21 世纪海上丝绸之路"的重大倡议,这也开启了我国资本高质量走出去的新征途。同年 10 月,习近平主席倡议筹办亚洲基础设施投资银行,2014 年 10 月亚洲基础设施投资银行建立,有力地推动了丝路区域的公共和私人投资。另外,2011~2020年的样本经历了相对完整的跨经济周期,能够较好地反映我国 OFDI 的发展过程。考虑到我国 OFDI 的发展现状,并为了尽可能契合空间计量分析的要求,我们选取 2011~2020 年各省份 OFDI 样本做回归分析。

表 8-6　2011~2020 年 31 省份 OFDI 全局 Moran's I

年份	2011	2012	2013	2014	2015	2016	2017	2018	2019	2020
Moran's I	0.180	0.191	0.229	0.259	0.327	0.333	0.380	0.388	0.416	0.411
p 值	0.062	0.049	0.019	0.009	0.002	0.001	0.000	0.000	0.000	0.002

图 8-4 显示 2011~2020 年各省份 OFDI 的 Moran's I 呈现了平稳上升的变化趋势,OFDI 的空间集聚效应随时间推移有小幅波动但总体上保持

平缓增强，这说明各省份自2011年以后逐渐重视对外直接投资的区域协同。为贴合高质量走出去的要求，各省份开始寻求更为稳健有序的合作投资策略。总体上看，各省份OFDI存在空间上的正相关性。

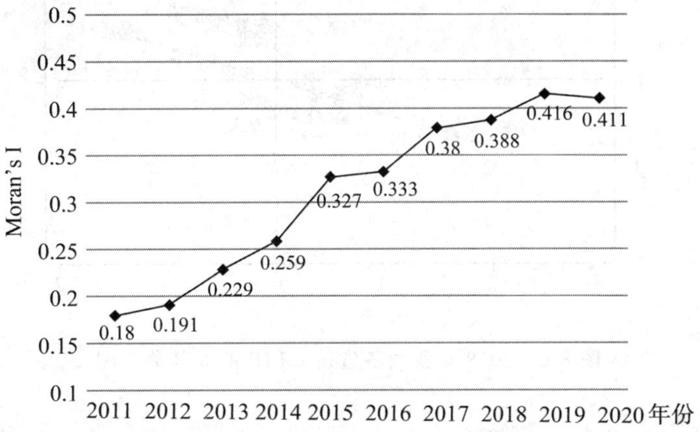

图8-4　2011～2020年我国31省份OFDI的Moran's I统计量

我国各省份OFDI的局部莫兰图(见图8-5和图8-6)显示，大部分省份能够落入第一象限和第三象限，空间上表现为高高集聚和低低集聚，表现为正向的空间相关关系。第一象限和第三象限的省份数量相近，说明有相当部分的省份OFDI规模还有待于进一步提高。与FDI相比，各省份OFDI的空间聚集现象变化更为明显，部分低低聚集的区域转化成高低聚集，低高聚集的区域转化成了高高聚集。

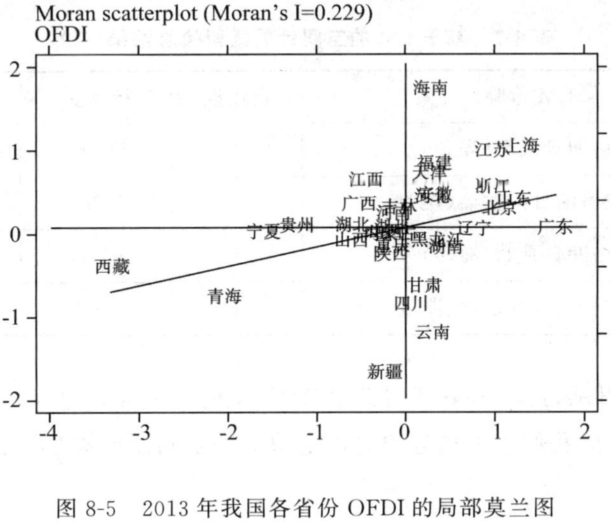

图8-5　2013年我国各省份OFDI的局部莫兰图

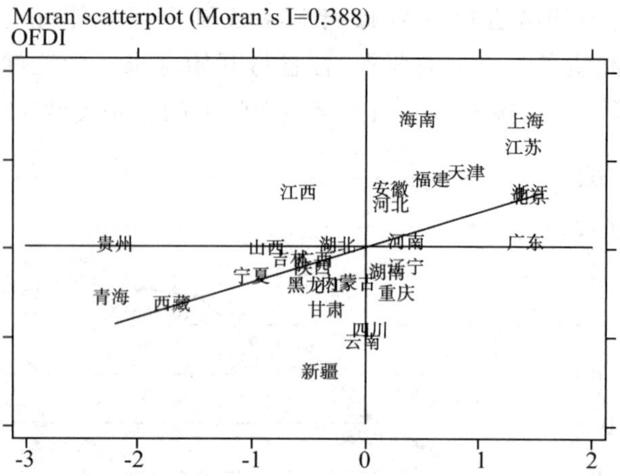

图 8-6　2018 年我国各省份 OFDI 的局部莫兰图

(二)模型设定与检验

基于 LM 的空间计量模型检验结果如表 8-7 所示。检验结果显示,基于无空间效应线性模型均能通过 LM_Lag 检验、Robust LM_Lag 检验以及 LM_Error 检验,但不能通过 Robust LM_Error 检验,因此我们空间计量回归使用 SEM 模型。但也有学者指出,若 LM_Lag、LM_Error 均显示通过即可认为选择 SAR 模型或 SEM 模型都是合理的①。因此,为了使结论更稳健,我们也使用 SAR 模型作了相关检验。

表 8-7　基于 LM 的空间计量模型检验结果(二)

LM 检验	自由度	统计量	p 值
拉格朗日乘数(误差)	1	11.765	0.001
鲁棒拉格朗日乘法器(误差)	1	7.286	0.007
拉格朗日乘数(滞后)	1	4.894	0.027
鲁棒拉格朗日乘法器(滞后)	1	0.415	0.519

表 8-8 显示,Hausman 和 LR 检验的 p 值均显著小于 0.01,显著拒绝了原假设,因此我们选择构建双向固定效应的空间误差模型进行参数估计。

① 张蕴萍,杨友才,牛欢:《山东省金融效率、溢出效应与外商直接投资——基于空间动态面板 Durbin 模型的研究》,《管理评论》2018 年第 12 期。

回归模型设定如下：

$$HINS_{it}=\beta_0+\beta_1 OFDI_{it}+\beta_3 X_{it}+\varepsilon_{it} \tag{8-3}$$

$$\varepsilon_{it}=\lambda w\varepsilon_{it}+\mu_{it} \tag{8-4}$$

其中，ε_{it} 表示随机扰动项；μ_{it} 表示正态分布的随机扰动项；λ 表示空间误差系数；X_{it} 为控制变量，意义与第五章中构建的双向固定效应模型中的控制变量相同；β_1 表示 OFDI 逆向技术溢出对工业结构升级的影响系数；β_3 表示控制变量的相应系数。

表 8-8　Hausman 检验与 LR 检验(二)

检验方法	Chi2	p 值
选择固定效应还是随机效应		
Hausman 检验	60.31	0.0000
选择双固定效应还是单固定效应		
LR1 检验	24.81	0.0244
LR2 检验	526.70	0.0000

(三)OFDI 对工业结构升级影响的空间效应分析

表 8-9 第(1)列和第(2)列结果显示，OFDI 的逆向技术溢出对本区域工业结构升级存在负向影响，但无论是从空间相互作用角度看还是从随机冲击的角度看，OFDI 逆向技术溢出对工业结构升级的空间效应均为负且不显著。OFDI 逆向技术溢出不利于本区域工业结构的高级化，但不同区域的 OFDI 逆向技术溢出不会影响彼此的工业结构。

针对 OFDI 逆向技术溢出对母国工业结构升级的阻碍效应，我们将在已有研究的基础上对其进行分析。毛海欧和刘海云指出，东道国的对外投资可以分为顺梯度投资或逆梯度投资，即向价值链位置低于自身或高于自身的国家进行投资①。无论是顺梯度投资还是逆梯度投资，都存在价值链转移效应与逆向技术溢出效应：由于逆梯度投资往往是投资高技术产业，资金的流出将会使国内资本价格上升从而削弱国内相关产业发展的要素优势，而投资国的高级人才和熟练劳动力更加充足，国内相关产业的技术劳动需求与产业技术劳动占比也会相应减少，这有可能会导致价值链高端环节

① 毛海欧，刘海云：《中国对外直接投资促进了产业升级吗？——基于出口劳动结构视角的研究》，《世界经济研究》2018 年第 6 期。

的转出。尽管 OFDI 的逆向技术溢出也能提升产业技术水平、降低成本，但其对技术劳动占比的提升作用可能要小于高级价值链转出效应的阻碍作用。同理，顺梯度投资往往是投资低技术产业，低端价值链转出效应能够提升东道国的技术劳动占比，从而促进工业结构升级。而投向低端产业 OFDI 的逆向技术溢出也会增强东道国在相关产业上的比较优势，从而挤占向更高级产业结构升级的空间。从我国各省份对外直接投资的现实经验出发，投向发达国家的 OFDI 往往只是资金的“出海”，并没有在发达国家建立研发中心，无法获得有效的逆向技术溢出，加之仅在投资国设厂生产、销售，国内相关产业就会失去发展需求，逐渐丧失发展的优势与动力，造成产业“空心化”，久而久之很有可能会被发达国家的相关产业吸纳吞并。而针对发展中国家低端产业的投资很难获得高质量的逆向技术溢出，同时相对于很多发展中国家而言，我国本土仍存在资源要素的相对优势，因此我国低端产业可能会由于更加低廉的成本和更加广大的市场而吸收其他国家的低端产业，反而更不利于我国工业结构升级。

表 8-9　OFDI 逆向技术溢出对工业结构升级的影响检验

变量	(1)	(2)	(3)
	SEM 模型	SAR 模型	SEM 模型
OFDI	−0.0486* (−1.7987)	−0.0483* (−1.7928)	−0.2300*** (−2.6865)
OFDI^2			0.0090** (2.3581)
PerGDP	0.3002 (1.5937)	0.2920 (1.5733)	0.1805 (1.1870)
GDPR	0.0033 (0.3645)	0.0036 (0.3999)	0.0108 (1.3183)
FIN	−0.1060 (−1.5659)	−0.1087 (−1.6149)	−0.0085 (−0.1062)
TRA	0.0005** (2.2809)	0.0005** (2.2606)	0.0003 (1.3018)
GE	2.0122 (1.4672)	2.0363 (1.4750)	0.1698 (0.1311)

续表

变量	(1)	(2)	(3)
	SEM 模型	SAR 模型	SEM 模型
URBAN	−0.0078 (−0.8772)	−0.0073 (−0.8412)	0.0050 (0.5968)
HUM	0.1498*** (2.5996)	0.1506*** (2.6153)	0.1598*** (2.8461)
TFP	−0.0180 (−0.5509)	−0.0188 (−0.5786)	−0.0103 (−0.6599)
λ	−0.0313 (−0.3894)		0.0999 (1.3800)
ρ		−0.0261 (−0.3519)	
Variance			
sigma2_e	0.0236*** (12.4487)	0.0236*** (12.4493)	0.0251*** (12.4388)
N	310	310	310
R^2	0.3634	0.3659	0.4123

注：*、**、*** 分别表示在 10%、5%、1%的水平上显著，括号内为 z 值。

尽管上述分析有一定合理性，但如果不考虑现实情况，贸然作出 OFDI 可能会不利于我国工业结构升级的判断，是不严谨的，也可能是不准确的。首先，从流量上看，我国 OFDI 的规模和强度一直以来处于较低水平，近年来才逐渐与 FDI 持平，而在存量上二者差距可能更大。因此，即使某些省份某些产业因为 OFDI 抽离了部分资源，可能出现了“空心化”的苗头，但在全国范围内看，仍很难说这是一个普遍现象。其次，我国大部分 OFDI 具有资源寻求型或市场寻求型的特征，主要是为了利用海外资源获取海外利益。从我国与东道国比较优势的对比来看，似乎还没有通过 OFDI 进行完整的产业转移的动机和经济基础。那么，OFDI 对工业结构升级显示出的负向影响又该作何解释呢？我们认为，或许 OFDI 与工业结构升级之间可能不是简单的线性关系，因此我们对 OFDI 与工业结构升级的非线性关系亦作了检验，回归结果如表 8-9 第(3)列所示。

结果显示，OFDI 的一次项系数显著为负，二次项系数显著为正，这说明 OFDI 与工业结构升级之间存在 U 形关系。随着 OFDI 规模的不断扩张，本区域 OFDI 对本区域工业结构升级的影响呈现从抑制向促进的转变，这在一定程度上说明 OFDI 对工业结构升级表现出的负向影响或许是 OFDI 规模较小所致。究其缘由，一方面，我国幅员辽阔，各省份存在较为明显的资源禀赋差异，盲目追求 OFDI 的规模或许会抽离本应用于自身区域发展的资源，尤其是许多劳动力、资本相对匮乏的省份，可能会给本区域的工业结构升级造成一定压力。但随着时间的推移和工业结构的不断调整，各省份迫切需要探索出符合自身发展的引资投资道路，开始培育高质量的 OFDI 和高效率的对外投资体系，因此 OFDI 逆向技术溢出与收益回流对工业结构升级的正向作用逐渐超过 OFDI 对工业结构升级的负向作用。由此可以预测，从长期来看，OFDI 对本区域的工业结构升级能够发挥促进作用。另一方面，有学者指出，最开始我国对外投资规模较小，技术壁垒、资本挤占、国际竞争加剧等问题并不明显，但随着我国 OFDI 在世界市场上取得了一定地位，这些负面因素逐渐凸显。随着我国对外投资经验的日趋成熟，跨国公司的经营状况得以改善，OFDI 通过技术并购与海外合作研发等提高母国技术进步的渠道也将日益通畅①。

空间计量的结果还显示，邻近区域的 OFDI 冲击造成的工业结构变化并不会影响本区域的工业结构，OFDI 影响工业结构升级的空间溢出效应不显著。这与李东坤和邓敏的研究结果有一定相似性：相比于 FDI 规模，大部分省份 OFDI 规模相对较小，同时各省份进行对外直接投资的主要目的在于寻求资源要素和扩大市场，而不是希望依靠逆向技术溢出提升自身产业技术水平，因此也就很难形成类似 FDI 促进工业结构升级的空间溢出路径，无法通过技术型 OFDI 利用产业关联或产业集群促进区域间的资源、人才、技术等要素充分流动，增强区域间的互动，也就不存在 OFDI 逆向技术溢出影响工业结构升级的空间效应。

① 贾妮莎，韩永辉：《外商直接投资、对外直接投资与产业结构升级——基于非参数面板模型的分析》，《经济问题探索》2018 年第 2 期。

五、双向 FDI 协同影响我国工业结构升级的空间溢出效应

(一)空间相关性分析

由于 OFDI 变量使用的是 2011 年之后的数据,因此我们在计算双向 FDI 协同发展水平变量 C 指数时,亦使用 2011～2020 年的 FDI 与 OFDI 数据。需要说明的是,此处提到的双向 FDI 协同发展并不要求我国与投资国之间必然存在互相直接投资行为。原因有二:一方面,从指标测算公式来看,只要求 FDI 的投向和 OFDI 的来源均是我国,而对相反方向的国家没有要求。另一方面,双向 FDI 协同发展主要是针对我国各省份的投资或被投资行为而言,只要是本区域的 FDI 或 OFDI 就能够产生对本区域资源要素在产业间的配置引导作用。如果将双向 FDI 局限于互相直接投资行为,则有可能人为地减少资本之间的联系,削弱双向 FDI 的协同作用。我们旨在探究省份层面双向 FDI 协同对工业结构升级的影响及空间效应,并不必然需要区分东道国。

从表 8-10 和图 8-7 可以看到,自 2011 年开始,各省份 FDI 协同发展水平变量 C 的 Moran's I 基本呈现逐步上升的趋势,在 2018 年左右小幅下降之后又回到较高水平。这说明空间因素在双向 FDI 协同发展的过程中一直发挥较强的作用,双向 FDI 协同发展较好的省份在空间上存在集聚效应。

表 8-10 2011～2020 年 31 省份双向 FDI 协同全局 Moran's I

年份	2011	2012	2013	2014	2015	2016	2017	2018	2019	2020
Moran's I	0.266	0.293	0.322	0.344	0.435	0.502	0.518	0.446	0.486	0.521
p 值	0.011	0.006	0.003	0.001	0.000	0.000	0.000	0.000	0.000	0.002

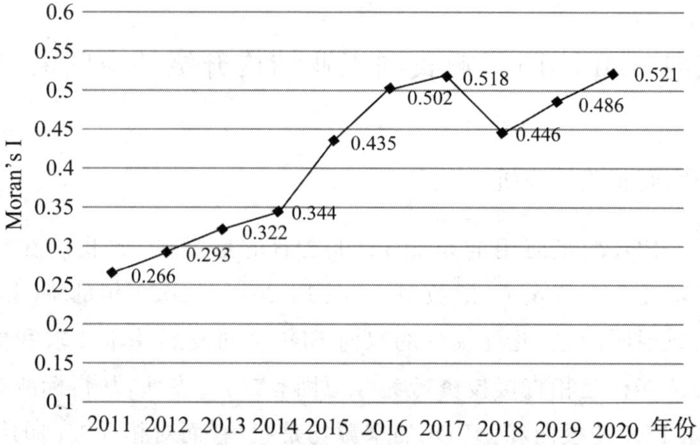

图 8-7 2011～2020 年我国 31 省份双向 FDI 协同的 Moran's I 统计量

从图 8-8 和图 8-9 中我国各省份双向 FDI 的协同发展的空间集聚情况来看，大部分省份能够落入第一象限和第三象限，表现为空间上的正向相关。第一象限与第三象限省份数量基本持平，高高集聚的省份有所增加，说明各省份对 OFDI 的协同发展重视程度上升。

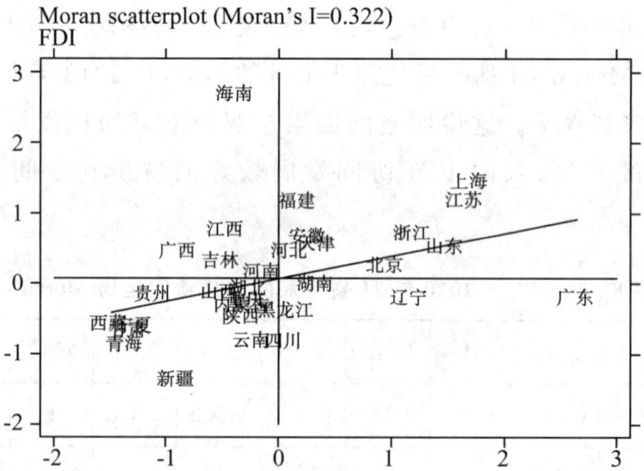

图 8-8 2013 年我国各省份双向 FDI 协同水平的局部莫兰图

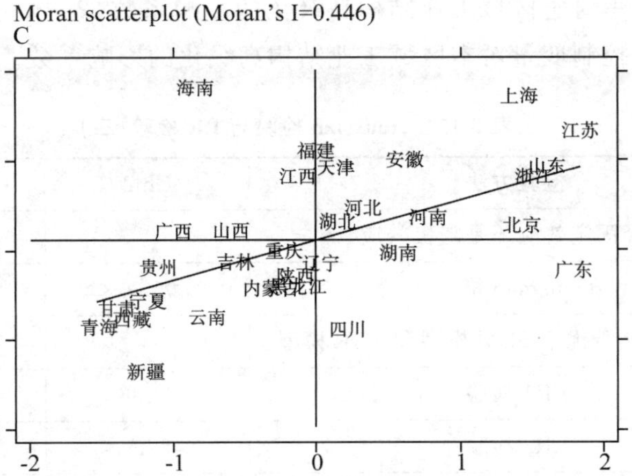

图 8-9　2018 年我国各省份双向 FDI 协同水平的局部莫兰图

(二)模型设定与检验

基于 LM 的空间计量检验结果如表 8-11 所示。检验结果显示,基于无空间效应线性模型均能通过 LM_Lag 检验、Robust LM_Lag 检验以及 LM_Error 检验、Robust LM_Error 检验,我们在此优先选择 SDM 模型进行估计。

表 8-11　基于 LM 的空间计量模型检验结果(三)

LM 检验	自由度	统计量	p 值
拉格朗日乘数(误差)	1	20.582	0.000
鲁棒拉格朗日乘法器(误差)	1	21.795	0.000
拉格朗日乘数(滞后)	1	4.117	0.042
鲁棒拉格朗日乘法器(滞后)	1	0.415	0.021

从表 8-12 中的 Hausman 检验与 LR 检验结果来看,均显著拒绝了原假设,因此我们在此选择双向固定的空间静态杜宾模型进行参数估计。模型设定如下:

$$HINS_{it}=\beta_1 W_{ij} HINS_{it}+\beta_2 C_{it}+\beta_3 W_{ij} C_{it}+\beta_4 X_{it}+\beta_5 W_{ij} X_{it}+\delta_i+\gamma_t+\varepsilon_{it} \tag{8-5}$$

与前文一致,β_1 为其他区域工业结构高级化对本区域工业结构高级化的影响系数,β_2 与 β_3 为本区域双向 FDI 协同发展水平、其他区域双向 FDI

协同发展水平对本区域工业结构高级化的影响系数，β_4 与 β_5 为本区域、其他区域相应控制变量对本区域工业结构高级化的影响系数。

表 8-12　Hausman 检验与 LR 检验(三)

检验方法	Chi2	p 值
选择固定效应还是随机效应		
Hausman 检验	95.70	0.0000
SDM 模型是否优于 SEM 模型和 SAR 模型		
LR1 检验	30.88	0.0035
LR2 检验	487.67	0.0000
选择双固定效应还是单固定效应		
LR1 检验	39.93	0.0000
LR2 检验	39.97	0.0000

(三)双向 FDI 协同对工业结构升级影响的空间效应分析

表 8-13 的回归结果显示，无论使用 SDM 模型还是 SAR 模型、SEM 模型估计，C 的回归系数均显著为正。这说明本区域的双向 FDI 协同发展水平越高，越有利于本区域的工业结构高级化。但在控制双向固定效应之后，WC 系数显著为负，表明本区域工业结构的升级既会受到来自本区域双向 FDI 协同水平提升的促进效应，也会受到相邻区域双向 FDI 协同水平提升的抑制作用。这说明区域之间针对双向 FDI 可能存在竞争互动，某一个区域 FDI 与 OFDI 协同水平较高时，可能会吸引相邻省份的 FDI 或私人资本而影响相邻省份的双向 FDI 协同发展水平。

表 8-13　双向 FDI 协同技术溢出对工业结构升级的影响检验

变量	SDM 模型			SEM 模型	SAR 模型
	地区固定	时间固定	双固定	双固定	双固定
C	0.0004*** (4.5222)	0.0004*** (4.2511)	0.0004*** (4.0387)	0.0001* (1.7249)	0.0001* (1.7295)
$PerGDP$	−0.4079* (−1.8215)	0.3680*** (2.7281)	−0.2629 (−1.2189)	0.1272 (0.6751)	0.1423 (0.7940)

续表

变量	SDM 模型			SEM 模型	SAR 模型
	地区固定	时间固定	双固定	双固定	双固定
GDPR	0.0116 (1.3369)	0.0618*** (4.1745)	0.0058 (0.6594)	0.0050 (0.5545)	0.0046 (0.5122)
FIN	−0.1343* (−1.9398)	0.1315 (1.5863)	−0.1560** (−2.1810)	−0.1129* (−1.6841)	−0.1123* (−1.6770)
TRA	0.0003 (1.3018)	0.0002 (0.9168)	0.0004* (1.9308)	0.0005** (2.3679)	0.0005** (2.4428)
GE	−0.6046 (−0.3796)	1.2783 (0.9377)	0.1729 (0.1074)	0.9251 (0.6045)	0.9694 (0.6318)
URBAN	−0.0117 (−1.2363)	−0.0095 (−1.4638)	−0.0248*** (−2.6293)	−0.0073 (−0.8246)	−0.0077 (−0.8849)
HUM	0.1104** (1.9889)	0.2192*** (4.5623)	0.1183** (2.2031)	0.1230** (2.2350)	0.1213** (2.2173)
TFP	−0.0379 (−1.3066)	−0.1080* (−1.6841)	−0.0169 (−0.5407)	−0.0235 (−0.7185)	−0.0226 (−0.6953)
WC	−0.0004*** (−2.6004)	−0.0007*** (−3.5296)	−0.0005*** (−3.3983)		
WPerGDP	0.6834** (2.0816)	−1.2231*** (−4.2457)	1.5604*** (4.0168)		
WGDPR	−0.0204 (−1.4196)	0.1231*** (3.7732)	−0.0625*** (−3.0226)		
WFIN	0.0191 (0.1477)	−0.1505 (−0.9178)	−0.0878 (−0.6771)		
WTRA	−0.0000 (−0.0565)	0.0007** (2.1223)	0.0008** (2.1750)		
WGE	−3.4256 (−1.1945)	−8.3445** (−2.2495)	2.5247 (0.6821)		
WURBAN	0.0131 (0.6394)	0.0533*** (3.3363)	−0.0414* (−1.8418)		
WHUM	−0.2943*** (−2.6721)	0.0474 (0.3848)	−0.1499 (−1.2896)		

续表

变量	SDM 模型			SEM 模型	SAR 模型
	地区固定	时间固定	双固定	双固定	双固定
WTFP	0.0399 (1.2523)	−0.0006 (−0.0048)	0.0601 (0.9730)		
Spatial					
ρ	0.1273* (1.8341)	0.0937 (1.1664)	−0.0255 (−0.3409)		−0.0044 (−0.0599)
λ				0.0165 (0.1992)	
N	310	310	310	310	310
R^2	0.0012	0.1516	0.0623	0.3421	0.3422

注*、**、***分别表示在10%、5%、1%的水平上显著，括号内为 z 值。

同样，由于空间计量中自变量的回归系数不能简单视为其对因变量的边际影响，仍需要将双向 FDI 协同对工业结构升级的影响区分为直接效应、间接效应与总效应，结果如表 8-14 所示。SDM 模型和 SAR 模型的分解效应显示，直接效应显著为正，这进一步印证了本区域双向 FDI 协同发展水平越高，其带来的技术溢出能够有效促进本区域工业结构升级。这可能是因为 FDI 技术溢出能够促进区域内以及区域间的要素流动，从而带来因高端价值链转移而缺失或挤出的人才、信息等资源，补充未能通过 OFDI 逆向技术溢出获取的先进技术，而 OFDI 也通过优化资源结构和剥离低端环节为大规模引入外资留足了空间。在这种协同体系下，高端产能不断引进，低端产能持续输出，二者形成良性循环推动工业结构的高级化，从而带来更丰富的 FDI，培育更成熟的、技术型的 OFDI，使相邻区域受益，进而正反馈于本区域的工业结构。

但从表 8-14 中的 SDM 模型分解结果来看，间接效应显著为负，与表 8-13中显著为负的 *WC* 系数也保持了一致。这说明相邻区域双向 FDI 的良性协调可能会产生虹吸效应，吸引本区域的 FDI 或既有资本流入相邻区域，导致本区域的双向 FDI 协同水平下降，从而不利于本区域工业结构升级。综合来看，直接效应的促进作用与间接效应的阻碍作用相抵消，也就导致了总效应的不显著，但这并不是说双向 FDI 协同技术溢出对工业结构升级就不存在空间效应。总效应衡量的是某一个区域双向 FDI 协同技术溢出对其他所有区域工业结构升级的平均影响，可能某些区域的直接效应远大于间接效应（或相反），因此在某些区域，双向 FDI 协同发展对相邻区域工业结构升级的促进作用很显著，反之亦然。这也进一步体现了空间分析的异质性。

表 8-14 双向 FDI 协同技术溢出影响工业结构升级的直接、间接、总效应

变量	SDM			SAR		
	直接效应	间接效应	总效应	直接效应	间接效应	总效应
C	0.0004*** (3.9856)	−0.0005*** (−3.3594)	−0.0002 (−1.1764)	0.0001* (1.7204)	0.0000 (0.0471)	0.0001* (1.6999)
PerGDP	−0.2839 (−1.3427)	1.5392*** (4.1189)	1.2553*** (3.7225)	0.1342 (0.7713)	−0.0016 (−0.1031)	0.1326 (0.7698)
GDPR	0.0072 (0.8431)	−0.0601*** (−2.7802)	−0.0529** (−2.1920)	0.0056 (0.6488)	0.0001 (0.0703)	0.0057 (0.6478)
FIN	−0.1541** (−2.1920)	−0.0834 (−0.6430)	−0.2375* (−1.6882)	−0.1116* (−1.7175)	−0.0006 (−0.0604)	−0.1122* (−1.6925)
TRA	0.0004* (1.9397)	0.0008** (2.1609)	0.0012*** (2.7628)	0.0005** (2.4653)	0.0000 (0.0083)	0.0005** (2.4542)
GE	0.1498 (0.0958)	2.2897 (0.6460)	2.4395 (0.6563)	0.9673 (0.6563)	0.0011 (0.0086)	0.9684 (0.6477)
URBAN	−0.0246*** (−2.5774)	−0.0392* (−1.6733)	−0.0638*** (−2.8131)	−0.0076 (−0.8660)	0.0000 (0.0380)	−0.0075 (−0.8605)
HUM	0.1180** (2.3007)	−0.1370 (−1.2052)	−0.0190 (−0.1564)	0.1199** (2.2961)	0.0008 (0.0785)	0.1207** (2.2211)
TFP	−0.0142 (−0.4635)	0.0561 (0.8950)	0.0418 (0.5913)	−0.0197 (−0.6162)	−0.0003 (−0.0948)	−0.0200 (−0.6156)
N	310	310	310	310	310	310
R^2	0.0623	0.0623	0.0623	0.3422	0.3422	0.3422

注：*、**、*** 分别表示在 10%、5%、1%的水平上显著，括号内为 *z* 值。

六、本章小结

本章我们实证检验了 FDI、OFDI 以及双向 FDI 协同对工业结构升级的空间溢出效应。空间计量结果表明 FDI、双向 FDI 协同对工业结构升级存在促进作用，OFDI 与工业结构升级之间存在 U 形关系。FDI、双向 FDI 协同对工业结构升级的影响存在空间溢出效应，某区域的工业结构升级不仅会受到本区域 FDI 和本区域双向 FDI 协同的正向影响，也会受到其他区域 FDI 的正向影响和其他区域双向 FDI 协同技术溢出的负向影响。OFDI 对工业结构升级的影响未表现出显著的空间效应。

第 三 篇

拓展分析

第九章　科技中介服务、国际技术转移与工业结构升级

国际技术转移可以推动工业结构升级，而科技中介服务是连接技术与产业的沟通桥梁。科技中介服务可以大幅降低获取科技成果的难度，是促进技术创新、带动工业结构转型的主要动力和重要渠道。同时，科技中介服务又可以显著增加国际技术转移的效率，促进高质量技术成交，从而实现工业结构升级。基于此认识，我们对科技中介服务通过提升国际技术转移效率来推动工业结构升级进行了理论分析，并利用2010～2020年省级面板数据，研究了科技中介服务、国际技术转移效率与工业结构升级之间的关系。结果表明，科技中介服务对我国工业结构升级起到了促进作用，且主要是通过提高国际技术转移的效率实现的。

一、引言

科技中介服务体系是国家创新体系的组成部分，主要面向社会开展技术扩散、成果转化、创新资源配置和传播科学技术知识等专业化服务。在国际技术转移的过程中，科技中介服务是连接产业与技术的桥梁，是将引进的科技成果进行产业化、社会化的重要手段，也是影响国际技术转移绩效的关键因素之一。科技中介服务也是国际技术转移体系中一个非常重要的渠道。科技中介服务的功能主要包括整合科技资源、推动技术转移、加速技术信息传递、连接技术供需双方等。科技中介服务机构分担了技术供方复杂的技术转移工作，使技术转移趋于专业化和程序化，在很大程度上协助供求双方有效地克服市场阻碍、促进区域技术创新和技术扩散。

在技术创新体系中，大学或研究机构是技术的提供者，企业是技术的使用者，技术转移服务中介是连接技术提供者与使用者的桥梁，是促进创新的催化剂。在现实中，越来越多的制造企业已经广泛采取同第三方科技服务

组织协同创新的模式。科技服务中介作为专业知识拥有者和生产者，日益成为制造企业理想的合作伙伴，二者之间的互动创新过程日益紧密和广泛。利用科技中介的技术转移机制，可以进一步提高技术的传播、扩散和应用效率。此外，它可以充分激发创新主体技术转移活力，发挥企业技术转化主体作用，有效解决企业与研发机构之间信息不对称的问题，提高科技成果转化率。如何更好地发挥科技中介机构的“桥梁”和“纽带”作用为企业和经济社会发展服务，逐渐成为政府、学界和业内人士关注的问题。因此，我们有必要对国际技术转移、科技中介服务发展水平和工业结构升级之间的关系进行深入分析。

二、国内外实践经验

(一)我国以技术转移为导向的中介服务的实践经验

在改革开放之初，我国以科技中介服务为渠道对国际技术进行转移的实践和研究较少，一方面是因为20世纪技术转移的科技中介机构尚在萌芽期，另一方面是因为中国以引进学习国外的技术为主，技术转移研发体系和应用体系尚不完善，而科技中介存在于技术转移的机制研究中，其作用还有待进一步的验证和实践。随着跨国公司的兴起，中国企业对国外的机构、治理机制、企业制度进行学习和对比之后，科技中介服务体系逐渐显露出轮廓。

一方面，多年以来，科技中介机构的建立开始有较强的依靠，有的依附大学成为大学科技园，有的依附企业成为企业孵化中心，另有一些在政府的帮助下成为专门的科技中介服务中心，大学、企业或政府为技术转移机构提供资金、人才等支持。另一方面，科技中介机构作为联系商业界、产业界与高校学术界的桥梁和纽带，对促进科技与经济互动，加速科技成果转化有重要作用。早在1994年，中国就出现了技术孵化中心，当时被称为“华东最大科技孵化中心”的山东省枣庄高新技术产业开发区科技孵化园建成启用后，为当地和国内外科研部门、生产企业到该开发区进行新产品中试或小批量生产提供了全程服务。随着科技的日新月异，技术转移平台与互联网结合，在线技术转移平台的实时、海量、开放等特点能削弱信息不对称，打破时间和空间的局限，是对传统渠道的重要补充。2008年，科技部根据《国家技术转移促进行动实施方案》和《国家技术转移示范机构管理办法》，确定清华大学国家技术转移中心等76家机构为首批国家技术转移示范机构。截至2015年年底,已确定六批共455家机构为国家技术转移示范机构。时至今日,多地已建立孵化中心、技术转移平台、技术转移机构,有的甚至直接以高校作为技术转移中介。

安同良和刘伟伟等在对中国长江三角洲地区(上海、江苏、浙江)技术转移的渠道研究中发现,上海科技中介服务渠道的技术转移效应显著,并且对技术进步的促进作用明显①。作为全国及长三角地区的创新中心,上海不断发展和完善的四大市场(资本市场、技术市场、产权市场、人才市场)进一步增强了其作为技术中介中心在长三角地区的服务功能。2009年,上海共签订技术咨询和技术服务19810项,共计42.99亿元。相比之下,苏浙地区的科技中介机构专业化程度较低、规模偏小、效益较低、服务功能单一、交易手段落后,能提供研究决策与咨询、科技资产评估与风险投资服务的机构非常少,从而很难从实质上为制造业的技术进步提供支撑。但是长三角地区作为一个区域经济的联合体,江苏、浙江的企业可以通过上海发达的科技中介服务,提高自身的技术水平。

(二)国外以技术转移为导向的中介服务的实践经验

西方国家十分注重发挥科技中介服务推动国际技术转移的重要作用。从作为技术转移的渠道来看,国外技术转移的中介服务机构主要分为公共技术转移中介服务机构和民间技术转移中介服务机构两种类型。公共技术转移中介服务机构是指由政府推动、支持的机构组织,如美国的国家技术转移中心(NTTC)、日本的科学技术振兴机构(JST)以及法国的科技部技术转移总署(AN-VAR),主要负责从科技、经济发展的战略高度和长远目标出发,对国家整体的技术转移相关活动进行宏观调控。民间的技术转移中介服务机构是指由大学等研究机构或其他私人投资建设的技术中介组织。各种性质、功能不同的科技中介服务机构形成多操作主体、多服务层次的技术中介服务体系,可以为不同的对象提供各种技术中介服务。

1.美国的市场主导、政府引导模式

第一,组织体系。美国科技中介服务业发达,科技中介服务机构层次清晰、种类众多。总的来看,其组织模式为市场主导、政府引导,主要划分为三个层次。

(1)官方性质的科技中介服务机构。美国的官方科技中介服务机构在

① 安同良,刘伟伟,田莉娜:《中国长江三角洲地区技术转移的渠道分析》,《中国经济转型与发展研究》2011年第4期。

重要领域为国家收集、整理和分析科技信息，为国家提供科技政策咨询以及向社会传播、扩散科技信息。典型的官方科技中介服务机构为隶属于商务部的小企业管理局（SBA），其50%的经费来自联邦政府，专门为中小企业提供信息咨询、技术交流和管理培训服务，向缺少科研经费的公司提供贷款，帮助中小企业获得政府采购合同。

（2）半官方性质的联盟和协会组织。美国存在众多由政府和民间合作组建的科技中介服务联盟和行业协会，多采取会员制方式，帮助科技企业获取资金支持，寻找潜在的合作伙伴，改善管理水平，参与政府科技经济发展规划、措施的策划，负责政府部分科技项目的评审管理工作。旧金山湾区科技联盟（BARTA）负责加利福尼亚州的技术投资合作项目的评审推荐工作；全美企业孵化器协会（NBIA）是全球最大的孵化器地区性组织，有50多个国家的孵化器是其会员，承担会议组织与培训、孵化行业数据统计分析、企业孵化相关书籍出版以及政府和公司间孵化工作协调等任务。

（3）非官方科技中介服务机构。综合性强、市场化运作的营利性非官方科技中介服务机构是美国科技中介服务业的主体，主要包括大学技术转移办公室（TLO）、高科技企业的孵化器、特定领域的专业孵化机构。TLO主要进行技术转移，把科技成果转移到合适的企业，完成科研到产业的转化，反过来又把社会和产业需求的信息反馈给科研机构，推动大学、专业科研机构和企业的合作。斯坦福大学是美国高校中最早设立该办公室的成功实践者。1970年，斯坦福大学成立了技术转移办公室（Office of Technology Transfer，OTT），专门负责管理斯坦福大学的发明专利和技术许可。凡是斯坦福大学的技术和发明，对外授权和转让必须通过OTT进行。斯坦福大学OTT经过30多年的发展，累计许可收入达10亿美元，其中8.94亿美元留给了斯坦福大学和发明者。随后，其他高校效仿斯坦福大学也成立了OTT，并取得了不菲的收益，对发明者起了极大的激励作用。OTT逐渐成为美国大学主要技术转移和“以技术换教育研发资金”的手段。

第二，发展模式。美国的科技中介服务业遵循“市场主导，政府引导”的发展模式，在政府的立法保障与合理的政策性引导下，市场机制在科技中介服务业发展中发挥主导性作用。美国科技中介服务业的市场化特征显著，除保留少数公共服务层面的非营利性组织外，美国绝大多数科技中介服务机构为依照现代企业制度建立起来的法人公司，遵循“优胜劣汰”的市场竞争规则；对于非营利性机构，则由政府给予一定的政策扶持，引导其在公共层面发生作用。

2.德国的行业协会主导、政府引导模式

第一,组织体系。德国的科技中介服务业主要由行业协会和技术转移机构两类组织构成;政府主导建立大型技术转移机构,给予资金支持;通过税收优惠、政府采购等措施,积极引导中小科技企业发展,大力推动不同层次科技中介服务行业协会的发展;建立系统化的科技中介服务网络,不同类型的科技中介服务机构有自己明确的功能定位和相对固定的服务对象。

(1)行业协会。德国的行业协会已有数百年历史,门类众多,行业涉及面广,组织体系完善,主要由三大系统构成:德国雇主协会,德国工业联合会、手工业联合会、交通运输业联合会以及其他专业协会,工商协会。行业协会对政府的依赖度不大,与政府之间的联络也更加透明化,但它的中介服务功能十分强大,主要体现在信息、咨询、职业教育等方面。德国的各类行业协会在帮助客户企业进行信息搜集的基础上,对所搜集的信息进行筛选、分析和评估,为企业决策提供参考。成立于1856年的德国工程师协会(VDI)从事技术开发、监督、标准化、权利保护和专利等服务,进行工程师培训与继续教育,向政府、议会和社会提供科技咨询服务,推动技术转移;成立于1949年的德国弗朗霍夫应用研究促进会(FHG)则是德国乃至欧盟最著名的应用研究(主要采用"合同研发"方式)型公共科技研发中介服务机构。

(2)技术转移机构。德国的技术转移机构有政府设立和市场化运作两种类型,主要为中小企业服务提供技术咨询、科技创新服务、国内外专利信息的查询以及专利申请的咨询,为中小企业提供科研活动经费支持,帮助企业申请财政补助和欧盟科技创新经费,为企业在欧盟范围内寻找潜在的合作伙伴,大力推动技术转移,帮助科研院所、高校、企业的新技术、新产品进入市场。德国技术转移中心是全国性的非营利性公共科技技术转移平台,分支机构延伸到各州,其经费来自政府各州的科技基金会和各工行协会的企业会费,提供最基本的技术供需、专利等的信息查询和简单的咨询服务。民办官助的德国史太白促进经济基金会(STW)在国内外建立了庞大的分支系统,完全实行市场化运作,服务内容主要包括深层次技术咨询、研究开发、人力培训、评估评价、国际性技术转移及企业管理运营等。

第二,发展模式。德国科技中介服务业发展遵循"行业协会主导,政府引导"的发展模式。各类行业协会是德国科技中介服务业的主导性力量,也是德国科技中介服务体系的特色,大力推动不同层次科技中介服务行业协会的发展,严格行业自律,建立系统化的科技中介服务网络,面向市场提供服务;政府的作用是通过立法和资金支持、税收优惠、政府采购等对科技中介服务业的发展予以支持和引导。

3.日本的政府主导模式

第一，组织体系。日本科技中介服务体系的执行主体主要包括政府指定事业法人机构、民间科技中介服务机构和外资系统与银行系统的大型科技咨询机构这三类。

(1)政府指定事业法人机构。这类科技中介服务机构依法承担中央政府或地方政府委托的业务，主要为中小企业提供全方位的业务支援，承担政府专项拨款的实施，组织有关的资格认证考试，行使部分政府职能。隶属文部科学省的日本科学技术振兴机构是日本最重要的科技信息机构，也是日本资助基础研究、执行国家科技基本计划的主要机构之一，建立失败知识数据库、进行独创性研究成果育成、支援成果专利化；经费主要来自政府拨款，2015年事业预算中政府拨款约占总收入的94.8%，自有收入约占4.6%，其他收入约占0.6%；通过"委托开发"承担事关国计民生的重大战略性基础项目和较难商业化技术的研发，以"开发斡旋"形式担负风险小、实用性强的技术研发、推广和产业化。隶属经济产业省的日本中小企业事业团(JAMSEC)由政府全额出资，致力于为应变能力差的中小企业提供技术支持和融资担保服务。

(2)民间科技中介服务机构。日本的民间科技中介服务机构主要针对行业内或相关领域提供多层次、全方位的科技中介服务，主要包括各类咨询公司、高校、科研单位，典型机构有NTT经营研究所、富士通总研究所、大阪木村经营研究所等。股份公司制的关西LTO依托关西地区的国立、公立和私立大学，推进关西地区大学间的结合和大学科技成果转化。特殊法人机构日本农业协同组织(JA)为境内农民在生产、经营、销售等方面提供科技信息和咨询服务，协调农民与政府之间的关系。

(3)外资系统与银行系统的大型科技咨询机构。这类机构以大型财团和金融机构为后盾，参与尖端技术研发，为政府部门、大中型企业集团、跨国集团提供决策、技术、工程和管理咨询服务，典型机构有野村综合研究所、三菱综合研究所等。

第二，发展模式。日本的科技中介服务体系是第二次世界大战后在"科学技术创造立国"战略下以政府为主导建立起来的。政府指定的事业法人机构行使了政府的部分职能，很多事业法人机构直接由政府全额出资设立，并通过立法的形式确定政府在国立科技中介服务业发展中的主导性作用。除政府财政资金支持之外，日本政府实施了风险控制，设置了专项垫补资金降低公立科技中介服务机构的经营风险。民间科技中介服务机构自负盈亏,但也可在特定条件下向相关省厅或基金会申请风险补助。关系国计民生的重大战略性基础技术及产业化困难的技术委托国立中介服务机构进行开发,独创性成果育成、开发斡旋都离不开政府的强力支持。

前文提到:国际技术转移推动工业结构升级有两条通道,即产业效应和技术效应。通过第六章的实证分析,我们发现引进的先进技术通过产业效应和技术效应两条通道推动工业结构不断升级的效应不明显。从技术效应来看,技术引进、技术输出和技术转移总量均对我国工业技术进步存在正向引导关系,但它们之间却不存在协整关系,也就是说它们之间不存在协调变化的共同趋势。从产业效应来看,国际技术转移的产业效应可以通过“产业关联”“示范效应”和“外部激励”渠道带动东道国的工业结构升级,但前提是外来技术在水平上高于东道国企业。

我们所研究的科技中介服务作为延伸通道,通过平台促进各类技术转移和成果转化中介服务机构相互协作,整合技术评估、专利代理等功能,做厚加长技术转移服务链,增强技术转移服务能力,有利于改善死亡之谷问题,即很多科研成果没有办法走向市场,被埋没在从基础研究到商品化的途中。从技术转移的供给与需求的关系出发,技术转移的需求端主要考量技术实用性、可转化性、技术风险、利润回报周期等因素。企业(特别是中小企业)对成熟实用的快速盈利技术表现出浓厚的兴趣,较少顾及长效投资及高、精、尖技术。而技术转移的供给端基于科研政策导向以及惯性科研行为模式,产出科研成果多系前沿高、精、尖技术,技术实用性、成熟度尚待市场检验。这样技术转移的供给端与需求端之间就存在一个断裂带。一方面,供给端的科研成果没有市场需求,被束之高阁而处于沉睡状态。另一方面,由于技术需求没有供给源头,因而需求端无法引进科技成果提升产品性能以满足消费者需求。科技中介服务能在一定程度上改善供需结构性矛盾导致供给端科技成果过剩与需求端短缺并存问题,进而提高科技成果转移转化绩效。

此外,科技中介服务渠道还有利于通过增强技术自主创新能力、加强技术引进的产业导向等,强化国际技术转移的有效性,推动工业结构升级。国际技术转移与科技中介服务的交互作用也有利于提高国际技术转移效率,推动工业结构升级。现有研究认为,技术进步是产业结构实现优化升级的重要条件。丁云龙和李玉刚认为,创新能力的提升是调整产业结构的必要手段,通过提升创新能力可以实现资源的重新集聚,从而达到产业跨越和高端产业集群的目的①。同时,我国30多年技术引进的经历也表明,在全球化的大环境下,技术引进需要同本国的工业结构升级高度契合,从全局性、战略性角度考量对科技中介服务的运用,才能有效实现国家创新能力提升和工业振兴。

三、文献综述与理论机制

(一)概念界定

在我国,科技中介服务业是一项"新兴"产业,在国际上其行业发展又随着新技术革命的到来不断呈现新的发展特点和趋势。因此,对现代科技中介服务体系的界定是一个综合性的问题,需要对其内涵和外延进行提炼和概括,同时准确认知现代科技中介服务业发展的新趋势。然而,国内外学者对科技中介服务、科技中介服务业和科技中介服务机构这三个概念均有不同的界定,尚未形成统一标准,也基本上未进行严格区分。

科技中介服务向客户提供的是经过信息加工和处理的知识产品,它是具有处在科技生产者和使用者中间功能的机构,为客户提供的是知识型的中间产品和服务。杰里·豪威尔斯指出,科技中介服务主要关注知识信息的组织加工服务和信息技术的增值服务,科技中介活动是创新顾问性活动、技术和知识经济活动、知识和服务的桥梁供应活动②。王立英认为,科技中介服务是在创新活动的各个环节提供与科技密切相关的一切服务,包括科技成果的鉴定和评估、科技咨询和科技要素(技术、人才、资金等)咨询服务③。总之,科技中介服务是沟通生产者和消费者的知识密集型中间产品和服务。

迄今为止,人们已经认识到,科技中介服务具有知识密集的属性。科技中介服务的功能已经不局限于将技术活动衔接起来的"中介"活动。长期以来,人们对科技中介服务的认识主要是指狭义的技术中介服务,即围绕科技成果转化、转移等内容开展服务,形式主要为技术交易市场、技术转移中心、

① 丁云龙,李玉刚:《从技术创新角度看产业结构升级模式》,《哈尔滨工业大学学报(社会科学版)》2001年第1期。

② Howells, J.,2006:"Intermediation and the role of intermediaries in innovation", *Research Policy*, May.

③ 王立英,董兴林,马媛,等:《高校科技成果转化过程中的风险识别与度量》,《科技管理研究》2008年第6期。

生产力促进中心、科技孵化器。随着社会知识分工的细化,科技中介服务的范围和形式已经得到显著拓展,涵盖了创新活动的全部环节。例如,研发和设计活动从研究机构和生产企业中独立出来,出现了独立的研发和设计服务组织。再如,提供技术改造服务、产品检验检测和质量认证服务等活动也形成了独立的业态。值得关注的是,许多地区已经将科技服务中介行业上升到战略性新兴产业的高度,认识到科技服务中介行业虽然产值不高,但对传统产业的转型升级具有比较强的辐射和加速作用。

科技中介服务机构是促进、协助科技成果应用或转化的公司、机构和个人,他们通过为不同组织搭建相互联结的平台,并为其提供中介、联系和知识传递等活动,来推动科技成果的有效应用或科技成果的成功转化。萨克森宁认为,科技中介服务可以在形成知识转移的关系网中起关键作用,其研究发现企业与中介机构交流合作的过程能促发新的创意产生,是企业技术创新的重要源泉①。苏亚雷斯等发现中介机构可以通过实现地理上分散的不同主体之间的充分联系,加快解决创新问题的知识和能力的结合②。科技中介机构是科技成果转化的重要参与主体,其在科技成果转化中的作用到位与否直接决定着科技成果转化率的高低。

(二)理论机制

现有文献中,对科技中介服务引致工业结构升级的研究较少,主要集中在技术转移造成的技术创新能力提升引致工业结构升级的机制渠道上。谢婷婷和赵莺认为,科技创新对于产业结构升级的效应呈现非线性效应,但整体上呈现促进作用③。贾仓仓和陈绍友基于经济发展新常态,发现科技创新对产业结构高级化有显著的推动作用④。技术转移活动的复杂性要求技术中介组织提供专业化的服务。许多学者提出,应强调科技中介服务机构不仅仅起"牵线搭桥"的作用,还可通过其专业化的服务成为技术创新活动的重要主体。科技中介服务机构的参与使技术转移活动趋于专业化和程序化,提高了技术转移的效率。具体作用机制分析如下:

---

① Saxenian, A.,1990:"Regional networks and the resurgence of silicon valley", *California Management Review*, January.

② Soares, A., Soltani, E. and Liao, Y., 2017:"The Influence of supply chain quality management practices on quality performance: an empirical investigation", *Supply Chain Management*, February.

③ 谢婷婷,赵莺:《科技创新、金融发展与产业结构升级——基于贝叶斯分位数回归的分析》,《科技管理研究》2017 年第 5 期。

④ 贾仓仓,陈绍友:《新常态下技术创新对产业结构转型升级的影响——基于 2011～2015 年省际面板数据的实证检验》,《科技管理研究》2018 年第 15 期。

1.显著增加技术转移渠道,促进高质量技术成交

霍普和奥兹德诺伦提出了一个技术中介参与下的交易者行为分析的理论框架,认为技术转移中介能够减少大学研究人员和企业间技术交易的不确定性和逆向选择问题[①]。贝桑特将科技中介比作为技术转移的"桥梁",并指出专业化的科技中介服务会促进区域技术转移呈飞跃式发展[②]。技术转移机构在推动技术商业化的同时,其更为重要的作用是通过提供服务促进技术推广和普及。方世建和史春茂比较了有中介人参与和没有中介人参与两种交易方式,发现没有中介人参与时,高质量技术难以成交,市场上实现的主要是低质量技术的交易[③]。

马萨等指出中介机构在其他创新主体之间起到纽带连接的作用,可以有效配对企业与供应商、客户、高校科研院所甚至竞争对手之间的合作[④]。刘志迎和沈磊等认为,在高中介服务力下,中介机构的资源、信息与服务更易被获得,能更有效地解决企业与其他主体合作过程中所遇到的难题,加快企业创新步伐[⑤]。王宇发现,在科技成果与市场对接的过程中,科技中介发挥桥梁作用,科技中介由具有技术背景、市场资源和科技成果转化经验的技术经纪人团队组成[⑥]。他们以前瞻性战略性产业的发展和现有产业转型提升的需求来筛选优质科技成果,为成果转化注入市场逻辑,并为科技成果产业化提供专业化服务。

2.提供专业化服务,克服科技成果转化难题

技术许可一般为一次性交易,信息不对称问题可能引起道德风险,而科技中介机构则有助于解决科技成果转化过程中的信息和资源不对称问题,降低交易成本。克莱顿等认为科技中介机构能将创始人与广泛的资源、网络和创业支持联系起来,克服科技成果转化过程中的信息和资源不对称的问题[⑦];在科技成果转化过程中,科技中介机构能够提供法律、技术评估和

① Hoppe, H. C. and Ozdenoren, E., 2005: "Intermediation in innovation", *International Journal of Industrial Organization*, May.

② Bessant, J. and Rush, H., 1995: "Building bridges for innovation: the role of consultants in technology transfer", *Research Policy*, January.

③ 方世建,史春茂:《技术交易中的逆向选择和中介效率分析》,《科研管理》2003 年第 3 期。

④ Massa, S. and Testa, S., 2008: "Innovation and smes: misaligned perspectives and goals among entrepreneurs, academics, and policy makers", *Technovation*, June.

⑤ 刘志迎,沈磊,韦周雪:《企业开放式创新动力源的实证研究》,《科学学研究》2018 年第 4 期。

⑥ 王宇:《创新生态视角下科技成果转化的机制设计》,《现代经济探讨》2021 年第 11 期。

⑦ Clayton, P., 2018: "Behind the scenes: intermediary organizations that facilitate science commercialization through entrepreneurship", *Academy of Management Perspectives*, January.

交易等专门的服务，以及有关技术许可等科技成果转化的有效解决方案，且通过提供一系列专业化服务来促进科学研究的商业化。海特认为孵化器、加速器、科技创新服务平台、科技成果转化法律服务机构等科技中介机构能够为高校科技成果转化提供专门的服务①。林克等发现科技中介组织能够显著促进基于高校的技术许可等科技成果转化效率②。

3.降低信息流通成本，激发技术转移意愿

技术中介对授受双方关系的作用主要体现为沟通支持，即信息沟通、增强互信及协调冲突。技术转移实际上是通过技术授受双方之间的信息传输实现的，技术中介降低了信息流通的成本，也为授受双方提高信息开放度提供了保障。在技术转移过程中，由于授受双方来自不同组织，有着不同组织文化和价值体系，沟通不良会造成信任缺失。技术中介的沟通支持作用表现为调解争议和监督履约，许多中介协议往往约定中介方监督合同履行，由中介机构监督技术服务的实施、验收，有的合同约定将许可费用转入中介机构的账户，由其进行分期划拨。

美国经济学家泰格通过对近 30 例技术转移的统计分析，得出结论：在技术转移过程中，技术中介服务机构作为中间人传递信息的作用是不可忽视的。杰格特桑等的研究强调，沟通的深入程度将会影响技术转移的成败。格雷戈里和莫汉进一步证实，良好的互动是技术转移成功最主要的关键因素之一③。塔蒂康达和斯托克指出，组织间的互动首先就是沟通，进而才能建立协作关系，最终实现合作，沟通是合作的基础④。

4.提升企业的技术价值识别和吸收能力

李文鹣和梅强等认为，与外部服务机构合作能驱动企业知识搜索实践，实现跨领域知识搜索，进而提高企业识别知识和机会价值的能力，加快潜在的吸收能力向现实吸收能力转变，且能使知识吸收能力出现边际递增的上

① Hayter, C. S., 2016: "Constraining entrepreneurial development: a knowledge-based view of social networks among academic entrepreneurs", *Research Policy*, February.

② Link, A. N. and Siegel, D. S., 2018: "Generating science-based growth: an econometric analysis of the impact of organizational incentives on university-industry technology transfer", *The European Journal of Finance*, March.

③ Gregory, N. and Mohan, V., 2000: "A typology of project-level technology transfer process", *Journal of Operations Management*, March.

④ Tatikonda, M. V. and Stock, G. N., 2003: "Product technology transfer in the upstream supply chain", *The Journal of Product Innovation Management*, June.

升特征①。随着科技服务中介和企业的互动层次和水平的提高，其对企业知识吸收能力和知识存量的提升作用更显著，并且存在临界效应。因此，与服务中介建立联系、开展合作是科技型小企业知识吸收能力提升的重要前因变量。

豪威尔斯通过案例分析发现，科技中介在技术创新过程中提供的服务比一般认知层面的更加广泛，其中介功能随着时间推移更加完善②。因此，科技中介的职能范畴不仅仅局限于"中介"，还涵盖更高层面的合作研究职能。由此可见，技术转移机构不仅在改善技术转移体系连通性方面发挥桥梁与纽带的作用，而且在创造新技术和增强创新活力方面扮演重要角色。蒋浩等通过对我国技术中介现状及技术市场上相关技术中介的博弈模型的分析，得出技术中介不仅有利于技术成果的转化，而且有利于技术成果的创新，是技术市场服务体系的重要组成部分。

（三）研究假设

根据理论机制分析和我们曾对国际技术转移与我国工业结构升级机理的分析，可以得出国际技术转移是一项非常复杂的工作，且随着技术复杂性和专业性的提高，国际技术转移对专业的技术中介服务水平要求越来越高。国际经验表明，科技中介服务的发展水平是提升本国技术引进效率、推动工业结构升级的重要方式。然而，我国技术中介服务业发展刚刚起步，科技中介服务机构数量少、市场化程度不高，科技中介服务管理体系也尚不健全，这对技术的转移效率，尤其是引进消化吸收都将产生显著的影响。因此，在检验科技中介服务是否可以通过提升国际技术转移效率来推动工业结构升级之前，要对科技中介服务与工业结构升级的关系进行初步验证。由此，我们提出如下假设：

假设 9-1：科技中介服务业发展水平有利于推动工业结构升级。

假设 9-2：科技中介服务是提高国际技术转移效率进而推动工业结构升级的中介渠道。

---

① 李文鹏，梅强，田红云，等：《"服务中介—企业"互动与科技型小企业知识吸收能力演化动态关系研究》，《科技进步与对策》2018 年第 14 期。

② Howells，J.，2006："Intermediation and the role of intermediaries in innovation"，*Research Policy*，May.

四、回归模型的建立及变量选择

(一)模型设定

科技中介服务的发展水平是通过提升本国技术转移效率，推动工业结构升级的重要方式。知识生产函数广泛应用于研究技术进步和各种影响因素之间的关系，因此结合需要，我们改进了知识生产函数研究模型，来分析科技中介服务与工业结构升级之间的关系。我们以工业结构升级为被解释变量、以科技中介服务为解释变量，构建面板数据模型。我们基于 2010～2020 年中国省级面板数据，研究科技中介服务与工业结构升级的关系，对应研究假设 9-1，得到如下基准回归模型：

$$Structure_{it} = \alpha + \alpha_1 Services_{it} + \sum \alpha_m X_{it} + \mu_{it} + \gamma_{it} + \varepsilon_{it} \quad (9\text{-}1)$$

其中，下标 i 和 t 分别代表省份和年份；$Structure_{it}$ 为工业结构升级指数，即地区 i 在时间 t 时的工业结构升级情况；$Services_{it}$ 为科技中介服务机构指数，表示 t 时期省份 i 所拥有的科技中介服务机构数；X_{it} 表示影响工业结构升级的控制变量，根据已有文献选取以下控制变量，包括经济发展速度($Develop_{it}$)、对外经济开放度($Open_{it}$)、财政水平(Tax_{it})、金融深化程度($Fina_{it}$)、基础设施水平($Fras_{it}$)、城镇化水平($City_{it}$)和人力资本存量水平($Human_{it}$)；μ_i 和 γ_i 分别为省份、年份固定效应；ε_{it} 为随机误差项。

(二)数据来源

我们的样本期间选择为 2010～2020 年，选择以 31 省份作为研究对象。数据分别来自中华人民共和国统计局网站、政府文件、中国商务部网站，以及 2010～2020 年的中国火炬统计年鉴、中国工业统计年鉴、中国金融统计年鉴、中国科技统计年鉴和各省份统计年鉴等。

(三)变量选取

(1)工业结构升级($Structure$)：对于因变量的指标选取，根据已有研究发现①②，大多数学者选择从工业结构高级化方面衡量工业结构升级的提

① 戴魁早：《中国工业结构的优化与升级：1985～2010》，《数理统计与管理》2014 年第 3 期。

② 许家云：《互联网如何影响工业结构升级？——基于互联网商用的自然实验》，《统计研究》2019 年第 12 期。

升，为此，我们利用工业增加值来表示工业结构升级能力。

(2)科技中介服务(*Services*)：在科技中介服务指标的选取中，由于研究的重点在于科技中介服务对工业结构升级的影响，因此我们选择科技中介服务机构数据来衡量。因为各省份没有直接数据表明对科技中介服务机构的统计，在此根据肖国华等学者的研究，利用全国生产力促进中心数据来代替①。科技中介服务业的发展对于全面提高国家国际技术转移的绩效，促进产业结构优化升级具有重要的现实意义，因此对工业结构升级影响的估计系数显著为正。

(3)控制变量：为避免其他变量对估计结果的干扰，我们对以下相关变量予以控制：经济发展速度(*Develop*)，采用人均 GDP 来表示；对外经济开放度(*Open*)，采用进出口总额占 GDP 的比重来表示；财政水平(*Tax*)，采用税收收入占 GDP 的比重来表示；金融深化水平(*Fina*)，采用年末存贷款余额占 GDP 的比重来表示；基础设施水平(*Fras*)，采用高速公路线路里程来作为基础设施发展水平的衡量指标；城镇化水平(*City*)，采用城镇人口占城镇人口和农村人口的比重；人力资本水平(*Human*)，采用所在城市高等学校的在校生人数与 6 岁及以上人口之比来表示。各变量的描述性统计分析如表 9-1 所示。

表 9-1　主要变量的描述性统计分析

变量	变量定义	(1)	(2)	(3)	(4)	(5)
		观测值	均值	标准差	最小值	最大值
Structure	工业结构升级	310	0.577	1.389	0.00191	21.14
Services	科技中介服务	310	4.177	2.045	0.183	6.987
Develop	经济发展速度	310	10.73	0.473	9.464	12.01
Open	对外经济开放度	310	421.4	460.4	10.99	2,266
Tax	财政水平	310	0.0860	0.0279	0.0443	0.188
Fina	金融深化水平	310	3.390	1.122	1.688	7.552
Fras	基础设施水平	310	8.026	0.905	3.633	9.258
City	城镇化水平	310	57.40	13.43	22.67	89.60
Human	人力资本水平	310	0.136	0.0730	0.0239	0.505

① 肖国华，王江琦，魏剑：《我国专利技术转移评价指标设计及应用研究》，《情报科学》2013 年第 3 期。

五、实证结果及分析

(一)基准回归结果

在进行中介回归分析前,我们以工业结构升级能力(*Structure*)作为被解释变量、以科技中介服务(*Services*)作为被解释变量进行面板模型构建。研究假设 9-1 的回归结果如表 9-2 所示。第(1)列中仅对科技中介服务和工业结构升级进行回归,在控制省份和时间固定效应的情况下,估计系数在1%的水平上显著为正,表明科技中介服务机构显著提升了工业结构升级。第(2)列到第(6)列中依次加入了所有的控制变量,解释变量工业结构升级系数仍然保持1%水平上显著为正。从表 9-2 中可以看出,无论控制变量是否加入固定模型中,科技中介服务(*Services*)变量系数都显著为正,说明科技中介服务机构对工业结构升级会产生显著的正向影响关系,验证了研究假设 9-1,证实了科技中介服务对工业结构升级的促进作用。

表 9-2 基准回归结果

变量	(1)	(2)	(3)	(4)	(5)	(6)
	HINS	*HINS*	*HINS*	*HINS*	*HINS*	*HINS*
Services	0.0490***	0.0803***	0.0911***	0.0926***	0.0843***	0.0892***
	(0.0133)	(0.0134)	(0.0118)	(0.0132)	(0.0158)	(0.0172)
Develop		0.604***	0.587***	0.604***	0.719**	0.642*
		(0.121)	(0.123)	(0.128)	(0.304)	(0.319)
Open		0.0006***	0.0007***	0.0007***	0.0008***	0.0009***
		(0.0001)	(0.0001)	(0.0001)	(0.0001)	(0.0001)
Tax		−2.805	−2.261	−2.274	−1.503	−1.309
		(2.353)	(2.258)	(2.366)	(3.297)	(3.191)
Fina			0.108	0.118	0.138*	0.109
			(0.0807)	(0.0770)	(0.0799)	(0.0768)
Fras				0.0152	0.0159	0.00237
				(0.0647)	(0.0659)	(0.0696)

续表

变量	(1)	(2)	(3)	(4)	(5)	(6)
	HINS	*HINS*	*HINS*	*HINS*	*HINS*	*HINS*
City					0.0137 (0.0228)	0.0141 (0.0227)
Human						2.113* (1.235)
Constant	0.720*** (0.0312)	7.103*** (1.052)	7.190*** (1.037)	7.307*** (1.041)	7.818*** (1.781)	7.266*** (1.860)
Observations	310	310	310	310	310	310
R-squared	0.044	0.346	0.349	0.345	0.347	0.351
Number of id	31	31	31	30	30	30

注:括号内为稳健标准误差,*** 表示 $p<0.01$,** 表示 $p<0.05$,* 表示 $p<0.1$。

在控制变量中,无论是经济发展速度(*Develop*)还是对外经济开放度(*Open*),它们与工业结构升级有显著的正相关性。经济发展速度(*Develop*)在加入所有控制变量时在10%水平上显著,说明经济发展水平不仅能够直接提升工业结构向高质量升级,而且极大地提升了对外部溢出知识的消化吸收能量。经济发展水平越高,科技中介服务技术转移效应越大,对工业结构升级的作用也越大。在对外经济开放度(*Open*)越高的地区,与发达国家技术交流机会越多,获得技术转移的机会也就越多,科技中介机构设立的数量就越多,外资流入较多的行业具有较高的国际科技转移倾向。人力资本水平(*Human*)越高的地区,越能够满足工业结构升级所需的高技术人才,对工业结构升级提升的作用也越大。其他控制变量中,财政水平(*Tax*)、金融深化水平(*Fina*)、基础设施水平(*Fras*)和城镇化水平(*City*)的显著性并不稳定。

(二)科技中介服务对技术转移工业升级效应的中介作用检验

理论机制分析表明,科技中介服务的参与使技术转移活动趋于专业化和程序化,提高了技术转移的效率,进而影响了工业结构升级。为此,我们根据作用机制分析,结合基准模型式(9-1),采用逐步因果法中的中介效应模型对此进行考察,具体模型设定如下:

$$Structure_{it} = \beta_0 + \beta_1\, Services_{it} + \beta_2 \sum Z_{it} + \mu_i + \gamma_i + \varepsilon_{it} \qquad (9\text{-}2)$$

$$D_{it}=\alpha_0+\alpha_1 Services_{it}+\alpha_2 \sum Z_{it}+\mu_i+\gamma_i+\varepsilon_{it} \quad (9\text{-}3)$$

$$Structure_{it}=\theta_0+\theta_1 Services_{it}+\theta_2 D_{it}+\theta_3 \sum Z_{it}+\mu_i+\gamma_i+\varepsilon_{it} \quad (9\text{-}4)$$

其中，D_{it}为中介变量；$\sum Z_{it}$为控制变量。根据作用机制分析，我们选择国际技术转移效率（*Efficiency*）作为中介变量。如果系数β_1、α_1和θ_2都显著，θ_1比β_1更小或者不显著，则存在中介效应，说明得益于国际技术转移效率的溢出效应，科技中介服务会通过增强国际技术转移效率从而提升对工业结构升级的积极影响。国际技术转移是投入与产出较多的复杂活动，其效率指标中的投入方面参考原长弘、肖国华等专家的研究①②，包括技术引进经费投入和研发人员投入，以技术引进合同金额、外商投资技术引进额和R&D活动人员全时当量来表现；产出方面主要包括国际技术转移所获得的成果与收入，产出指标包括发明专利申请授权量、技术转让合同数和技术转让合同金额，后两个指标表现国际技术转移的规模和转化强度。因此，我们利用数据包络法对31省份2010～2020年国际技术转移投入产出指标的数据进行计算。

科技创新能力是工业结构升级的根本动力，科技创新能力的增强又刺激着工业技术不断发展。那么，科技中介服务机构能否通过提升国际技术转移效率来刺激科技创新、带动工业技术发展，从而促进工业结构升级的提升？借助中介效应模型，我们对此进行探究，具体结果如表9-3所示。当国际技术转移效率（*Efficiency*）作为中介传导机制时，第（2）列中的科技中介服务（*Services*）估计系数都显著为正，说明科技中介服务能够增强国际技术转移效率，从而刺激技术创新。当被解释变量为工业结构升级时，第（3）列中的科技中介服务机构（*Services*）估计系数显著为正，国际技术转移效率（*Efficiency*）估计系数并不显著，因此进行Bootstrap检验，结果如表9-4所示。国际技术转移效率中介传导效应存在，并且是完全中介效应，证实了假设9-2，说明科技中介服务发展能够通过提升国际技术转移效率来刺激工业技术发展引致创新。科技的自由流动使得科技推动的创新机制体现了区域和产业发展的真实科技创新能力。因此，在推动工业结构升级的过程中，加快推动科技转化能力，不仅有助于促进国际技术转移效率提升，激发经济

---

① 原长弘，高金燕，孙会娟：《地方政府支持与区域市场需求规模不确定性对高校技术转移效率的影响——来自中国“211工程”大学的证据》，《研究与发展管理》2013年第3期。

② 肖国华，韩晔，朱一真：《基于DEA-RF-Tobit的我国省际技术转移效率及影响因素研究》，《世界科技研究与发展》2020年第1期。

主体活力，还可以提升科技中介服务技术扩散和成果转化的能力，从而驱动工业结构升级。

表 9-3　中介传导机制的估计结果

变量	*Structure*	*Efficiency*	*Structure*
	(1)	(2)	(3)
Services	0.122***	0.011***	0.137***
	(0.043)	(0.002)	(0.045)
Efficiency			−1.256
			(1.244)
Develop	0.865***	0.008	0.849***
	(0.236)	(0.006)	(0.237)
Open	0.001***	0.000***	0.001***
	(0.000)	(0.000)	(0.000)
Tax	−5.311	−0.167	−5.656
	(4.155)	(0.141)	(4.169)
Fina	−0.002	−0.001	0.003
	(0.116)	(0.004)	(0.116)
Fras	0.028	0.005	0.028
	(0.119)	(0.003)	(0.119)
City	0.029**	−0.003***	0.025*
	(0.014)	(0.000)	(0.014)
Human	0.922	0.494***	1.479
	(1.876)	(0.065)	(1.955)
Constant	7.805***	0.892***	8.914***
	(1.595)	(0.053)	(1.937)
Observations	392	477	392
R-squared	0.173	0.351	0.175

注：括号内为稳健标准误差，*** 表示 $p<0.01$，** 表示 $p<0.05$，* 表示 $p<0.1$。

表 9-4 中介作用检验结果汇总

项目	C 总效应	a	b	$a\times b$ 中介效应值	$a\times b$	$a\times b$ (z 值)	$a\times b$ (p 值)	$a\times b$ (95% BootCI)	C' 直接效应	检验结论
中介作用检验	6.059*	0.013**	59.666	0.752	0.012	65.073	0	0.013～0.058	5.307	完全中介

注：*** 表示 $p<0.01$，** 表示 $p<0.05$，* 表示 $p<0.1$。

(三)稳健性检验

1.置换工业结构升级变量

我们在选取工业结构升级变量时，运用工业结构高级化数据来衡量。除此之外，国内外相关文献一般认为，工业结构升级在向高级化和合理化转变，因而部分学者运用工业结构优化指标作为当年工业结构升级的成果，我们采用指标替换法将被解释变量替换成工业结构优化指标，即工业结构合理化，结果如表 9-5 第(1)列所示。结果显示在 10%水平上显著为正，表明更换工业结构升级变量后科技中介服务对工业结构升级提升仍具有显著积极影响。科技中介服务机构逐渐成为提升工业结构升级的新动力，不仅实现工业结构高级化的提升，在工业结构合理化上也发挥重大的作用。

表 9-5 稳健性检验：更换变量、剔除个值、缩短时间趋势和内生性检验

变量	更换变量	剔除个值	滞后一期	WLS
	(1)	(2)	(3)	(4)
Services	0.504* (0.296)	0.011** (0.005)	0.0646*** (0.0228)	6.986** (2.808)
Develop	−0.390 (1.108)	0.016 (0.031)	0.864*** (0.312)	−0.000 (0.000)
Open	−0.000222 (0.00111)	−0.000*** (0.000)	−0.000758*** (0.000168)	−0.000 (0.000)
Tax	19.04 (15.76)	−2.675*** (0.512)	−2.866 (2.686)	0.010 (0.012)
Fina	−0.237 (0.735)	0.040** (0.019)	−0.0106 (0.0746)	−0.000 (0.000)

续表

变量	更换变量	剔除个值	滞后一期	WLS
	(1)	(2)	(3)	(4)
Fras	−0.659	−0.050***	0.0542	−0.005*
	(0.507)	(0.014)	(0.0696)	(0.003)
City	0.0594	0.006**	0.0212	−89.001
	(0.144)	(0.003)	(0.0226)	(126.695)
Human	−9.282	1.622***	−0.781	13.767
	(10.94)	(0.303)	(1.120)	(8.938)
Constant	6.185	0.736***	8.495***	0.897
	(5.843)	(0.200)	(1.785)	(5.063)
Observations	310	162	279	222
R-squared	0.050	0.479	0.357	0.021
Number of id	30	26	30	30

注：括号内为稳健标准误差，*** 表示 $p<0.01$，** 表示 $p<0.05$，* 表示 $p<0.1$。

2.剔除个值和缩减时间趋势

为了避免个值影响，我们剔除北京、天津、上海和重庆这四个直辖市。同时，国务院在 2014 年发布《国务院关于加快科技服务业发展的若干意见》(国发〔2014〕49 号)，要求加快发展高技术、高科技转化的科技中介服务机构，加快科技转化发展，构建国家创新体系。考虑到这一变化很有可能对科技中介服务机构和工业结构升级产生影响，从而会影响结论的稳健性，因此我们选择处在 2014～2020 年区间内的样本再次进行回归。结果如表 9-5 第(2)列所示，科技中介服务估计系数在 5%水平下显著，说明科技中介服务驱动工业结构升级，我们的核心结论十分稳健。

3.内生性问题

考虑到模型可能存在遗漏变量导致的内生性问题，同时科技中介服务和工业结构升级之间也可能存在双向因果关系(科技中介服务的发展促进工业结构升级，同时工业结构升级越快的地区科技中介服务机构设立的可能越大)，因此需要对可能存在的内生性问题进行处理。我们加入工业结构升级的滞后一期(L.*Structure*)作为被解释变量，结果如表 9-5 第(3)列所示。结果显示滞后一期(L.*Structure*)在 1%水平上具有正向显著性且系数相较基准回归有所上升,说明在缓解内生性问题的前提下,所有检验结果与基准结果类似,能够证明科技中介服务机构的设立使得工业结构得到了快速的升级。考虑面板数据可能存在异方差、组内自相关和组间同期相关等问题,我们在表 9-5 中的第(4)列采用 WLS 方法进行估计。结果表明,科技中介服务机构有利于工业结构升级能力提升。所有检验结果与基准结果类似,能够证明设立科技中科服务机构后,工业结构升级能力得到了提升。

以上研究结果表明,在替换被解释变量、剔除个值和缩短样本时间区间、滞后一期、更换估计方法四种方法稳健性检验后,结论依然成立。

(四)异质性分析

1.细分不同地理区域的异质性回归分析

根据区位因素,我们按照东、中、西三大地理区域对省份进行划分。回归结果如表 9-6 所示,第(1)列中东部地区科技中介服务系数在 1%水平上显著,而第(2)列和第(3)列中西部和中部区域并未呈现显著性,说明东部地区科技中介服务机构对工业结构升级的影响效果大于中西部地区的效果。这是因为我国东部地区相较中西部地区政策措施完善、营商环境良好、人才储备丰富、开放程度高、城市包容性强、产业基础雄厚,更容易吸引科技中介服务机构的设立。

表 9-6　异质性分析估计结果

变量	地理区域			技术转移状况	
	东部	中部	西部	效率高	效率低
	(1)	(2)	(3)	(4)	(5)
Services	0.0811***	0.053	−0.127	0.056*	0.290
	(0.0274)	(0.043)	(0.0897)	(0.029)	(0.576)
Develop	0.899**	0.331	0.122	−0.056	0.115
	(0.435)	(0.602)	(0.320)	(0.122)	(0.516)
Open	0.000262	−0.001**	−0.00114*	0.000	−0.001
	(0.000391)	(0.000)	(0.000632)	(0.000)	(0.001)
Tax	−9.183***	−2.758	1.503	−4.040	7.391
	(2.530)	(3.517)	(5.962)	(2.499)	(9.166)
Fina	0.0792	0.204	−0.0240	−0.081	−0.600
	(0.143)	(0.211)	(0.124)	(0.084)	(0.575)

续表

变量	地理区域			技术转移状况	
	东部	中部	西部	效率高	效率低
	(1)	(2)	(3)	(4)	(5)
Fras	0.143 (0.116)	−0.499*** (0.157)	−0.0277 (0.118)	0.128*** (0.037)	−0.628 (0.649)
City	0.0282** (0.0111)	0.073** (0.034)	0.0166 (0.0216)	−0.005 (0.011)	−0.052 (0.123)
Human	3.219** (1.362)	1.346 (1.811)	−3.674** (1.838)	1.535 (1.483)	−6.158 (7.159)
Observations	110	100	100	150	160
R-squared	0.908	0.819	0.914	0.844	0.315

注:括号内为稳健标准误差,*** 表示 $p<0.01$,** 表示 $p<0.05$,* 表示 $p<0.1$。

2.细分不同技术转移状况的异质性回归分析

国际技术转移效率情况直接关系到技术创新和经济效益,考虑到不同国际技术转移效率可能会影响工业结构升级的发展以及科技中介服务机构对工业结构升级的影响作用,我们依据肖国华等的研究将不同技术转移效率的地区进行划分①,其中效率较高省份大多聚集在以北京为中心的首都经济圈和以上海为中心的长三角经济圈,效率还有待提升的省份大多分布在西部地区,具体估计结果如表 9-6 所示。结果显示,在国际技术转移效率较高的省份中,工业结构升级估计系数为 0.056 且在 10%水平上显著,而国际技术转移效率较低的省份则未体现出显著性,说明国际技术转移效率越趋于高效化,科技中介服务对工业结构升级的提升作用越强。

六、案例分析

我国科技中介服务业起步较晚,各类科技中介服务机构大多是 20 世纪 80 年代中后期在政府主导的统筹规划下产生并逐步发展起来的。山东省科技中介服务机构是国内最早开始发展的一批,经历了萌芽、转制试验、加

① 肖国华,韩晔,朱一真:《基于 DEA-RF-Tobit 的我国省际技术转移效率及影响因素研究》,《世界科技研究与发展》2020 年第 1 期。

速发展三个阶段。其组织形式主要有生产力促进中心、科技企业孵化器、科技咨询与评估机构、技术交易所、创业服务中心、科技风险中心、科技评估机构、专利代理机构等。因此，我们在对科技中介服务、国际技术转移和工业升级进行全面的理论与实证分析基础上，对山东省的情况进行了实地调研，使理论更好地服务于实践。

经过多年努力，山东省科技中介服务机构无论在规模、数量还是服务能力方面都取得了一定的发展，形成了较为完备的科技中介服务体系，在技术交易、成果转化等区域创新的各个环节上发挥着重要作用。当前山东进入经济发展新常态，创新成为经济增长的新驱动力，但科技中介服务业仍是短板，科技服务业发展还存在产业规模偏小、专业人才匮乏、市场化程度较低等问题，科技中介服务水平与先进省份还有一定差距。要找出阻碍山东省科技中介服务业发展的关键问题，我们需要从基础环境、政策演化和管理体制三个方面对山东省科技中介服务业的发展进行宏观把握。

(一)山东省科技中介机构发展迅速

山东省是我国的经济大省，山东省经济的持续性高速增长为科技中介服务机构的迅速发展奠定了雄厚的经济条件和市场需求基础。在良好的经济形势下，山东省政府机构、企事业单位对科技中介服务的需求也随之增长，科技企业孵化器、工程技术中心、国家火炬计划特色产业基地、科技成果技术研究推广中心、生产力促进中心、大学科技园等科技中介服务机构数量迅速增加，服务能力和服务质量稳步提升，山东省科技中介服务体系已经初步形成了服务网络化、模式多样化、能力专业化的发展格局。

"十二五"以来，山东省科技企业孵化器建设保持了较快的发展速度，成为培育科技企业和企业家的重要载体和"创新驱动、内生增长"的核心阵地。2011 年 4 月，山东省共有各类孵化器 60 余家。截至 2020 年，全省建有各级各类科技企业孵化器总数达 318 家，增长近五倍，省级以上各类科技企业孵化器达到 277 家，其中国家级孵化器 97 家，在孵企业 7591 家(高新技术企业达 500 家，当年新增在孵企业数达 1704 家，当年收入达 5 千万元企业数达 209 家)，毕业企业 887 家(累计毕业企业 9776 家)，在孵企业从业人数近 10 万人，孵化面积 424 万平方米，在建孵化器面积近 400 万平方米，在孵企业年销售收入达到 334 亿元。国家级科技企业孵化器总收入达 10 亿元，孵化基金总额 43 亿元，管理机构从业人员达 1558 人，创业导师达 2467 人，对公共技术服务平台投资额达 3.5 亿元。山东省高新技术企业孵化器的多元化、综合性和专业性发展趋势明显，在推动高新技术产业的发展和促进区域经济结构调整中发挥着越来越重要的作用。

2005年山东省共有生产力促进中心62家，2014年则发展到了111家，年均增长率为8.8%，其中2009年最多，增加了32家。这111家生产力促进中心年服务3万多家企业。2018年累计促成技术转移项目211项，成交金额17500万元，组织技术推广和交易活动176次，组织技术转移培训233人次，服务企业数量达1536家，解决企业需求956项。“十三五”期间，各生产力促进中心组织开展各类技术服务对接活动1000余次，对接人数5000余人次，发布国内外技术需求3600余条，发布校（院）科技成果1300余项次；开创性启动并实施了院地产学研协同创新基金，联合地方政府在枣庄、威海、临沂市兰山区、济南市槐荫区等市、区（县）建立了17项院地产学研协同创新基金，基金规模为7800万元/年，累计支持项目111项，支持资金9000多万元，撬动企业研发投入超过2.7亿元，促进科技成果转化合同额超1.1亿元。各生产力促进中心围绕区域科技经济发展需求，不断强化服务手段，突出服务特色，拓展服务领域，加强联动服务，科技中介服务能力和水平不断提高。自2008年被确定为全国生产力促进服务中心体系建设重点行动的9个试点省份之一以来，山东省按照“总体布局，条块结合，示范带动，特色立业，全面发展”的工作思路，积极构建全省生产力中心网络体系，为全省产业科技创新工作牵线搭桥，培育和扶持科技型中小企业，组织技术交易，提供技术咨询服务，发挥了龙头骨干中心的带头作用，促进了更广泛的合作与交流。生产力促进中心已经成为中小科技型企业创新发展的重要中介机构。

2020年，山东省共有国家工程技术研究中心36家，建设国家技术标准创新基地5个。平台建设提质增速，首批5家山东省实验室启动布局，建成省级“政产学研金服用”创新创业共同体30家，院士工作站392家。创新创业活力激发，35项成果获国家科学技术奖。国家企业技术中心198家，新增9家。国家科技型中小企业库企业18203家，增长91.3%。2004年山东省共建成省级以上科技成果技术研究推广中心64家，2008年则增加到了78家，2021年发展到177家。此外，山东省还建有山东大学国家大学科技园、中国石油大学国家大学科技园、青岛国家大学科技园、山东科技大学国家大学科技园和青岛科技大学国家大学科技园，这五个国家级大学科技园在促进全省科技成果转化、孵化高新技术企业、培养创新创业人才等方面发挥了重要作用。

（二）创新能力提升为山东省科技中介服务业注入发展动力

科技创新能力提升导致科技中介服务需求快速提升，推动了科技中介服务机构的发展。山东省科技创新能力不断增强，特别是进入21世纪以来，山东省的科技创新成效突出。以2020年为例，山东省全年专利申请337280件，同比增长28%，其中发明专利申请7.4万件，比2019年增长7.3%。各项专利授权23.9万件，登记科技成果2946项（基础理论成果628项，应用技术成果2296项，软科学成果22项）；取得国家级科技成果奖励成果31项（包括国家自然科学奖1项、国家技术发明奖2项、国家科学技术进步奖17项），省科学技术奖301项。区域创新能力保持全国前四位，良好的科技成果基础为中介机构的发展创造了条件。

创新能力的提升和创新成果的增多带来科技成果转化需求的提升，以技术交易市场为典型的技术转移中介机构得到迅速发展。如表9-7所示，近年来山东省技术交易市场呈现快速平稳增长的繁荣景象：山东省技术交易市场的技术合同成交数量总体上呈上升趋势，从2006年的5361项到2020年的73947项，年均增长4899项；技术合同成交额持续扩大，从2006年的24.75亿元到2020年的1953.9亿元，增长了79倍。2020年，山东省重大科技创新工程立项达100项，获得发明专利2674件。科技成果转化需求的进一步增加，为山东省科技中介服务业的发展提供了难得的发展机遇。

表9-7　2006～2020年山东省技术市场技术合同成交情况表

年份	2006	2007	2008	2009	2010	2011	2014	2015	2016	2017	2018	2019	2020
合同/项	5361	7071	6954	7753	7930	9069	17474	20651	22260	25947	34554	35505	73947
成交额/亿元	24.8	59.5	70.3	89.4	105.2	129.7	269	339.7	420.2	541.6	856.9	1152.2	1953.9

（三）山东省科技服务体系试点工作成效显著

山东省积极参与“科技服务体系火炬创新工程”；东营市石油装备产业提升服务体系建设、济宁高新区装备制造业研发设计能力提升服务体系建设被列入首批“科技服务体系试点”。东营市按照ISO9001质量体系标准细化了服务流程，建立了一整套服务标准，为区域石油装备产业技术转移服务行为提供工作依据和引导。济宁高新区积极推进“三级孵化”体系建设，探索实施了“创业导师＋投资担保”的新型增值服务模式，试点工作取得显著成效。生产力促进中心服务能力进一步提高，济南生产力促进中心的国际工业分包服务，烟台和山东生产力促进中心的新产品快速设计制造服务，济宁、临沂、宁阳等生产力促进中心的企业孵化及创业服务，泰山生产力促进中心的制造业信息化服务，曲阜、寿光生产力促进中心的“三农”服务，以及禹城、临沭、沂水、栖霞等生产力促进中心面向产业集群的专业技术服务等，已成为全国有较大影响力和竞争力的服务品牌。目前，国家技术转移机构总人数达 3179 人，法人机构总数达 27 家，促成项目成交总数 4449 项，其中战略性新兴产业项目成交 2847 项，公共财政项目成交 653 项，国际技术转移项目成交 84 项，重大技术转移项目成交 304 项；组织交易活动 1073 次，组织技术转移培训 74535 次，服务企业 16689 家，解决企业需求 7238 项。

七、本章小结

随着按下工业结构升级的“快捷键”，发挥科技中介服务机构的驱动功能，统筹国际技术转移能力发展，充分提升国际技术转移效率潜能，已然成为我国在后疫情时期构建国内、国际双循环经济格局的有效着力点。我们对科技中介服务通过国际技术转移推动工业结构升级进行了理论分析，运用 2010～2020 年我国省级面板数据，采用固定效应模型、中介效应模型等计量方法探讨了科技中介服务、国际技术转移效率与工业结构升级之间的关系，得到以下主要结论：第一，科技中介服务对工业结构升级具有显著的正向作用，在缓解内生性、替换被解释变量、剔除个值和缩短样本时间区间、变更估计方法等稳健性检验的基础上，上述结论依然成立。第二，科技中介服务对工业结构升级的影响存在显著的区域异质性。科技中介服务对工业结构升级的影响中，存在东部地区最显著，中部和西部地区未呈现显著的情况。并且在国际技术转移效率较高的地区，科技中介服务对工业结构升级的影响较为强烈，而技术转移效率较低的地区则影响较弱。这是因为我国科技中介服务机构整体水平还不高，而东部地区由于地理位置、人才流动、基础设施和政策扶持等优势，科技中介服务机构相比中西部地区发展较好，国际技术转移效率较高，技术创新溢出能力较强。第三，得益于国际技术转移效率的溢出效应，科技中介服务会通过增强国际技术转移效率从而提升对工业结构升级的积极影响。

第十章 人力资本流动、国际技术转移与工业结构升级

国际技术转移对工业结构升级有着重要的作用，但是许多研究认为国际技术转移发挥技术外溢效应是有条件的，其中区域人力资本状况就是重要条件之一。因此，我们认为人力资本流动是国际技术转移发挥溢出效应，促进工业结构升级的重要路径。我们通过改进知识生产函数构建回归模型，基于对我国2003～2019年省级面板数据的实证分析，得出以下结论：国际技术转移与流动人口的交互作用有助于提升工业结构升级，并且这种促进作用是深刻的。进一步地讲，流动人口的受教育水平不同将对技术转移的工业结构升级效应产生异质化效果，高技能的流动人口更能提高引进技术的利用效率，进而对工业结构升级发挥积极的作用。结论表明，在国际技术转移的作用下，高技能流动人口通过跨区、企业流动和本地化知识共享，促进知识传播，累积区域知识资本，对工业结构优化产生正向调节效应。

一、引言

改革开放以来，国际技术转移对我国工业结构升级起了重要的推动作用，但是许多研究认为这种推动作用是有条件的，其中区域人力资本状况是关键影响因素。随着经济全球化快速发展，人力资本的数量和质量决定了工业结构升级的步伐和进度。首先，拥有丰富的人力资本要素禀赋就相当于拥有了丰富的人口红利，新兴国家就具有了承接劳动密集型工业的优势。其次，高质量的人力资本也是吸引外商投资、促进技术转移的重要影响因素。工业结构的升级不断增加了对劳动技能的需求①，人力资本具有显著的溢出效应，可以提高劳动者的技能和生产率，促进工业结构向高级化和合

① 蔡昉：《如何认识我国劳动力供求形势》，《今日中国论坛》2012年第4期。

理化转变。因此，在工业结构升级的过程中，人力资本的积累对我国工业结构的优化起着重要的支撑作用。总体而言，拥有的人力资本水平越强，工业结构升级的能力就越强。人力资本是工业结构调整的基础，人力资本结构决定了工业结构的发展方向①。但是，人力资本与工业结构升级之间存在门槛效应，人力资本只有在超过一定门槛时，才能达到促进工业结构升级的效果。人力资本作为一种重要的生产要素，不断推动着各类技术的消化、吸收和应用，并诱发个体创新。人力资本的价值增长和变现是工业发展和升级的基础，让人力资本中蕴藏的价值充分发挥出来，是工业结构转型升级的关键。

跨区域流动的知识和技能，不仅促进了技术转移和知识本土化，更进一步推动了技术创新和技术结构升级，最终实现工业结构的转型升级。目前，我国人力资本结构存在区域差异，东部地区人力资本水平较高，多从事技术密集型产业和资本密集型产业，而中西部地区的人力资本多从事传统产业②。区域间人力资本的流动可以改变区域技术创新能力的发展，影响劳动密集型产业和技术密集型产业的发展，最终影响工业结构的调整。此外，不同层次的劳动力流动对流入地的工业结构也会产生不同的影响，高技能人力资本的流入会提高劳动生产效率和技术创新能力，推动劳动密集型产业向资本密集型产业和技术密集型产业发展③，而廉价劳动力的流入会使流入地人力资本集中在劳动密集型产业，因此不一定会促进工业结构升级④。在我国，流动性人力资本（流动人口）有相当一部分是受教育程度不高的农村剩余劳动力，所以他们对流入地的工业结构升级能力提升可能并没有显著影响。而农村剩余劳动力的另外一个特征是流动性强，这又恰好为技术转移发挥技术溢出效应提供了可能性。所以，对工业结构升级而言，人力资本在区域间的流动发挥了两方面的重要作用：一方面改变了区域间人力资本的分布状况，另一方面促进了国际技术转移的技术溢出效应。

---

① Liu, Z., 2020："Human capital and upgrading of industrial structure: an empirical study based on the countries along the 'belt and road'", *American Journal of Industrial and Business Management*, April.

② 蔡昉，王美艳：《中国人力资本现状管窥——人口红利消失后如何开发增长新源泉》，《人民论坛·学术前沿》2012 年第 4 期。

③ 蔡昉：《对中国城镇化研究中若干统计数据的辨析》，《城市与环境研究》2014 年第 2 期。

④ 樊士德：《劳动力流动对中国经济增长贡献显著吗——基于区域递归视角的经验验证》，《财经科学》2014 年第 1 期。

二、文献综述与研究假设

(一)文献综述

工业结构升级就是指工业结构向高级化和合理化转变,即由低附加值的劳动密集型产业转向高附加值的知识密集型产业①,本质上是不断提升产品附加值和对工业中占用和消耗各种生产要素的报酬率的过程②。知识资本水平是工业结构升级的动力源,通过提升一个地区或一个部门的生产效率和资源配置效率来对工业结构升级进行提升③。人力资本是区域创新网络的重要节点,人力资本流动是知识资本在区域内和区域间流动的重要载体。改革开放以来,流动人口为我国经济建设作出了重要贡献,这些人口大部分为跨省流动,并且总体素质不高。根据国家卫计委最新数据统计,2018 年流动人口动态监测数据显示,跨省流动人口占流动总人口的比重为 65.61%,省内跨市流动人口占流动总人口的比重为 26.07%,农业户口性质流动人口占比为 71.95%,受教育程度为初中及以下的流动人口占比为 62.57%。从就业情况看,2018 年在私营企业中就业的流动人口占比为 36.09%,在港澳台资企业和外资企业中就业的流动人口占比为 3.28%。从行业特征看,在建筑业及制造业中就业的流动人口占 38%,在批发零售和住宿餐饮两个行业中就业的流动人口占 35.7%。④

人力资本流动带来的技术转移是行业创新和经济增长的重要路径。现有文献沿着地区层面和企业层面两条路径对这一问题展开研究。在地区层面上,现有一些文献证实了高新技术企业中知识工作者流动和本地化知识共享的共存⑤。还有一些文献指出,人口流动在知识传播中起着至关重要

① 赵果庆:《跨国公司对我国工业结构升级的影响——基于要素密集型产业划分》,《国际贸易问题》2006 年第 8 期。

② 许家云:《互联网如何影响工业结构升级? ——基于互联网商用的自然实验》,《统计研究》2019 年第 12 期。

③ 许家云:《互联网如何影响工业结构升级? ——基于互联网商用的自然实验》,《统计研究》2019 年第 12 期。

④ 数据来源于国家科技基础条件平台——国家地球系统科学数据共享服务平台。

⑤ Fallick, B., Fleischman, C. A.and Rebitzer, J. B., 2005:"Job-Hopping in silicon valley: some evidence concerning the micro-foundations of a high technology cluster", *Economics Working Paper Archive*, Vol.88.

的作用。那些劳动力流动率低的地区，专利也较少，机构创新也显著减少[①]。在企业层面上，企业会通过利用新进员工的知识和技能来提高生产效率、进入前沿科技领域、开发新产品、提高研发产出[②]。国内学界对人力资本与工业结构升级的研究较少，主要是基于人力资本对工业结构升级优化的影响展开分析[③④⑤⑥]，研究结果大都显示人力资本提升对工业结构升级有促进作用，但明显存在地区差异。技术转移对东道国创新能力的影响主要通过技术溢出实现，现有许多研究都认为技术转移推动了东道国的技术进步。从针对我国的实证研究来看，学者们得出的结论并不一致。有的研究认为FDI对中国存在正的技术溢出效应[⑦⑧]；有的研究则认为技术引进对中国的技术溢出效应不显著[⑨⑩]。从区域层面的研究来看，陈劲等的研究结果显示技术引进对提高区域创新能力的作用有限[⑪]，且存在显著的区域异质性，在东部和西部地区FDI对区域创新效应起到正向作用，但在中部地区影响并不明显。更有学者认为影响区域创新能力的因素非常复杂，技术引进在区域创新能力提升过程中并不起决定性作用，所以其影响并不能用促进或阻碍来分析[⑫]。庞莹和刘志迎比较了长三角和中部六省的技术转移对其工业结构升级的影响效果，发现技术转移对两区域创新能力的影响效果均为正，但是对长三角的影响效果大于中部六省[⑬]。曹广喜比较了

---

① Samila，S. and Sorenson，2011：“Noncompete covenants：incentives to innovate or impediments to growth”，*Management Science*，March.

② Kaiser，U.，Kongsted，H. C. and Rønde，T.，2015：“Does the mobility of R&D labor increase innovation?”，*Journal of Economic Behavior & Organization*，February.

③ 郭勇：《国际金融危机、区域市场分割与工业结构升级——基于1985～2010年省际面板数据的实证分析》，《中国工业经济》2013年第1期。

④ 张巍钰，彭涵祺，王远东：《中西部地区工业结构升级驱动因素分析》，《求索》2015年第5期。

⑤ 邹璇，许珊珊：《人力资本对工业结构调整影响的地区差异研究——基于中国高技术行业数据的经验分析》，《广西社会科学》2016年第12期。

⑥ 李敬，王朋朋：《人口城镇化与工业结构升级》，《产业经济研究》2016年第4期。

⑦ 孙晓华，王昀，郑辉：《R&D溢出对中国制造业全要素生产率的影响——基于产业间、国际贸易和FDI三种溢出渠道的实证检验》，《南开经济研究》2012年第5期。

⑧ 毛其淋，许家云：《中国企业对外直接投资是否促进了企业创新》，《世界经济》2014年第8期。

⑨ 许晓娟，智冬晓：《中国本土企业获得FDI垂直技术溢出了吗？——基于1999～2006年中国制造业企业的实证研究》，《中国软科学》2013年第8期。

⑩ 原毅军，孙大明：《FDI技术溢出、自主研发与合作研发的比较——基于制造业技术升级的视角》，《科学学研究》2017年第9期。

⑪ 陈劲，陈钰芬，余芳珍：《FDI对促进我国区域创新能力的影响》，《科研管理》2007年第1期。

⑫ 代丽华，林发勤：《双向FDI影响区域创新能力的门槛效应研究——基于知识产权保护的视角》，《中山大学学报》2020年第4期。

⑬ 庞莹，刘志迎：《FDI对区域创新能力促进作用的比较分析——以长三角和中部六省为例》，《国际商务(对外经济贸易大学学报)》2010年第3期。

技术转移对我国东、中、西部地区创新能力的溢出效应，发现FDI对中部地区创新能力的溢出效应比较显著，而东部和西部地区不显著①。刘思明等的研究认为我国中西部地区创新能力主要来源于内生创新努力，FDI溢出效应不显著，而在东部地区，技术转移表现出一定负面作用②。昌忠泽等认为技术转移对工业结构高级化的影响存在地区差异，由于东部地区工业发展结构比西部地区更加合理化和高级化，因此西部地区工业结构还存在较大的发展空间，增加投资对西部地区工业结构升级具有更大程度的促进作用③。

不少学者认为，技术引进对工业结构升级的技术溢出效应不显著原因在于当地一些影响因素存在门槛效应④⑤，而人力资本正是这些因素之一。代谦和别朝霞认为FDI对发展中国家的技术进步和经济增长的作用依赖于发展中国家的人力资本积累速度⑥。殷醒民和陈昱对长三角地区1990～2005年的实证研究显示，技术转移的溢出对长三角地区经济增长的正效应具有鲜明的人力资本特征，各地区的人力资本达到一定水平是技术引进发挥积极作用的基本前提⑦。罗军更为细致地分析了技术引进对区域不同层次创新的人力资本门槛效应，发现技术引进对发明专利存在人力资本双重门槛效应，对实用新型专利和外观设计专利存在单一人力资本门槛效应⑧。李盛楠等通过对我国27个省份2007～2018年的实证研究发现，研发人力资本存在显著的非线性门槛效应，随着研发人力资本的提高，技术引进对高技术产业创新的促进作用先降后升⑨。

---

① 曹广喜：《FDI对中国区域创新能力溢出效应的实证研究——基于动态面板数据模型》，《经济地理》2009年第6期。

② 刘思明，赵彦云，侯鹏：《区域创新体系与创新效率——中国省级层面的经验分析》，《山西财经大学学报》2011年第12期。

③ 昌忠泽，毛培，张杰：《中国工业投资与工业结构优化实证研究》，《河北经贸大学学报》2018年第6期。

④ 靳巧花，严太华：《国际技术溢出与区域创新能力——基于知识产权保护视角的实证分析》，《国际贸易问题》2017年第3期。

⑤ 朱东波，任力：《环境规制、外商直接投资与中国工业绿色转型》，《国际贸易问题》2017年第11期。

⑥ 代谦，别朝霞：《FDI、人力资本积累与经济增长》，《经济研究》2006年第4期。

⑦ 殷醒民，陈昱：《FDI技术溢出效应中"人力资本门槛"的实证研究——来自长江三角洲16个城市的证据》，《世界经济文汇》2011年第6期。

⑧ 罗军：《FDI前向关联与技术创新——东道国研发投入重要吗》，《国际贸易问题》2016年第6期。

⑨ 李盛楠，许敏，林周周：《研发人力资本效应下国际知识溢出对高技术产业创新绩效的影响研究》，《管理学报》2021年第9期。

(二)研究假设

技术转移对工业结构升级的效应在不同所有制企业之间和不同行业之间存在显著差异。根据李政和杨思莹的研究,从均值来看,内资企业转型升级最快,其次是港澳台资企业和外资企业,国有企业最低①。分行业来看,港澳台资企业和外资企业在农副食品加工业、木材加工业、家具制造业、化工业、黑色金属冶炼业、通信设备制造业等行业具有技术引进的转化效率优势。改革开放以来,外资主要流入了我国的制造业和服务业部门,其中制造业部门中的通信设备制造业、纺织业、化工业等是接收外资最多的部门,这些部门恰恰是我国流动人口的主要就业部门。熟练劳动力和非熟练劳动力向技术引进地区集中是技术转移促进我国就业结构演进的特有轨迹②。外资流入显著改变了中国劳动力的就业状况,特别是增加了对非熟练劳动力的需求③④。这些非熟练劳动力在外资企业中通过企业提供的培训机会和"边干边学",提高了自身的技术水平和创新能力,会促进工业结构转型升级。同时,劳动力在外商投资企业中的就业呈现出流动性强的特点。为了寻求更好的待遇和发展,流动人口频繁更换就业单位和工作。最近几年外资在中国区域内的转移和向国外的转移,更加剧了这种流动性倾向⑤。人力资本的频繁流动带动了技术溢出,也为工业结构升级提供了可能性。基于此,我们提出假设 10-1。

假设 10-1:国际技术转移与流动人口的交互作用有助于提升工业结构升级。

创新活动是一项复杂的投入产出过程,知识创造产生于基于个体价值与经验的知识与组织中其他成员共享且证实的过程之中。随着创新复杂度的提高,对人力资本异质性的要求越高。人口流动能够通过促进企业创新、人力资本提升来促进工业结构升级。但是,我国流动人口以农民工为主,总体受教育水平偏低,大部分处于非正规就业状态。从我国跨区域流动人口

---

① 李政,杨思莹:《行业差异、所有权性质与创新效率:兼论国有企业创新资源配置》,《中国科技论坛》2016 年第 9 期。

② 张二震,任志成:《FDI 与中国就业结构的演进》,《经济理论与经济管理》2005 年第 5 期。

③ 毛日昇:《出口、外商直接投资与中国制造业就业》,《经济研究》2009 年第 11 期。

④ 臧旭恒,赵明亮:《垂直专业化分工与劳动力市场就业结构——基于中国工业行业面板数据的分析》,《中国工业经济》2011 年第 6 期。

⑤ 臧新,赵炯:《外资区域转移背景下 FDI 对我国劳动力流动的影响研究》,《数量经济技术经济研究》2016 年第 3 期。

分析来看，总体呈现出流动人口大规模进入第二、第三产业的劳动密集型行业①。因此，流动人口本身创新意识不强，再者其所处就业环境具有简单劳动的特点，对创新要求也不高。所以，流动人口是经济增长和区域城镇化的重要引擎和关键支撑②，但是对于工业结构升级的提升可能并没有产生显著影响，甚至可能是负面影响。可见，流动人口的受教育水平不同将对技术转移的工业结构升级效应产生异质化效果，高技能的流动人口将提高引进技术的利用效率，进而对工业结构升级发挥积极的作用。由此，我们提出假设 10-2。

假设 10-2：流动人口的受教育水平不同将对技术转移的工业结构升级效应产生异质化效果。

三、模型设定与变量说明

（一）模型设定

我们利用知识生产函数构建模型，基于 2003～2019 年中国省级面板数据来分析人力资本流动、国际技术转移与工业结构升级之间的关系。知识生产函数构建模型是包含了一系列要素投入的生产活动过程，参考冉光和等的研究，将工业升级和创新能力提升看作是一项有关知识的投入产出活动③。其生产函数假定为 Cobb-Douglas 形式，即：

$$Y = A\,K^{\alpha}L^{\beta} \tag{10-1}$$

其中，Y 表示创新产出，K 和 L 分别表示创新所需要的资本和劳动投入，α 和 β 分别表示资本和劳动的产出弹性，$\alpha+\beta=1$。式(10-1)两边除以 L，取对数后得到：

$$\log\left(\frac{Y}{L}\right) = \log(A) + \alpha\log\left(\frac{K}{L}\right) \tag{10-2}$$

可见，影响产出的因素一部分包含在 A 中，另一部分是资本和劳动的投入状况。假设影响工业结构升级的其他因素不变，将 A 分解为金融发展

① 曾通刚，杨永春，满姗：《中国城市流动人口心理融入的地区差异与影响因素》，《地理科学》2022 年第 1 期。

② 兰峰，王晨，孙伟增，等：《挤效应还是规模效应：人口流入对基本公共服务水平的影响研究》，《华东师范大学学报（哲学社会科学版）》2022 年第 1 期。

③ 冉光和，徐鲲，鲁钊阳：《金融发展、FDI 对区域创新能力的影响》，《科研管理》2013 年第 7 期。

水平、市场化程度等因素，结合研究需要，改进知识生产函数研究模型，以工业结构升级作为被解释变量，用人力资本流动、国际技术转移和二者的交互项作为解释变量，构造以下计量模型：

$$
\begin{aligned}
Structure_{it} = {} & \alpha \ln mobile_{it} + \beta \ln tech_{it} + \delta \ln mobile_{it} \times \ln tech_{it} + \gamma_1 \ln speed_{it} \\
& + \gamma_2 \ln finance_{it} + \gamma_3 \ln open_{it} + \gamma_4 \ln public_{it} \\
& + \gamma_5 \ln market_{it} + \gamma_6 \ln TFP_{it} + \mu_i + \varepsilon_{it}
\end{aligned} \tag{10-3}
$$

其中，下标 i 和 t 分别代表省份和年份；$Structure_{it}$ 为工业结构升级指数，即地区 i 在时间 t 时的工业结构升级情况；$mobile_{it}$ 表示 i 省 t 年的人力资本流动状况，$tech_{it}$ 表示 i 省 t 年的引进外商直接投资数额，为了明确技术溢出效应通过人力资本流动对工业结构升级的影响效果，增加 $mobile_{it}$ 与 $tech_{it}$ 的交乘项。$speed_{it}$、$finance_{it}$、$open_{it}$、$public_{it}$、$market_{it}$、TFP_{it} 分别表示 i 省 t 年的经济发展速度、金融发展水平、开放程度、财政水平、市场化程度、全要素生产率。μ_i 表示不随时间变化的个体差异，ε_{it} 为随机扰动项。

(二)变量选取

1.被解释变量

当前文献中，以结构合理化和结构高级化两个维度来衡量工业结构升级情况①。工业结构合理化是指工业行业间的聚合质量，它是要素投入结构和产出结构协调程度的一种度量。但是，结构偏离度指标有着显著的缺陷，如将各个行业一视同仁，忽略了各个工业细分行业在经济体中的重要程度，同时结构偏离度计算公式中的绝对值计算为研究带来了不便。工业结构高级化这一衡量指标能够清楚地反映出工业结构的高技术化、高知识化和高附加值的趋势，明确地显示出工业结构是否朝着高技术化等方向发展。因此，我们参考戴魁早的做法，以各省份结构高级化衡量工业结构升级情况②，以各省份结构合理化作为置换变量进行稳定性检验。相关数据来自中国工业统计年鉴和各省份统计年鉴。

2.解释变量

第一，人力资本流动（$mobile$）。当前国内关于流动人口特征的权威统计资料有两个来源：一是国家卫生健康委（原国家卫生和计划生育委员会）流动人口动态监测调查数据，但是这套数据在既有文献中较少被采用，主要原因可能在于样本容量太少，不足以反映流动人口对工业结构升级的贡献

---

① 戴魁早：《中国工业结构的优化与升级：1985～2010》，《数理统计与管理》2014 年第 3 期。

② 戴魁早：《中国工业结构的优化与升级：1985～2010》，《数理统计与管理》2014 年第 3 期。

度。二是历次人口普查数据，但是这套数据不具有连续性，无法满足我们要进行的面板模型分析。参考邵宜航等人的文献，中国人口和就业统计年鉴自 2001 年起增加了"居住本乡镇、街道，离开户口登记地半年以上人口"统计数据[①]，符合这一特征的人口可以基本被认定为在本区域就业的流动人口，因此我们采用这一数据，将区域流动人口占区域总人口的比例作为衡量区域人力资本流动状况的代理变量。由于我国流动人口总体受教育程度不高，因此对工业结构升级能力影响的估计系数可能不显著，如果显著则期望符号为负值。

第二，国际技术转移（ln*tech*）。具体采用国外技术引进合同金额、国外技术引进合同数及外商直接投资（*FDI*）衡量。考虑到 *FDI* 已经成为国际技术转移的重要途径和载体，其不仅仅是资本的转移，更是包括资本、技术、资源知识等一揽子的资源转移，其核心是技术的转移[②]，因此，本书将 *FDI* 作为国际技术转移的代理变量。

第三，人力资本流动与国际技术转移的交乘项（$\ln mobile \times \ln tech$）。ln*tech* 采用各省份利用外资数量，以年度外商投资企业投资总额表示，数据来自国家统计局网站。得益于引进技术的溢出效应，流动人口对工业结构升级的积极影响会得到增强，因此交乘项的符号预期为正值。

3.控制变量

第一，经济发展速度（*speed*）。经济增长作为短期目标和战术措施，为结构调整这一长期目标和战略措施打下了基础。我们选取人均 GDP 增长率这一指标来衡量经济发展速度，相关数据来自中国统计年鉴。随着经济增长速度加快，对应这种高的经济增长率是高的结构变化率，因此该项预期符号为正。

第二，开放程度（*open*）。高程度的开放能在一定程度上缓解我国面临的资源锁定问题。我们选取出口额这一指标来衡量经济发展速度，相关数据来自中国统计年鉴。面对全球经济格局的深刻变动，高水平的开放可以启动和支撑未来的工业结构升级，因此该项预期符号为正。

第三，金融发展水平（*finance*）。金融发展为工业结构转型升级提供重要的资金支持。金融发展水平可以用金融发展规模、结构或者效率等指标来表示，我们选取金融发展规模这一指标，计算公式为：金融发展水平＝各

① 邵宜航，汪宇娟，刘雅南：《劳动力流动与收入差距演变——基于我国城市的理论与实证》，《经济学家》2016 年第 1 期。

② 王希元：《技术引进、吸收能力与中国经济增长——理论逻辑研究及省际面板数据的门槛回归分析》，《国际商务（对外经济贸易大学学报）》2018 年第 2 期。

省份金融机构贷款总额/各省份 GDP,相关数据来自中国金融年鉴。金融发展水平越高,科技活动融资越便利,与时俱进的结构升级越充分,因此该项预期符号为正。

第四,全要素生产率(*TFP*)。全要素生产率提高能显著地促进经济增长,从而提高产业结构优化升级速度。*TFP* 增长速度提高有利于劳动力结构和资本结构的变动、劳动力结构的相对多元化,不利于产出结构的变动、产出结构和资本结构的相对多元化,因此该项预期符号为有正有负。

第五,基础设施建设(*infraStructure*)。交通基础设施水平高低与城市人口就业分布、城际人口流动息息相关。我们选取等级线路里程这一指标来衡量基础设施建设水平,相关数据来自中国统计年鉴。交通发展的边际效应大,返乡就业呈现出积极态势,为引才聚才带来了新机遇,为工业结构优化增加了新动能,因此该项预期符号为正。

第六,教育水平(*edu*)。通过教育、培训等方式提高人力资本质量,进而增强人力资本对产业结构升级的影响力度。我们选取平均受教育年限这一指标来衡量教育水平,相关数据来自中国统计年鉴。高级化的人力资本结构能更好地与工业结构升级相匹配,因此该项预期符号为正。

第七,市场化程度(*market*)。市场竞争越激烈,企业进行创新的动力往往越充足。参考樊纲等的研究,区域市场化程度的衡量方法为非国有经济固定资产投资占全社会固定资产投资的比重①。相关数据来自国家统计局网站。市场化程度越高,企业创新越活跃,创新成果越多,因此该项预期符号为正。

(三)计量方法

根据数据可得性,我们选取 2003～2019 年我国 31 省份相关数据,运用 STATA 软件进行计量分析。在处理面板数据时,对固定效应模型和随机效应模型进行选择是一个重要问题。为此,我们进行豪斯曼检验②,检验结果显示 p 值为 0.0190,故强烈拒绝原假设"H0:μ_i 与 x_{it},z_i 不相关",认为应该使用固定效应模型,而非随机效应模型。我们对主要变量进行描述性统计,结果如表 10-1 所示。

① 樊纲,王小鲁,马光荣:《中国市场化进程对经济增长的贡献》,《经济研究》2011 年第 9 期。

② Hausman, J. A.,1978:"Specification tests in econometrics", *Econometrica*, June.

表 10-1 描述性统计结果

变量	观测值	平均值	标准差	最小值	最大值
ln*tech*	527	2.478	0.171	1.529	2.714
ln*mobile*	527	0.133	0.0950	0	0.548
ln*mobile*×ln*tech*	527	0.338	0.253	0	1.448
ln*speed*	527	4.691	0.0290	4.569	4.781
ln*open*	527	4.887	0.970	1.778	7.059
ln*finance*	527	1.043	0.316	0.374	2.022
ln*TFP*	527	0.226	0.667	−2.983	1.092
ln*infraStructure*	527	2.409	0.0850	2.125	2.553
ln*edu*	527	2.123	0.169	1.098	2.548
ln*market*	527	1.736	0.541	−4.605	2.485

四、实证结果及分析

(一)基准回归

1.整体样本回归

表 10-2 为基准回归结果。以各省份产业结构高级化作为被解释变量，参考前文所采用的按工业行业内部的第三类产业产值占第一类产业与第二类产业产值之和的比例来度量中国工业结构的高度化的方法(*HINS*)①。表中第(1)至第(4)列分别表现有无交乘项及控制变量时的情况。

流动人口与国际技术转移的交乘项(ln*mobile*×ln*tech*)均为正值，无论是否控制变量，流动人口与国际技术转移的交互作用对工业结构升级都产生了积极效应。这说明在国际技术转移的作用下，流动人口通过跨区、企业流动和本地化知识共享，促进知识传播、累积区域知识资本，提高了生产过程中的生产效率和资源配置效率，显著促进了工业结构的高技术化、高知识化和高附加值化。这一检验结果与假设 10-1 相符合，即国际技术转移与流

① 戴魁早:《中国工业结构的优化与升级:1985～2010》,《数理统计与管理》2014 年第 3 期。

动人口的交互作用有助于工业结构优化升级。实证结果进一步说明，人力资本流动作为国际技术转移对中国的技术溢出效应的重要路径，对工业结构升级发挥了重要作用。

从第(2)列和第(4)列可以看出，国际技术转移(ln*tech*)的符号发生了显著性变化，在加入了流动人口与国际技术转移的交乘项(ln*mobile* × ln*tech*)后，国际技术转移工业结构升级的系数显著增大，进一步说明了人力资本流动的调节效用。但是流动人口(ln*mobile*)的符号却是负的，这也与我国的实际情况相吻合，大量低教育程度的劳动力人口流动对工业结构优化升级并无益处，基于此，我们将人力资本流动按照受教育水平不同划分为高水平和低水平两组，进一步进行检验。

表 10-2　基准回归结果

变量	(1)	(2)	(3)	(4)
	HINS	*HINS*	*HINS*	*HINS*
ln*mobile*	0.362 (0.232)	−0.412* (0.214)	−8.446** (3.658)	−11.024*** (3.733)
ln*tech*	0.074 (0.120)	−0.032 (0.118)	−0.271 (0.177)	0.479** (0.190)
ln*mobile* × ln*tech*			3.329** (1.386)	4.352*** (1.421)
ln*speed*		1.326** (0.555)		1.610*** (0.565)
ln*open*		0.002 (0.033)		−0.001 (0.034)
ln*finance*		−0.079 (0.120)		0.023 (0.118)
ln*infraStructure*		−0.473 (0.676)		0.460 (0.550)
ln*TFP*		−0.024 (0.023)		−0.013 (0.023)
ln*edu*		0.803*** (0.308)		0.938*** (0.329)

续表

变量	(1)	(2)	(3)	(4)
	HINS	*HINS*	*HINS*	*HINS*
ln*market*		0.037*** (0.012)		0.027* (0.014)
_*cons*	0.252 (0.296)	−6.282** (2.707)	1.155** (0.453)	−9.071*** (2.916)
adj.R^2	0.877	0.879	0.880	0.883
N	456	456	456	456
F	1.489	2.600	2.641	2.442

注：括号内为标准差，***、**、* 分别表示在1%、5%、10%的水平下通过显著性检验。

2.区分不同教育水平样本回归

目前，我国各个省域的受教育程度仍存在一定差距。人均受教育水平的非均衡分布可能导致流动人口对工业结构升级的影响存在空间差异性。为了检验这一差异性，按我们前文建立的模型和所述计量方法进行实证检验，对全国31省份按照平均受教育年限进行排序，分为平均受教育年限高组和平均受教育年限低组，进行实证回归分析，结果如表10-3所示。从表10-3可知，第(1)列平均受教育年限高组交互项系数在10%水平上显著，而第(2)列平均受教育年限低组交互项系数同为正但不显著，说明受教育水平高的省域通过吸引大量流动人口对工业结构升级的影响效果大于受教育水平低的省域的效果。当地科学的教育制度和对育才养才的重视，匹配并且强烈吸引了高素养流动人口，并带来跨区域的知识和技能的传播。而高素养劳动力的能力和知识一般来自不低的受教育水平，两者的交互作用一同促进了当地人力资本更接近相关领域的技术前沿，从而提高了人力资本转为科技创新人才的可能性。工业能够得到其发展所需要的人力资本，人力资本存量和结构与之匹配，物质资本得到充分运用，先进技术也能够有效实施。

表 10-3　细分不同教育水平的回归结果

变量	(1)	(2)
	受教育年限高	受教育年限低
ln*mobile*	28.134***	−5.750
	(6.326)	(5.402)
ln*tech*	−0.401***	0.377
	(0.098)	(0.323)
ln*mobile*×ln*tech*	10.865***	2.302
	(2.368)	(2.116)
ln*speed*	1.526*	2.605***
	(0.815)	(0.996)
ln*open*	0.035	0.025
	(0.060)	(0.040)
ln*finance*	−0.048	0.194
	(0.220)	(0.122)
ln*infraStructure*	0.247	−0.859*
	(1.031)	(0.447)
ln*TFP*	−0.046	0.017
	(0.040)	(0.030)
ln*edu*	2.282***	−0.089
	(0.768)	(0.260)
ln*market*	−0.397***	0.096**
	(0.145)	(0.043)
_*cons*	−10.525**	−11.038**
	(4.589)	(4.966)
adj.R^2	0.884	0.158
N	225	231
F	3.762	5.315

注：括号内为标准差，***、**、* 分别表示在 1%、5%、10% 的水平下通过显著性检验。

(二)稳健性检验

1.置换工业结构升级变量

为了进一步检验人力资本流动对工业结构升级的影响，我们采用指标替换法，将工业总产值替换为资产总计（*HINS*1）和主营业务收入（*HINS*2）来重新计算高级化指标，结果如表 10-4 所示。结果显示，*HINS*1 和 *HINS*2 与人力资本流动的交乘项（ln*mobile*×ln*tech*）均在 1%水平上显著为正，表明更换工业结构升级变量后，仍对工业结构升级提升产生显著正影响。人力资本流动作为国际技术转移发挥技术溢出效应的路径之一，虽然吸引了大量低水平的流动人口，但在外资企业中，通过“干中学”、企业培训等途径逐步提高了劳动力自身的素养和生产效率，显著影响了企业的资本积累和利润流，有益于工业结构的合理调整。这进一步验证了人力资本流动为工业结构高级化提供动力。

表 10-4　置换工业结构升级变量结果

变量	(1)	(2)
	*HINS*1	*HINS*2
ln*mobile*	−12.065***	−18.867***
	(3.120)	(3.678)
ln*tech*	0.367**	−0.087
	(0.153)	(0.223)
ln*mobile*×ln*tech*	4.758***	7.597***
	(1.171)	(1.408)
ln*speed*	1.316**	2.782***
	(0.603)	(0.689)
ln*open*	−0.001	0.011
	(0.019)	(0.021)
ln*finance*	0.033	0.422***
	(0.081)	(0.076)
ln*infraStructure*	−0.913*	−0.708***
	(0.479)	(0.235)
ln*TFP*	−0.029	0.006
	(0.018)	(0.023)

续表

变量	(1)	(2)
	*HINS*1	*HINS*2
ln*edu*	0.402 (0.275)	0.248 (0.176)
ln*market*	−0.020 (0.013)	0.126*** (0.036)
_*cons*	−3.391 (3.001)	−11.975*** (3.514)
adj.R^2	0.903	0.461
N	521	520
F	3.374	45.476

注：括号内为标准差，***、**、*分别表示在1%、5%、10%的水平下通过显著性检验。

2.滞后一期检验

考虑到模型可能存在遗漏变量导致的内生性问题，同时人力资本流动和工业结构升级之间也可能存在双向因果关系，跨区、跨企业的流动人口带来的知识促进工业结构升级，且工业结构升级越快的地区吸引到流动人口的可能越大，因此需要对可能存在的内生性问题进行处理。我们加入工业结构升级的滞后一期(L.*Structure*)作为被解释变量，结果如表10-5所示。从表10-5第(1)列可以看到，滞后一期的国际技术转移和人力资本流动交互作用在1%水平上显著，说明提升了当期工业结构水平，与原假设结果一致。同时从第(2)列和第(3)列可以看出，即使进行了指标的替换，国际技术转移和人力资本流动的交乘项仍在1%水平上显著为正，这进一步说明基准回归结果是稳健的。在缓解内生性问题的前提下，能够证明通过吸引大量的低技能流动人口不利于加快工业结构升级优化，但是国际技术转移与流动人口的交互作用有助于提升工业结构升级。

表 10-5　滞后一期检验结果

变量	(1)	(2)	(3)
	HINS	*HINS*1	*HINS*2
L.ln*tech*	0.443** (0.179)	−0.225 (0.168)	−0.036 (0.229)
L.ln*mobile*	−9.207*** (3.226)	−9.926*** (3.242)	−18.735*** (3.755)
L.ln*mobile*×ln*tech*	3.647*** (1.218)	4.045*** (1.221)	7.585*** (1.437)
L.ln*speed*	1.698*** (0.521)	1.484** (0.597)	2.809*** (0.700)
L.ln*open*	−0.018 (0.036)	−0.001 (0.019)	−0.002 (0.021)
L.ln*finance*	−0.060 (0.105)	−0.026 (0.083)	0.470*** (0.079)
L.ln*infraStructure*	0.635 (0.537)	−0.905* (0.495)	−0.575** (0.239)
L.ln*TFP*	0.005 (0.027)	−0.027 (0.019)	−0.013 (0.024)
L.ln*edu*	0.508* (0.295)	0.303 (0.271)	0.264 (0.183)
L.ln*market*	0.014 (0.045)	−0.017 (0.011)	0.123*** (0.036)
_*cons*	−8.886*** (2.676)	−4.319 (3.004)	−12.574*** (3.569)
adj.R^2	0.893	0.904	0.466
N	434	520	519
F	2.136	3.327	46.286

注:括号内为标准差,***、**、* 分别表示在1%、5%、10%的水平下通过显著性检验。

(三)异质性分析

1.细分不同地理区域的异质性回归分析

流动人口和国际技术转移在我国东、中、西部地区的分布是非均衡的,这种非均衡分布可能导致流动人口对工业结构升级的影响存在空间差异性。为了检验这一差异性,按前文建立的模型和所述计量方法进行实证检验,对全国31省份按照东、中、西三大区域进行异质性回归分析,结果如表10-6所示。表10-6是以工业结构高级化为被解释变量,分东、中、西部地区进行回归的结果。从表10-6中可知,第(1)列东部交互项系数在1%水平上正向显著,第(2)列中部交互项系数在5%水平上显著,而第(3)列西部区域并未呈现显著性,说明西部地区通过吸引大量流动人口对工业结构升级的影响效果小于东部地区和中部地区。流动人口在与外资企业的长期接触中,大量接触新技术、新工艺,素养得到普遍提升,特别是东部地区和中部地区。随着近年来当地政策措施和营商环境不断合理完善,人才引进计划的接续落地,两者的交互作用能够对东部、中部地区工业结构升级优化产生显著影响。

表10-6 细分不同地理区域的异质性回归结果

变量	(1)	(2)	(3)
	东部	中部	西部
ln*mobile*	−62.055***	−53.393**	−0.113
	(14.236)	(21.072)	(2.261)
ln*tech*	2.559*	2.158*	−0.137
	(1.298)	(0.956)	(0.221)
ln*mobile*×ln*tech*	23.582***	20.692**	0.022
	(5.471)	(8.229)	(0.971)
ln*speed*	1.342	0.553	−0.149
	(1.720)	(1.019)	(0.555)
ln*open*	0.219	0.002	−0.026
	(0.261)	(0.051)	(0.017)
ln*finance*	0.045	0.153	0.082
	(0.518)	(0.203)	(0.174)

续表

变量	(1)	(2)	(3)
	东部	中部	西部
ln*infraStructure*	2.184 (1.295)	1.405* (0.730)	−0.620 (0.606)
ln*TFP*	−0.053 (0.052)	0.034 (0.038)	−0.001 (0.006)
ln*edu*	1.244 (1.114)	−0.775* (0.368)	0.210 (0.142)
ln*market*	0.347 (0.469)	−0.319* (0.139)	0.021** (0.010)
_*cons*	−8.892 (11.425)	1.978 (4.432)	2.407 (2.146)
adj.R^2	0.873	0.293	0.006
N	169	102	185
F	34.916	23.166	13.568

注：括号内为标准差，***、**、*分别表示在1%、5%、10%的水平下通过显著性检验。

2.细分不同发展速度的异质性回归分析

发展速度快慢在各个省域的不均衡状况可能导致流动人口对工业结构升级的影响存在空间差异性。为了检验这一差异性，按我们前文建立的模型和所述计量方法进行实证检验，对全国31省份按照2003～2019年的人均GDP增长率进行排序，分为人均GDP增长率高组和人均GDP增长率低组，进行异质性回归分析，结果如表10-7所示。从表10-7可知，第(1)列人均GDP增长率低组交互项系数为正但不显著，而第(2)列人均GDP增长率高组交互项系数在1%水平上显著，说明人均GDP增长率高组省域通过吸引大量流动人口对工业结构升级的影响效果大于人均GDP增长率低组省域的效果。发展速度较快的省域(如四川、重庆)对人才流动和技术转移有较大的需求性和包容度，且以第二、第三产业为主导，在技术传播和本地化下迸发出更具活力和效率的技术创新，从而加快新兴产业的发展，促进工业结构的调整与持续优化。而人均GDP增长低的城市不仅面临老龄化的问题，产业结构也发展缓慢，对人力资本的要求比较低，因此交互项系数并不显著。

表 10-7 细分不同发展速度的异质性回归结果

变量	(1)	(2)
	人均 GDP 增长率低组	人均 GDP 增长率高组
ln*mobile*	−0.590 (3.798)	−14.233*** (4.656)
ln*tech*	−0.277 (0.243)	0.573** (0.289)
ln*mobile*×ln*tech*	0.192 (1.428)	5.582*** (1.764)
ln*speed*	−0.625 (0.565)	1.726* (0.902)
ln*open*	0.014 (0.053)	0.018 (0.040)
ln*finance*	−0.079 (0.168)	0.112 (0.201)
ln*infraStructure*	2.881*** (0.720)	−0.578 (0.819)
ln*TFP*	0.023 (0.033)	−0.023 (0.032)
ln*edu*	0.374 (0.464)	1.803*** (0.596)
ln*market*	0.061*** (0.014)	−0.116 (0.122)
_*cons*	−3.782 (2.496)	−8.692* (4.910)
adj.R^2	0.851	0.898
N	211	245
F	5.092	2.053

注:括号内为标准差,***、**、*分别表示在1%、5%、10%的水平下通过显著性检验。

五、本章小结

本章探讨了人力资本流动、国际技术转移与工业结构升级之间的关系，并运用 2003～2019 年我国省级面板数据进行实证分析，得到以下主要结论：第一，国际技术转移与人力资本流动的交互作用显著加快了工业结构高级化，深刻影响了工业结构优化升级。第二，虽然人力资本流动对区域城镇化和经济增长发挥重要作用，但由于我国大部分流动人口受教育水平并不高，对工业结构升级效应并不显著。第三，流动人口的受教育水平不同对技术转移的工业结构升级效应产生了异质化效果，国际技术转移与高技能人力资本流动的交互作用对提升我国工业结构升级的影响尤为显著。第四，国际技术转移与人力资本流动的交互作用对东部和中部地区，以及经济发展速度更快的省域影响更显著。

第十一章　基于价值链升级视角的国际技术转移对我国工业结构升级的影响

前文对国际技术转移与工业结构升级关系的讨论主要集中在外商直接投资的技术溢出效应，而对外直接投资亦是工业国际技术转移的重要承载形式，尤其是对外直接投资的逆向技术溢出效应。本篇前两章从科技中介服务、人力资本流动两个方面对国际技术转移对我国工业结构升级的影响进行了拓展分析，本章则基于价值链升级的视角研究国际技术转移对我国国内价值链升级的影响。在“以国内大循环为主体、国际国内双循环相互促进”的新发展格局下，国内价值链升级受到关注。从价值链视角出发，国内价值链升级是工业结构升级的具体体现。因此，本章主要检验以对外直接投资的逆向技术溢出效应为代表的工业国际技术转移对我国国内价值链升级的影响。

一、传导机理

对外直接投资（OFDI）的逆向技术溢出是国际技术转移的重要承载形式。对外直接投资可将海外优质资源转移国内从而增强国内技术创新和高端服务要素投入，促进国内价值链升级。可见，对外直接投资是国内价值链升级的技术创新和高级服务要素来源。本书主要从技术创新和高端服务要素两个方面分析中国对外直接投资对国内价值链升级的影响，同时分析不同类型 OFDI 影响的异质性。

第一，中国对外直接投资的逆向技术溢出主要通过提升技术创新促进国内价值链升级。中国 OFDI 模式存在“价值链扩张型”，企业从加工组装制造中得到学习和升级[①]，通过提升国内技术创新水平促进国内价值链升

① 何帆：《中国对外投资的特征与风险》，《国际经济评论》2013 年第 1 期。

级。中国对外直接投资，尤其是对发达国家的直接投资将在东道国设立研发机构、加强与东道国研发合作等，强化投资母公司学习、模仿的能力，从而通过逆向技术溢出增强投资母国技术创新能力①。此外，OFDI与国际贸易之间存在互补效应，OFDI可促进母国出口规模②③，出口规模化有助于提升母国生产效率④，生产效率提高将有助于提高技术创新水平。此外，OFDI有助于母国获取低成本的中间投入，促进母国进口⑤，高技术含量中间品的进口通过技术溢出提升国内技术创新水平。价值链升级主要包括工艺升级、产品升级、功能升级及跨链条升级⑥。技术创新是推动国内价值链升级的动力来源，具体表现为：技术创新促进工艺升级，通过重新组织生产体系或者引入高水平技术使得投入产出效率更高；技术创新促进功能升级，摒弃原有功能、获取新功能以提高生产活动的技术水平，提升价值链链条上的中间品或最终产品的生产能力；技术创新促进跨链条升级，促进产品转向新的生产类型，如从生产电视机转向生产显示器。

第二，中国对外直接投资逆向技术溢出通过高端服务要素促进国内价值链升级。中国对外直接投资可通过制造业服务化为投资母国带来高端人才、品牌、管理等高端服务要素⑦，提高国内制造业服务化水平，推动制造业产业形态从产品型制造向服务型制造转变，从而促进国内价值链升级。高端服务要素作为一种特殊生产要素参与生产过程，如人力资本、知识资本等高级生产性服务要素，可降低企业生产、管理及运营成本，有助于企业形成高效的运作，提高企业生产效率⑧，从而促进国内价值链升级。高端服务要

---

① Lall, S., 1983: "Determinants of R&D in an LDC: the indian engineering industry", *Economics Letters*, April.

② Pfaffermayr, M., 1990: "Foreign outward direct investment and exports in austrian manufacturing: substitutes or complements?", *Weltwirtschaftliches Archiv*, March.

③ Clausing, K., 2000: "Does multinational activity displace trade?", *Economic Inquiry*, February.

④ Melitz, M. J., 2003: "The impact of trade on intra-industry reallocations and aggregate industry productivity", *Econometrica*, July.

⑤ Desai, M. A., Foley, C. F. and Hines, J. R., 2001: "Foreign direct investment and the domestic capital stock", *American Economic Review*, February.

⑥ Humphrey, J. and Schmitz, H., 2002: "How does insertion in global value chains affect upgrading in industrial clusters", *Regional Studies*, September.

⑦ 聂飞：《中国对外直接投资推动了制造业服务化吗？——基于国际产能合作视角的实证研究》，《世界经济研究》2020年第8期。

⑧ 刘斌，魏倩，吕越，等：《制造业服务化与价值链升级》，《经济研究》2016年第3期。

素投入还可以降低企业生产不确定性和风险①②,促进国内价值链升级。例如,制造业运输服务化可加深供应链上企业间合作,优化供应链的空间布局,延伸价值链条;电信服务化有助于企业信息共享和协同合作,降低信息不对称,提升价值链运行效率;金融服务化可为企业生产、研发提供资金支持,降低企业流动性约束和经营风险,促进企业产品供应与技术创新的稳定性和持续性。

基于以上分析,我们提出以下假设:

假设 11-1:中国对外直接投资的逆向技术溢出显著促进了国内价值链升级。

假设 11-2:中国对外直接投资逆向技术溢出对国内价值链升级的影响主要通过技术创新、高端服务要素两条途径实现。

二、模型设计与数据说明

为了检验中国对外直接投资的逆向技术溢出对国内价值链升级的影响情况,我们设定如下模型:

$$\ln vago_{kt} = \alpha_0 + \alpha_1 \ln ofdi\_hsp_{kt} + \sum_{j=2}^{6} \alpha_j X_{kt} + v_k + \gamma_t + \varepsilon_{kt} \quad (11\text{-}1)$$

其中,被解释变量 $\ln vago_{kt}$ 表示第 t 年中国 k 行业的国内价值链升级。核心解释变量 $\ln ofdi\_hsp_{kt}$ 表示第 t 年中国 k 行业的 OFDI。控制变量 X_{kt} 主要包括:行业研发投入($\ln rdnbzc$)、研发课题数($\ln rdkts$)、行业资源投入($\ln nyxf$)、行业电力消费($\ln dlxf$)、行业利润($\ln prof$)、行业人员投入($\ln trry$)六个变量。本书主要关注系数 α_1 的符号及显著性。

第一,被解释变量国内价值链升级($\ln vago_{kt}$)。国内价值链是指产品加工生产流程均在国内完成,不涉及中间品的国际贸易;价值链的始端是本国生产要素投入,末端是本国最终消费品。从价值链分工的属地特征来看,国内价值链与全球价值链的主要区别在于地理范围不同,国内价值链主要指在国家内部开展的区域间分工,中间品贸易不涉及跨境流动③。价值链

---

① Moreno, R., Lopez-Bazo, E. and Artis, M., 2001: "Public infrastructure and the performance of manufacturing industries: short and long-run effects", *Regional Science and Urban Economics*, January.

② 王永进,盛丹,施炳展,等:《基础设施如何提升了出口技术复杂度?》,《经济研究》2010 年第 7 期。

③ 黎峰:《中国国内价值链是怎样形成的?》,《数量经济技术经济研究》2016 年第 9 期。

可以理解为中间投入在各生产过程或生产环节、工序中形成的价值增值成分①②，因此，国内价值链升级可以采用国内价值链的增加值率来衡量。

具体到国内价值链升级的测算时，我们需要做以下工作：

首先，拆分出国内生产要素的去向和来源矩阵。根据国内价值链的概念，国内价值链仅采用国内原材料供应，不涉及中间品进口，因此需要在世界投入产出表中区分国内消耗和国外消耗。参照相关研究，我们将各国各部门间的直接消耗系数矩阵拆分为国内直接消耗系数矩阵和国外直接消耗系数矩阵两部分，分别用$\boldsymbol{A}^D$和$\boldsymbol{A}^F$表示③。

$$\boldsymbol{A}=\boldsymbol{A}^D+\boldsymbol{A}^F \tag{11-2}$$

其中，$\boldsymbol{A}^D$表示的是$GN\times GN$ 的国内投入产出消耗系数矩阵，具体表达形式如下：

$$\boldsymbol{A}^D=\begin{pmatrix} A^{11} & 0 & \cdots & 0 \\ 0 & A^{22} & \cdots & 0 \\ \vdots & \vdots & \ddots & \vdots \\ 0 & 0 & \cdots & A^{GG} \end{pmatrix} \tag{11-3}$$

代入基本恒等式得：

$$\boldsymbol{X}=\boldsymbol{AX}+\boldsymbol{Y}=(\boldsymbol{A}^D+\boldsymbol{A}^F)\boldsymbol{X}+\boldsymbol{Y}=\boldsymbol{A}^D\boldsymbol{X}+\boldsymbol{A}^F\boldsymbol{X}+\boldsymbol{Y} \tag{11-4}$$

$$(I-\boldsymbol{A}^D)\boldsymbol{X}=\boldsymbol{A}^F\boldsymbol{X}+\boldsymbol{Y} \tag{11-5}$$

$$\boldsymbol{X}=(I-\boldsymbol{A}^D)^{-1}\boldsymbol{A}^F\boldsymbol{X}+(I-\boldsymbol{A}^D)^{-1}\boldsymbol{Y} \tag{11-6}$$

假设$L=(I-\boldsymbol{A}^D)^{-1}$，则：

$$\boldsymbol{X}=L\boldsymbol{A}^F\boldsymbol{X}+L\boldsymbol{Y} \tag{11-7}$$

由于$\boldsymbol{X}=(I-\boldsymbol{A})^{-1}\boldsymbol{Y}=\boldsymbol{BY}$，则推导式(11-7)得：

$$\boldsymbol{BY}=L\boldsymbol{Y}+L\,\boldsymbol{A}^F\boldsymbol{BY} \tag{11-8}$$

式(11-8)左右两侧均左乘对角矩阵$\hat{\boldsymbol{V}}$，同时将$\boldsymbol{Y}$转换为对角矩阵$\hat{\boldsymbol{Y}}$得：

$$\hat{\boldsymbol{V}}\boldsymbol{B}\,\hat{\boldsymbol{Y}}=\hat{\boldsymbol{V}}L\,\hat{\boldsymbol{Y}}+\hat{\boldsymbol{V}}L\,\boldsymbol{A}^F\boldsymbol{B}\,\hat{\boldsymbol{Y}} \tag{11-9}$$

式(11-9)将各国各部门增加值在世界范围内流向和分配拆分为两部分：一国最终产品生产消耗的国内生产要素增加值、一国出口的中间品消耗的国内生产要素增加值。由于国内价值链不涉及中间品的国际贸易，本书

① Johnson, R. C.and Noguera, G.,2012:"Accounting for intermediates: production sharing and trade in value added", *Journal of International Economics*,Vol.86.

② Wang, Z., Wei, S. J.and Zhu, K.,2013:"Quantifying international production sharing at the bilateral and sector levels", *National Bureau of Economic Research*,March.

③ Wang, Z., Wei, S. J. and Yu, X., et al, 2017:"Characterizing global value chains: production length and upstreamness", National Bureau of Economic Research,March.

计算的国内价值链升级以一国最终产品生产消耗国内增加值$\hat{V}L\ \hat{Y}$为测算基础。

其次,构建国内价值链升级的指标。我们采用国内价值链的增加值率衡量国内价值链升级。增加值率的计算方法有两种:采用行业增加值Va_i^m与就业人数$Labor_i^m$的比值衡量,即$\frac{Va_i^m}{Labor_i^m}$。

第二,核心解释变量对外直接投资的逆向技术溢出($\ln ofdi\_hsp_{kt}$)。参照杨连星和罗玉辉的研究,我们采用中国 OFDI 获得的国外研发溢出衡量中国对外直接投资的逆向技术溢出①。具体计算参考科和赫尔普曼、利希滕贝格和波特里、布尔科尼耶等的计算方法②③④,计算公式如下:

$$OFDI\_hsp_{kjt}=\frac{OFDI_{jt}}{capital_{jt}}Y1_{kjt} \tag{11-10}$$

其中,$OFDI_hsp_{kjt}$表示第t年中国对外直接投资从j国(东道国)k行业获得的研发资本存量;$OFDI_{jt}$表示第t年中国对j国直接投资存量,数据来自中国对外直接投资统计公报;$capital_{jt}$表示第t年j国固定资本形成额,数据来自世界银行数据库(WDI);$Y1_{kjt}$表示第t年j国k行业的研发资本存量,数据经计算得到。

式(11-10)中东道国行业研发资本存量$Y1_{kjt}$按照永续盘存法计算,公式如下:

$$Y1_{kjt}=(1-\alpha)Y1_{kjt-1}+RD_{kjt} \tag{11-11}$$

其中,α为折旧率,参考科和赫尔普曼的研究,取 0.05⑤。RD_{kjt}表示第t年j国家k行业的研发经费支出,数据来自国际经合组织(OECD)科技指标数据库。

本书以 2009 年为基期计算东道国行业研发资本存量,具体公式为:

$$Y1_{jk2009}=\frac{RD_{jk2009}}{\alpha+\mathrm{mean\_}RDg_{jk}} \tag{11-12}$$

---

① 杨连星,罗玉辉:《中国对外直接投资与全球价值链升级》,《数量经济技术经济研究》2017年第6期。

② Coe, D. and Helpman, E., 1995: "International R&D spillovers", *European Economic Review*, May.

③ Lichtenberg, F. R. and Van, Pottelsberghe, de, la, P. B., 1999: "International R&D spillovers: a comment", *European Economic Review*, August.

④ Braconier, H., Ekholm, K. and Knarvik, K. H. M., 2001: "In search of FDI-transmitted R&D spillovers: a study based on swedish data", *Weltwirtschatftliches Archiv*, April.

⑤ Coe, D. and Helpman, E., 1995: "International R&D spillovers", *European Economic Review*, May.

其中，mean_RDg_{jk}表示 2009～2018 年 j 国 k 行业研发支出的年平均增长率。

得到中国对外直接投资从 j 国 k 行业获得的研发资本存量 $OFDI_hsp_{kjt}$后，按照不同行业加总东道国的研发溢出，得到中国制造业 OFDI，具体公式如下：

$$OFDI\_hsp_{kt} = \sum_{j=1}^{S} OFDI\_hsp_{kjt} \tag{11-13}$$

其中，S 表示中国对外直接投资的东道国数量。

第三，控制变量。本书的控制变量具体包括行业研发投入(ln$rdnbzc$)、研发课题数(ln$rdkts$)、行业能源投入(ln$nyxf$)、行业电力投入(ln$dlxf$)、行业利润(ln$prof$)、行业人员投入(ln$trry$)。其中行业研发投入采用研发经费内部支出衡量，数据来自中国科技统计年鉴；行业能源投入采用行业能源消耗量衡量，行业电力投入采用行业投入电力消费衡量，行业利润采用行业规模以上企业利润总额衡量，三类数据均来自 EPS 数据库。由于制造业是对外直接投资的主要行业之一，本书采用 2009～2018 年制造业 18 个细分行业进行实证分析。

三、数据初步分析

实证检验之前，我们首先采用 STATA16 对主要变量进行统计分析(见表 11-1)。其次，我们采用相关系数的方法判断主要变量间的多重共线性(见表 11-2)。由数据分析发现，主要变量间的相关系数均较小，同时采用方差膨胀系数检验发现 VIF 较小。最后，我们采用散点图的形式，检验了 OFDI 逆向技术溢出与国内价值链升级的关系：两者存在较显著的正相关关系(见图 11-1)。此外，我们通过豪斯曼检验，发现宜采用面板固定效应进行实证检验。

表 11-1 主要变量的统计性描述

变量	观察值	平均值	标准差	最小值	最大值
ln$vago$	180	−0.83791	0.868746	−2.09563	0.343739
ln$ofdi_hsp$	174	4.896224	1.657356	1.141883	9.844214
ln$rdnbzc$	163	8.684287	3.070082	2.527788	16.16334
ln$rdkts$	180	5.202126	1.704431	0.693147	9.124128

续表

变量	观察值	平均值	标准差	最小值	最大值
ln*nyxf*	177	8.571141	1.322041	5.953243	11.37196
ln*dlxf*	177	6.768546	1.079291	4.418961	9.349133
ln*prof*	180	7.713984	0.931307	4.357734	10.218
ln*trry*	180	6.199488	2.020386	1.332227	12.21036

表 11-2 主要变量的相关性分析

变量	ln*vago*	ln*ofdi_hsp*	ln*rdnbzc*	ln*rdkts*	ln*nyxf*	ln*dlxf*	ln*prof*	ln*trry*
ln*vago*	1							
ln*ofdi_hsp*	0.1124	1						
ln*rdnbzc*	0.1931	0.1767	1					
ln*rdkts*	0.1438	0.5115	0.3041	1				
ln*nyxf*	−0.0812	0.1381	−0.0764	0.0957	1			
ln*dlxf*	0.0006	0.2183	−0.0984	0.0932	0.9171	1		
ln*prof*	0.0923	0.5934	−0.0563	0.3808	0.3977	0.5499	1	
ln*trry*	0.1622	0.4915	0.3525	0.9515	0.0062	0.0134	0.3114	1

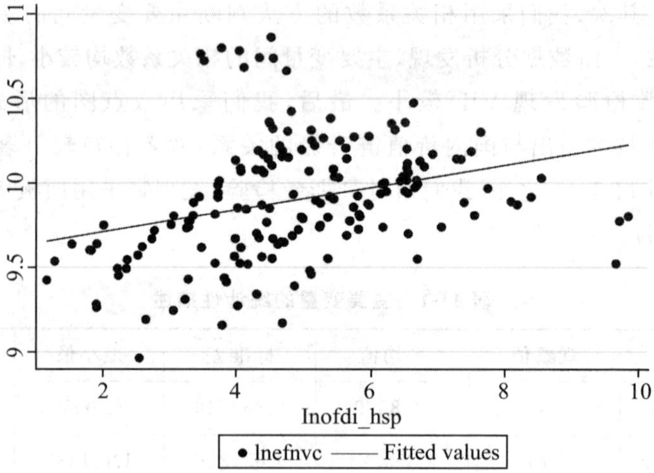

图 11-1 OFDI 逆向技术溢出与国内价值链升级的关系散点图

四、实证结果与分析

(一)基准回归

我们采用面板固定效应检验中国对外直接投资逆向技术溢出对国内价值链升级的影响,基准回归结果如表 11-3 所示。无论有控制变量还是没有控制变量,核心解释变量中国对外直接投资的逆向技术溢出均 1%正值显著,表明中国对外直接投资的逆向技术溢出会显著促进国内价值链升级。中国对外直接投资逆向技术溢出主要通过提高国内技术创新水平、增加国内高端服务要素投入促进国内价值链升级。中国对外直接投资促进国内价值链升级主要表现为:近年来中国对外直接投资规模快速增长,2015 年中国对外直接投资首次超过外商直接投资规模,中国对外直接投资的主要动机之一是获得东道国的技术、知识等战略性资产。中国对外直接投资的逆向技术溢出通过获得技术知识、高技术人才和资本溢出来增强国内技术创新能力。中国对外直接投资还可以与国外开展经济技术合作,在合作中向国外先进品牌学习,提高获得高端服务要素的机会,从而促进国内价值链升级。

在控制变量方面,行业研发经费、行业研发课题数据大多正值显著,表明行业研发投入越多,国内价值链升级越明显;行业能源消费大多负值显著,表明行业能源消费越多,国内价值链升级反而越低,这可能是行业能源转换效率较低造成的;行业电力消费正值显著,表明行业用电量越大,国内价值链升级程度越高;行业人员投入正值显著,也表明行业劳动投入越多,越有利于国内价值链升级。

表 11-3 基准回归结果

变量	(1)	(2)	(3)	(4)	(5)	(6)	(7)
	ln*vago*	ln*vago*	ln*vago*	ln*vago*	ln*vago*	ln*vago*	ln*vago*
ln*ofdi_hsp*	0.729*** (7.50)	0.644*** (6.41)	0.602*** (6.14)	0.542*** (5.26)	0.471*** (5.56)	0.471*** (5.55)	0.460*** (5.52)
ln*rdnbzc*		0.135*** (3.95)	0.125*** (3.80)	0.119*** (3.62)	0.076*** (2.77)	0.077*** (2.78)	0.065** (2.35)
ln*rdkts*			0.298*** (3.24)	0.288*** (3.15)	0.189** (2.50)	0.184** (2.40)	−0.172 (−1.06)

续表

变量	(1)	(2)	(3)	(4)	(5)	(6)	(7)
	ln*vago*	ln*vago*	ln*vago*	ln*vago*	ln*vago*	ln*vago*	ln*vago*
ln*nyxf*				1.170* (1.74)	−3.275*** (−4.26)	−3.352*** (−4.28)	−3.477*** (−4.51)
ln*dlxf*					3.501*** (8.25)	3.435*** (7.75)	3.594*** (8.17)
ln*prof*						0.080 (0.53)	0.117 (0.79)
ln*trry*							0.298** (2.46)
常数项	−4.386*** (−9.15)	−5.146*** (−9.13)	−6.421*** (−9.55)	−16.186*** (−2.87)	−0.313 (−0.06)	0.204 (0.04)	0.086 (0.02)
行业控制	是	是	是	是	是	是	是
时间控制	是	是	是	是	是	是	是
样本量	174	157	157	157	157	157	157
R^2	0.181	0.205	0.256	0.267	0.510	0.508	0.526
F	56.294	29.553	24.562	19.459	36.917	30.648	28.135

注：*、**、*** 分别表示在10%、5%、1%的置信水平上显著，括号内为 t 值。

(二)稳健性检验

首先，变换被解释变量国内价值链升级的指标。这里采用行业生产消耗的增加值 $\hat{\boldsymbol{V}}\boldsymbol{L}\ \hat{\boldsymbol{Y}}_{ij}^{mm}$ 与最终产品价值 $\boldsymbol{Y}_j^m$ 的比例衡量，即 $efnvc=\dfrac{\hat{\boldsymbol{V}}\boldsymbol{L}\ \hat{\boldsymbol{Y}}_{ij}^{mm}}{\boldsymbol{Y}_j^m}$。替换被解释变量后的回归结果如表 11-4 所示。由表 11-4 可见，核心解释变量对外直接投资的逆向技术溢出均 1%正值显著，控制变量的回归结果与基准回归结果基本一致，验证了模型设定的稳健性。

其次，本书采用面板分位数回归，检验中国对外直接投资的逆向技术溢出对国内价值链升级的影响。为了研究对外直接投资的逆向技术溢出影响效应随国内价值链升级程度的变化过程，本部分采用面板分位数回归固定效应进行检验，选择了 0.3、0.6、0.9 三个不同的分位数，回归结果如表 11-5 所示。通过结果分析得知：第一，在三种不同分位数上回归，对外直接投资的逆向技术溢出均正值显著，与基准回归结果一致，进一步证明基准回归结果的稳健性。第二，对外直接投资逆向技术溢出的系数大小在不同分位数上存在差异，对外直接投资对母国国内价值链升级影响的效应一直增大。也就是说，随着对外直接投资逆向技术溢出的增加，其对国内价值链升级的影响越大，即 OFDI 的逆向技术溢出对国内价值链升级的影响存在异质性，即低分位国家、中分位国家和高分位国家对外直接投资的影响效应不同。

表 11-4　稳健性检验

变量	(1)	(2)	(3)	(4)	(5)	(6)	(7)
	ln*efnvc*	ln*efnvc*	ln*efnvc*	ln*efnvc*	ln*efnvc*	ln*efnvc*	ln*efnvc*
ln*ofdi_hsp*	0.127*** (6.44)	0.108*** (5.25)	0.100*** (4.96)	0.061*** (3.23)	0.043*** (3.76)	0.043*** (3.77)	0.043*** (3.72)
ln*rdnbzc*		0.027*** (3.92)	0.026*** (3.76)	0.022*** (3.58)	0.011*** (2.87)	0.010*** (2.82)	0.010*** (2.66)
ln*rdkts*			0.054*** (2.84)	0.047*** (2.81)	0.022** (2.17)	0.024** (2.29)	0.012 (0.55)
ln*nyxf*				0.768*** (6.23)	−0.359*** (−3.46)	−0.339*** (−3.21)	−0.343*** (−3.23)
ln*dlxf*					0.888*** (15.48)	0.905*** (15.16)	0.910*** (15.04)
ln*prof*						−0.021 (−1.06)	−0.020 (−0.99)
ln*trry*							0.009 (0.57)
常数项	9.281*** (95.68)	9.150*** (79.36)	8.919*** (64.31)	2.511** (2.43)	6.535*** (9.69)	6.398*** (9.32)	6.394*** (9.29)
行业控制	是	是	是	是	是	是	是
时间控制	是	是	是	是	是	是	是
样本量	174	157	157	157	157	157	157
R^2	0.119	0.142	0.184	0.362	0.769	0.770	0.768
F	41.459	22.398	18.387	27.337	108.486	90.669	77.367

注：*、**、*** 分别表示在 10%、5%、1%的置信水平上显著，括号内为 t 值。

最后，内生性处理。模型内生性来源包括两个方面。第一，存在遗漏变量的问题。影响国内价值链升级的因素很多，我们已经控制了部分变量，但是依然存在遗漏解释变量的情况。第二，对外直接投资与国内价值链升级之间可能存在双向因果关系。国内价值链升级程度越高，其越有可能进行对外直接投资，美国就是最好的例子，因此，模型的潜在内生性需要进行处理。对于第一个内生性来源，模型已经在基准回归中使用了面板双向固定效应模型，控制了个体与时间趋势能够很好地解决遗漏变量问题；对于第二个内生性来源，本书采用系统 GMM 和工具变量—两阶段最小二乘法(IV-2SLS)两种方法进行处理。结果如表 11-6 所示。其中，第(1)列和第(2)列采用的是 IV-2SLS 的方法，具体采用的工具变量为核心解释变量的滞后一期；第(3)列和第(4)列采用的是系统 GMM 的方法，GMM 式工具变量采用 ln*ofdi_hsp* 的滞后 0-2 期、ln*rdnbzc* 的滞后 0-2 期；工具变量均通过了有效性检验。通过结果分析可看出，对外直接投资的逆向技术溢出均正值显著，验证了模型设定的稳健性。

表 11-5　分位数回归结果

变量	(1)QR_0.3	(2)QR_0.6	(3)QR_0.9
	ln*vago*	ln*vago*	ln*vago*
ln*ofdi_hsp*	0.459***	0.461***	0.463***
	(3.89)	(4.42)	(2.78)
ln*rdnbzc*	0.072**	0.060**	0.051
	(2.20)	(2.10)	(1.11)
ln*rdkts*	−0.142	−0.190	−0.230
	(−0.73)	(−1.10)	(−0.84)
ln*nyxf*	−4.117***	−3.082***	−2.218
	(−4.24)	(−3.53)	(−1.62)
ln*dlxf*	3.764***	3.489***	3.259***
	(6.78)	(7.09)	(4.16)
ln*prof*	0.113	0.119	0.123
	(0.59)	(0.70)	(0.45)
ln*trry*	0.305**	0.294**	0.284
	(2.24)	(2.43)	(1.47)
控制行业	是	是	是
样本量	157	157	157

注：*、**、*** 分别表示在 10%、5%、1%的置信水平上显著，括号内为 *t* 值。

表 11-6　内生性处理

变量	(1)IV-2SLS	(2)IV-2SLS	(3)系统 GMM	(4)系统 GMM
	ln*vago*	ln*efnvc*	ln*vago*	ln*efnvc*
ln*ofdi_hsp*	0.507***	0.036***	0.532***	0.031**
	(5.71)	(2.74)	(6.04)	(2.22)
ln*rdnbzc*	0.063**	0.010**	−0.220***	0.011***
	(2.38)	(2.18)	(−5.07)	(3.52)
ln*rdkts*	−0.170	0.011	−0.852***	−0.039
	(−1.13)	(0.73)	(−2.58)	(−1.37)
ln*nyxf*	−4.184***	−0.215*	−5.221***	−1.056**
	(−4.96)	(−1.74)	(−3.81)	(−2.42)
ln*dlxf*	4.894***	0.751***	4.857***	1.341***
	(9.99)	(10.17)	(6.98)	(6.53)
ln*prof*	0.195	−0.045**	0.383***	−0.196***
	(1.33)	(−2.19)	(2.58)	(−6.34)
ln*trry*	0.278**	0.007	1.540***	−0.002
	(2.45)	(0.58)	(4.44)	(−0.06)
L.ln*vago*			0.134*	
			(1.75)	
L.ln*efnvc*				0.093
				(1.22)
样本量	140	140	123	123
R^2	0.600	0.652		
F	33.523	49.623		
Hansen J	1.731	2.132		
AR(2)			0.767	0.719
Hansen p 值	0.1883	0.1442	0.965	0.606

注：*、**、*** 分别表示在 10%、5%、1%的置信水平上显著，括号内为 t 值。

(三)异质性检验

本书按照中国对外直接投资的东道国不同、技术高低不同、所有权不同及类型不同,进行了异质性检验。

第一,本书按照东道国经济发展程度不同,将中国对外直接投资的东道国分为发达国家和发展中国家两类,并分别进行回归检验,结果如表 11-7 所示。由表 11-7 可知,无论是显著性还是系数大小,东道国为发达国家时,对外直接投资逆向技术溢出对国内价值链升级的影响更加明显。造成这种现象的主要原因在于:发达国家无论在技术创新基础还是技术创新能力方面都具有较大优势,中国对这些国家直接投资可获得较高的逆向技术溢出,从而促进国内价值链升级。中国对发展中国家直接投资主要以获取自然资源或市场规模为目的。受限于当地经济技术水平,中国对外直接投资获得的研发溢出及高端服务要素投入较少,对国内产业内制造业升级效应和产业间的制造业服务化效应影响有限。因此,与发达国家相比,到发展中国家投资对国内价值链升级的作用较小。

表 11-7 东道国是否为发达国家

变量	发达国家		发展中国家	
	(1)	(2)	(3)	(4)
	ln*vago*	ln*efnvc*	ln*vago*	ln*efnvc*
ln*ofdi_hsp*1	0.445*** (5.43)	0.043*** (3.83)		
ln*ofdi_hsp*2			−0.392** (−2.32)	0.026 (1.18)
ln*rdnbzc*	0.062** (2.24)	0.010** (2.60)	0.067** (2.16)	0.009** (2.11)
ln*rdkts*	−0.186 (−1.14)	0.011 (0.49)	−0.154 (−0.84)	0.015 (0.63)
ln*nyxf*	−3.454*** (−4.47)	−0.343*** (−3.25)	−3.548*** (−4.04)	−0.446*** (−3.85)
ln*dlxf*	3.626*** (8.23)	0.912*** (15.14)	4.599*** (7.65)	0.938*** (11.86)
ln*prof*	0.105 (0.71)	−0.021 (−1.05)	0.214 (1.27)	−0.001 (−0.05)

续表

变量	发达国家		发展中国家	
	(1)	(2)	(3)	(4)
	lnvago	lnefnvc	lnvago	lnefnvc
lntrry	0.301** (2.48)	0.010 (0.58)	0.292** (2.11)	0.007 (0.37)
常数项	−0.005 (−0.00)	6.406*** (9.33)	−4.168 (−0.71)	7.125*** (9.19)
样本量	157	157	151	151
R^2	0.523	0.770	0.412	0.739
F	27.834	77.912	18.468	64.035

注：*、**、*** 分别表示在10%、5%、1%的置信水平上显著，括号内为 t 值。

第二，本书根据 OECD ISIC rev.3 制造业分类标准，将所有样本按照行业技术水平不同分为高技术行业和中低技术行业两组。18 个制造业细分行业中高技术行业包括化学品和化学产品的制造、基础药物产品和药物制剂制造、计算机制造、电子和光学产品制造、电气设备制造、机械设备制造、汽车、拖车和半挂车制造、制造其他运输设备共 7 个细分行业，其余细分行业为中低技术行业。表 11-8 第(1)列和第(2)列为高技术行业分组结果，第(3)列和第(4)列为中低技术行业分组结果。通过比较可知，中低技术行业分组对外直接投资逆向技术溢出对国内价值链升级的影响更明显。也就是说，与高技术行业分组相比，对外直接投资的逆向技术溢出越能促进中低技术行业的国内价值链升级。造成这种现象的主要原因在于：高技术行业技术门槛较高，短时间内无法通过 OFDI 逆向技术溢出提升国内技术创新水平，因此，对外直接投资对国内价值链升级的提升作用不如中低技术行业明显。

表 11-8 技术高低不同

变量	高技术行业		中低技术行业	
	(1)	(2)	(3)	(4)
	lnvago	lnefnvc	lnvago	lnefnvc
lnofdi_hsp	0.308*** (2.72)	0.009 (0.60)	0.805*** (5.08)	0.086*** (3.80)

续表

变量	高技术行业		中低技术行业	
	(1)	(2)	(3)	(4)
	ln*vago*	ln*efnvc*	ln*vago*	ln*efnvc*
ln*rdnbzc*	0.025 (0.52)	0.008 (1.30)	0.069* (1.67)	0.018*** (3.01)
ln*rdkts*	−0.469* (−1.83)	−0.011 (−0.35)	0.043 (0.20)	0.014 (0.46)
ln*nyxf*	−3.651** (−2.34)	0.031 (0.16)	−2.250** (−2.13)	−0.468*** (−3.10)
ln*dlxf*	3.657*** (5.09)	0.818*** (9.09)	2.732*** (4.28)	0.896*** (9.81)
ln*prof*	0.100 (0.33)	−0.058 (−1.56)	0.043 (0.25)	−0.029 (−1.19)
ln*trry*	0.608*** (3.21)	0.032 (1.34)	0.088 (0.55)	0.011 (0.47)
常数项	0.796 (0.08)	4.497*** (3.82)	−4.719 (−0.69)	7.363*** (7.52)
样本量	58	58	99	99
R^2	0.550	0.804	0.545	0.770
F	11.820	35.172	19.206	49.252

注：*、**、*** 分别表示在10%、5%、1%的置信水平上显著，括号内为 t 值。

第三，我们按照中国对外直接投资的投资主体是否为国有进行异质性检验。由于本书采用的是制造业细分行业数据，尚无制造业细分行业国有和非国有 OFDI 具体数据，因此，采用中国对外直接投资统计公报中的中国 OFDI 整个行业的国有或非国有占比数据进行映射。2009～2018 年中国 OFDI 国有成分占比分别为 69.2%、66.2%、62.7%、59.8%、55.2%、53.6%、50.4%、54.3%、49.1%、48%。分析结果如表 11-9 所示。无论是国有 OFDI 分组还是非国有 OFDI 分组，对外直接投资逆向技术溢出对国内价值链升级的影响均比较显著，核心解释变量均正值显著，表明国有 OFDI 和非国有 OFDI 均显著提升了国内价值链升级。相对来说，非国有 OFDI 的提升作用更加明显。与国有企业相比，非国有企业更加注重经济效应，且管理效率更高，尤其在投资行业及投资东道国方面更加谨慎，一般倾向于投资到政治制度环境好、资源要素禀赋好的国家或地区，而且注重加大研发投入和技术合作等，其对国内技术创新、高端服务要素获取等的提升作用更加明显。

表 11-9　OFDI 所有权属性不同

变量	国有		非国有	
	(1)	(3)	(2)	(4)
	ln*vago*	ln*efnvc*	ln*vago*	ln*efnvc*
ln*ofdi_hspstate*	0.514*** (3.73)	0.036* (1.94)		
ln*ofdi_hspnstate*			1.155*** (6.74)	0.129*** (5.52)
ln*rdnbzc*	0.077** (2.61)	0.011*** (2.73)	0.034 (1.29)	0.007* (1.87)
ln*rdkts*	−0.208 (−1.21)	0.010 (0.42)	−0.094 (−0.60)	0.021 (1.00)
ln*nyxf*	−3.759*** (−4.46)	−0.348*** (−3.05)	−2.352*** (−3.21)	−0.230** (−2.31)
ln*dlxf*	4.845*** (9.09)	1.004*** (13.93)	0.972 (1.63)	0.613*** (7.53)
ln*prof*	0.050 (0.32)	−0.025 (−1.17)	0.269* (1.87)	−0.003 (−0.17)
ln*trry*	0.365*** (2.85)	0.015 (0.86)	0.174 (1.48)	−0.005 (−0.31)
常数项	−5.014 (−0.97)	5.913*** (8.45)	7.518 (1.48)	7.326*** (10.61)
样本量	157	157	157	157
R^2	0.472	0.751	0.566	0.792
F	23.351	70.713	32.461	88.348

注：*、**、*** 分别表示在 10%、5%、1%的置信水平上显著，括号内为 t 值。

第四，按照不同OFDI类型进行异质性检验。根据安吉尔与普罗切尔、杨连星等的研究，本书将中国对外直接投资按照投资综合目的不同划分为垂直型OFDI和水平型OFDI两种①②。其中，垂直型OFDI是充分利用东道国低成本生产要素的成本驱动型投资项目，具体包括矿产资源开采OFDI项目、以转口贸易为主在东道国设立子公司的投资项目等；水平型OFDI主要指开发东道国市场潜力的市场驱动型投资项目，具体包括在东道国设立的市场销售类投资项目等。分析结果如表11-10所示，水平型OFDI对国内价值链升级的提升作用更加明显。造成这种现象的主要原因在于：水平型OFDI开发东道国市场潜力的同时，可加强投资母国与东道国的技术合作，为投资母国人力资本、品牌服务、先进管理技术等高端服务要素的获取提供平台，推动投资母国制造服务化从而促进国内价值链升级。此外，水平型OFDI可以充分获取东道国市场需求信息，为投资母企业产品生产方案调整提供信息来源，倒逼国内产品质量提高。与水平型OFDI相比，垂直型OFDI主要获取资源、劳动等低成本生产要素，获得技术溢出及高端服务要素的机会相对较少，因此，垂直型OFDI的国内价值链升级效应较弱。

表11-10　垂直型OFDI和水平型OFDI

变量	垂直型OFDI		水平型OFDI	
	(1)	(2)	(3)	(4)
	ln*vago*	ln*vago*	ln*efnvc*	ln*efnvc*
ln*ofdi_hsph*	0.006 (0.33)		0.016** (2.19)	
ln*ofdi_hsp*v		0.008 (0.43)		0.014* (1.98)
ln*rdnbzc*	−0.010 (−1.51)	−0.010 (−1.50)	−0.001 (−0.27)	−0.001 (−0.33)
ln*rdkts*	−0.002 (−0.06)	−0.002 (−0.07)	0.042*** (3.26)	0.042*** (3.24)

① Engel, D. and Procher, V., 2012: "Export FDI and firm productivity", *Applied Economics*, Vol.44.

② 杨连星，罗玉辉：《中国对外直接投资与全球价值链升级》，《数量经济技术经济研究》2017年第6期。

续表

变量	垂直型 OFDI		水平型 OFDI	
	(1)	(2)	(3)	(4)
	ln*vago*	ln*vago*	ln*efnvc*	ln*efnvc*
ln*nyxf*	−0.069 (−0.28)	−0.079 (−0.33)	−0.030 (−0.34)	−0.022 (−0.24)
ln*dlxf*	0.028 (0.10)	0.038 (0.13)	−0.063 (−0.57)	−0.077 (−0.70)
ln*prof*	0.030 (0.94)	0.030 (0.94)	0.047*** (3.94)	0.048*** (4.00)
ln*trry*	−0.006 (−0.20)	−0.005 (−0.19)	−0.030*** (−2.88)	−0.030*** (−2.89)
常数项	−1.130 (−0.93)	−1.110 (−0.92)	9.773*** (21.68)	9.799*** (21.60)
样本量	110	110	110	110
R^2	0.975	0.975	0.945	0.945
F	324.061	324.386	147.592	146.003

注：*、**、*** 分别表示在 10%、5%、1%的置信水平上显著，括号内为 t 值。

第五，本书以 2013 年为时间点对所有样本进行划分。2013 年中国提出“一带一路”倡议，中国对外直接投资规模迅速增长，因此，可以将其作为考察异质性的一个时间点。分析结果如表 11-11 所示。研究发现，自那以后，中国对外直接投资逆向技术溢出对国内价值链升级的作用更加明显。造成这种现象的造成这种现象的主要原因在于“一带一路”倡议显著提升了中国对外直接投资规模①，中国对外直接投资规模扩大将提升其对国内价值链升级的影响。

① 吕越，陆毅，吴嵩博，等：《一带一路”倡议的对外投资促进效应——基于 2005～2016 年中国企业绿地投资的双重差分检验》，《经济研究》2019 年第 9 期。

表 11-11　是否"一带一路"倡议后

变量	2013 年之前		2013 年及以后	
	(1)	(2)	(3)	(4)
	ln*vago*	ln*efnvc*	ln*vago*	ln*efnvc*
ln*ofdi_hsp*	0.005 (0.35)	0.004 (0.23)	2.221*** (9.98)	0.104*** (3.62)
ln*rdnbzc*	−0.008 (−1.47)	0.019*** (2.85)	−0.016 (−0.40)	0.001 (0.16)
ln*rdkts*	0.016 (0.43)	0.009 (0.20)	0.238 (1.17)	−0.021 (−0.80)
ln*nyxf*	−0.054 (−0.36)	−0.780*** (−4.41)	−1.839* (−1.88)	0.011 (0.09)
ln*dlxf*	−0.637*** (−6.41)	1.313*** (11.11)	−0.038 (−0.04)	0.352*** (2.92)
ln*prof*	0.150*** (5.31)	−0.008 (−0.23)	0.394*** (2.81)	−0.067*** (−3.71)
ln*trry*	−0.008 (−0.21)	0.007 (0.16)	−0.018 (−0.15)	0.003 (0.20)
常数项	2.140** (2.42)	7.449*** (7.07)	0.877 (0.12)	7.599*** (7.86)
样本量	61	61	96	96
R^2	0.536	0.785	0.758	0.427
F	13.317	34.665	45.742	13.392

注：*、**、*** 分别表示在 10%、5%、1%的置信水平上显著，括号内为 t 值。

(四)机制检验

中国对外直接投资的逆向技术溢出是如何促进国内价值链升级的？前文从技术创新、高端服务要素两个角度进行了理论分析，本部分将采用中介效应模型进行实证检验。参照温忠麟等的研究[①]，设置如下模型：

$$M_{it}=\rho_0+\rho_1 \ln ofdi\_hsp_{kt}+\pi X_{kt}+\varepsilon_{kt} \tag{11-14}$$

① 温忠麟：《中介效应检验程序及其应用》，《心理学报》2004 年第 5 期。

$$\ln vago_{kt} = \delta_1 M + \delta_2 \ln ofdi\_hsp_{kt} + \tau X_{kt} + \varepsilon_{kt} \quad (11\text{-}15)$$

其中，M_{it}表示中介变量，具体指技术创新、高端服务要素两个变量。高端服务要素投入（*Servicier*）参照聂飞的研究采用服务要素占比衡量[①]，具体计算了 ADB 投入产出表中 C3～C16 制造业细分行业（14 个行业）的服务化程度，具体采用$\hat{V}B\hat{Y}$矩阵中服务业的增加值与服务业和制造业增加值的比例衡量。本书采用 ADB 投入产出数据进行计算，其中制造业为 C3～C16，服务业为 C17～C35[②]。根据上述公式，计算得到 14 个制造业细分行业的服务化程度衡量高端服务要素占比。在技术创新方面，主要采用中间品生产效率（ln*interm*）作为技术创新的代理变量，技术创新能力越高，中间品生产效率越高，因此，将中间品生产效率作为代理变量具有一定可行性。中间品生产效率变量的计算基于拆分后的投入产出表实现。

机制检验结果如表 11-12 所示。第（1）列和第（2）列是高端服务要素作为中介变量的回归结果，第（3）列至第（5）列是技术创新作为中介变量的回归结果。第（1）列中高端服务要素作为被解释变量，核心解释变量 5%正值显著，表明中国 OFDI 显著提升了国内高度服务要素投入。第（2）列中被解释变量为国内价值链升级，将高端服务要素加入回归模型，高端服务要素正值显著，表明 OFDI 通过增加高端服务要素投入显著促进了国内价值链升级。第（3）列中技术创新作为被解释变量，核心解释变量 5%正值显著，表明中国 OFDI 显著提升了国内技术创新水平。第（4）列和第（5）列中被解释变量为国内价值链升级，将技术创新加入回归模型，技术创新在第（5）列中正值显著，表明 OFDI 通过技术创新显著促进了国内价值链升级。中国 OFDI 通过学习模仿东道国先进技术、研发劳动、资本溢出等逆向技术溢出提升国内创新水平，从而促进国内价值链升级。总之，中国对外直接投资逆向技术溢出主要通过提升国内技术创新水平和高端服务要素投入促进国内价值链升级。

---

① 聂飞：《中国对外直接投资推动了制造业服务化吗？——基于国际产能合作视角的实证研究》，《世界经济研究》2020 年第 8 期。

② 具体行业包括：电、气、水供应；建筑；汽车、摩托车销售、维修、保养；燃油零售；批发贸易和委托贸易（机动车、摩托车除外）；零售行业（机动车、摩托车除外）；家居用品修理；酒店和餐馆；内陆运输；水路运输；航空运输；其他辅助运输活动；旅行社的活动；邮电；金融中介；房地产活动；租赁机电设备等经营活动；公共管理和国防；强制性社会保障；教育；卫生和社会工作；其他社区、社会和个人服务；有雇员的私人住户。

表 11-12 机制检验结果

变量	高端服务要素			技术创新	
	(1)	(2)	(3)	(4)	(5)
	Servicer	ln*vago*	ln*interm*	ln*vago*	ln*efnvc*
ln*ofdi_hsp*	0.007** (2.56)	0.369*** (4.76)	0.0003** (1.98)	0.463*** (5.46)	0.032*** (3.10)
ln*rdnbzc*	0.001 (0.87)	0.054** (2.18)	0.000 (1.55)	0.065** (2.35)	0.007** (2.17)
ln*rdkts*	−0.004 (−0.73)	−0.121 (−0.82)	0.000 (0.09)	−0.172 (−1.05)	0.011 (0.58)
ln*nyxf*	−0.123*** (−4.57)	−1.973*** (−2.62)	−0.007*** (−4.64)	−3.540*** (−4.24)	−0.110 (−1.09)
ln*dlxf*	0.174*** (11.36)	1.459** (2.60)	0.009*** (10.70)	3.678*** (6.10)	0.604*** (8.26)
ln*prof*	−0.005 (−0.90)	0.174 (1.29)	−0.000 (−0.07)	0.116 (0.78)	−0.020 (−1.08)
ln*trry*	0.004 (0.90)	0.252** (2.28)	0.000 (1.20)	0.301** (2.46)	−0.000 (−0.00)
Servicer		12.257*** (5.40)			
ln*interm*				−9.020 (−0.20)	32.881*** (6.14)
常数项	0.130 (0.74)	−1.506 (−0.33)	−0.000 (−0.01)	0.086 (0.02)	6.396*** (10.50)
样本量	157	157	157	157	157
R^2	0.552	0.609	0.556	0.522	0.819
F	30.873	33.531	31.292	24.445	91.249

注：*、**、*** 分别表示在10%、5%、1%的置信水平上显著，括号内为 *t* 值。

五、本章小结

本章基于价值链视角研究了国际技术转移对我国工业结构升级的影响。在国内国际双循环背景下，国内价值链升级是工业结构升级的重要体现，因此，本章实质考察了以对外直接投资逆向技术溢出为代表的国际技术转移对国内价值链升级的影响。研究发现：对外直接投资逆向技术溢出显著促进了国内价值链升级，通过稳健性检验后结果依然显著；投资到发达国家、中低技术行业、非国有、水平型 OFDI 的国内价值链升级效应更加明显，2013 年以后对外直接投资的国内价值链升级效应更加明显；经机制检验，对外直接投资逆向技术溢出对国内价值链升级的促进效应主要通过提升国内技术创新水平、增强高端服务要素投入实现。

第四篇

结论及对策建议

第十二章　研究结论及对策建议

从工业结构升级的角度分析，我国国际技术转移的目标主要有两个：一是提高对引进技术的吸收消化能力，培育自主创新能力并最终提高企业和整个产业的核心竞争力。从世界各国工业化的经验看，技术引进是发展中国家在较短时间内迅速实现工业化的捷径。日本和韩国是典型的依靠技术引进推动本国工业化进程的国家。前文的分析显示，技术引进在我国工业化进程中也起着重要的作用，但同时我们也应该看到，缺乏自主研发或创新的技术引进只能不断重复“引进→落后→再引进”的路子，最终陷入恶性循环的怪圈。这里面有两个原因：其一，从技术输出国的角度看，技术作为一种具有一定公共产品性质的产品，即使在发达国家也不是一个完全自由贸易的领域。技术输出国往往基于战略、国防和对外政策上的考虑，或者基于国内供应短缺等原因，防止战略物资流入特定国家和受制裁的国家。尤其是在高技术领域，为了保持领先和垄断地位，防止自己树立竞争对手，发达国家对外技术输出时通常只选择那些成熟的二三流技术。因此，成功借助技术转移推动本国工业结构升级的日本自始至终都非常重视对引进技术的消化吸收和自主创新能力的培养，其不仅是世界上最大的“引进中心”，同时也是一个“专利大国”。据统计，1990 年日本申请专利大约占世界的 40.1%，为世界第一位。1991 年日本在美国取得专利 2146 件，占美国专利的 21%，连续 17 年为外国在美国申请专利的第一位。对一切高新技术，均不惜投入重金引进，并迅速加以消化、利用、改造、转化，使其成为本国的“专利产品”是日本迅速实现工业化的秘诀。而这恰恰是我国在技术引进过程中存在的突出问题。20 世纪 90 年代末以来，我国研究开发支出增长速度快于 GDP 的增长，2000 年全国研究开发投入经费占 GDP 的 0.89%，到 2021 年这一比例已经达到 2.44%。同时，我国的基础研究和应用研究投入也在逐年不断增加。经合组织公布的数字显示，早在 2001 年，我国总研发开支就已经达到 600 亿美元，位于全球第三位，仅次于美国和日本，2021 年达到 27864 亿元，已居世界第一位。但是较高的研发投入并没有带来相应的专利数量增长，这是发人深省的。其二，从工业化发展阶段看，我国已经由工业化起步阶段跨入加速工业化阶段。在这一阶段，一方面产业技术亟待升级，另一方面产业技术的发展也进入了一个新的阶段，即技术来源从过去的模仿和技术引进为主转向自主研发和技术引进相结合。如果说在工业化起步阶段，单纯靠技术引进我们还可以看到其对我国工业结构升级的推动作用，那么随着我国工业化进程的不断深入，这种作用会不断削减，并最终成为负数。促使这种“削减”产生的主要因素有两个。一是新技术更替周期的缩短。这种缩短一方面加大了对新技术的适应难度，另一方面增加了技术引进的成本。二是经济的全球化发展趋势。当我们的技术，尤其是核心技术的对外依存度过高时，国内产业的核心竞争力就会下降，产业的发展就会受制于技术输出方。在经济全球化背景下，外来资本就很容易控制某些企业，甚至某些产业的发展。以我国的彩电业为例，由于缺乏核心技术，每当国外技术更新的时候，我国就会有新的一轮技术引进，其结果是 20 世纪 90 年代中后期以后，以整机组装见长的中国彩电业只能在世界彩电业链条的下游挣扎，其表现就是国内彩电业一轮又一轮的价格战，以及整个行业不断下滑的利润。在国际资本流动渠道越来越畅通的情况下，整个行业的发展陷入非常被动的状态。我们的分析表明，总体上看，我国的技术原创力相对较低。因此，提高对引进技术的吸收消化能力，培育自主创新能力并最终提高企业和整个产业的核心竞争力，是我国在借助技术转移的契机推动工业结构升级过程中不可偏离的目标，也是当务之急。

第二，推动工业结构的高度化和合理化。技术进步，进而某一产业核心竞争能力的提高仅仅是工业结构升级的一个方面，工业结构的升级还包括高度化和合理化，这是我国技术引进的第二个目标。工业结构高度化的本质是以创新为核心的主导产业的更迭。以增长速度为标准，我们可以将工业中各产业划分为低增长部门、高增长部门和潜在高增长部门。按照美国经济学家罗斯托的定义，在某一时间段，当一个部门：第一，不仅增长势头很大，而且达到显著的规模；第二，这段时间也是该部门的回顾和旁侧效应渗透到整个经济的时候，我们可以将这个新部门称为“主导产业”。[①] 因此，我们可以认为高增长部门通常也是一个经济体在一定时期内的主导产业，工

① ［美］W.W.罗斯托：《从起飞进入持续增长的经济学》，贺力平译，成都，四川人民出版社，1988 年，第 9 页。尽管关于主导产业的定义多种多样，但大家共同认可的一点是这一产业首先必须具备高增长的发展态势，如江小娟在其《世纪之交的工业结构升级》一书中指出：“能够较多吸收先进技术、面对大幅度增长的需求、自身保持较高增长速度并对其他产业的发展具有较强带动作用的产业部门。”

业结构的升级过程就是这种高增长产业的不断更迭过程。但是，仅仅是高增长部门的更替还不能够完全反映工业结构的高度化过程，“没有创新和创新的扩散，高增长部门的更迭只是产业结构变动的低水平循环”①。所以，我国的技术转移政策必须与工业结构的高度化进程密切配合，从技术的选择到模仿、创新都必须遵循产业更迭规律，并为其服务。

工业结构的合理化是指产业与产业之间协调能力的加强和关联水平的提高，其中一个重要标准是看相关产业之间是否存在技术水平的断层和劳动生产率的强烈反差。我国的技术引进和输出必须立足技术结构的合理化，通过外来技术弥补已有的断层或反差，并逐步缩小，促进各个部门的协调发展。

正是基于上述认识，本书从多个维度考察了国际技术转移与我国工业结构升级之间的关系，以期从工业结构升级的视角为政府优化国际技术转移政策提供理论启示。

一、研究结论

(1)国际技术转移对我国工业结构高级化起到了显著的促进作用，但是对于工业结构合理化来说，国际技术转移的影响并不明显。

(2)国际技术转移通过产业关联效应和技术创新效应两条路径推动工业结构升级。其中，产业关联效应显著促进了工业结构高级化和工业结构合理化，技术创新效应则通过推动技术进步、提高创新效率以及优化贸易结构三条路径实现了国际技术转移对国工业结构升级的正向影响。

(3)国际技术转移对工业结构升级的影响存在显著的地理位置、市场化水平和经济发展路径异质性。东部地区、高市场化水平以及低国有化水平省份国际技术转移对工业结构升级有显著的正向影响，相较于资源型省份，国际技术转移对非资源型省份工业结构升级的促进作用更大。

(4)OFDI 与工业结构升级之间存在 U 形关系。不仅如此，工业结构升级在受到本区域 FDI 和双向 FDI 协同正向影响的同时，相邻区域 FDI 情况也会对其产生正向影响，相反，相邻区域双向 FDI 协同则会对其产生负向影响。与 FDI 不同的是，OFDI 对工业结构升级的影响未表现出显著的空间效应。

① 王云平：《工业结构升级的制度分析》，北京，经济管理出版社，2004 年，第 51 页。

(5)科技中介服务是影响工业结构升级的重要因素,这种影响存在显著的区域异质性,相比于中西部地区,在东部地区最显著,且随着国际技术转移效率的提高,技术创新溢出也越显著,进而对工业结构升级的积极影响也越强。

(6)虽然人力资本流动对工业结构升级效应并不显著,但是它会对国际技术转移与工业结构升级之间的关系产生重要影响,国际技术转移与人力资本流动的交互作用会显著加快工业结构高级化。此外,流动人口受教育水平也对技术转移的工业结构升级效应产生了异质化效果。相较于低技能人口,国际技术转移与高技能人力资本流动的交互作用对我国工业结构升级的影响更为显著。从区域层面看,国际技术转移与人力资本流动的交互作用对东部地区、中部地区以及经济发展速度更快的省域影响更显著。

(7)国内价值链升级是工业结构升级的重要体现,OFDI 逆向技术溢出通过提升国内技术创新水平、增强高端服务要素投入显著促进国内价值链升级,且对外投资东道国国别对国内价值链升级的影响存在明显异质性,投资到发达国家、中低技术行业、非国有、水平型 OFDI 对国内价值链升级的促进作用更加明显。从时间角度看,2013 年以后对外直接投资的国内价值链升级效应更加明显。

二、对策建议

(一)注重创新效率提升,提高技术引进水平

从技术进步的角度看,尽管短期外部技术的进入提高了我国工业技术水平,但是在我们的技术进步水平没能够同步提高、管理跟上、制度配套的情况下,外部资本和技术将更多地滞留在那些具有明显成本优势的加工环节。因此,随着时间的推移,外部技术对国内技术的刺激会逐步下降。结合其他国家和地区的成功经验,日本、韩国和我国台湾地区、大陆都实施技术引进政策,但效果相差较大。为什么政策效果相差较大?其中一个重要原因在于,我们没有为外因的发挥提供良好的内部环境。这种纷繁复杂的内部环境既包括制度、体制等“软”的方面,也包括技术、创新能力等“硬”的方面,它们将在很大程度上影响国际技术转移在技术、管理、结构调整等方面的“溢出”效应。作为趋利的企业家们,技术引进与否、研发要不要投入、投入多少均围绕着利益这根杠杆转,而对此产生直接影响的是国家的整体环

境，包括软环境和硬环境。因此，应进一步发挥政府的宏观调控优势，为技术转移与工业结构升级提供良性发展的宏观环境，只有让技术转移更好地服务于整体技术进步，才能带动产业结构升级。

从创新效率的角度看，我们在讨论国际技术转移推动工业结构升级机理的时候提到，东道国能够在实现技术本土化的基础上实现自主创新，能够推动技术关联产业的结构升级，但是最终前者能否对后者产生推动作用？这种推动作用的程度取决于以下因素：第一，在技术选择上，要提高企业对外来技术进行选择的效率。技术引进的主体可以分为政府和企业两个层次，前者主要承担有关社会公共福利提高的技术，比如与基础设施和公共产品生产相关的技术，而后者则主要承担一般竞争性产业的技术引进，其目的是实现自身利益最大化。在目前的转轨经济时期，在我国的技术引进过程中实际唱主角的是政府，而政府目标的多元化则在很大程度上影响了企业和政府对外部技术的取舍。因此，在国际技术转移推动工业创新效率的链条上要重视企业的作用。第二，要提高消化吸收经费和研发经费的能力，推动技术的顺利本土化和更深层次的自主创新。日韩在工业化初期都将技术引进作为本国实现技术赶超的重要政策，他们能够顺利实现从技术模仿到自主创新的转变得益于国内较好的研发基础，尤其是政府大力度的研发政策。比如日本，为了促进国内技术的研发，通过税收优惠、补助金发放、低息贷款等政策对企业的研发进行经济扶持，同时改革和完善科研体制、教育体制和专利制度，以保证研发的持续健康发展。

从竞争机制的角度看，国际贸易失衡分配使得技术模仿和技术转移具有可能性。对于技术引进国而言，由于技术模仿提高了生产技术水平和劳动生产率，有利于改善本国的贸易利益。当前，我国的对外贸易正处于结构转型期，为了保持我国对外贸易的可持续发展，必须提高出口产品的竞争力，而提高产品的竞争力关键在于提高技术引进的溢出能力。一般而言，大型企业往往把技术输出跟其战略意图绑定在一起，多从长远的垄断利益出发。小型企业则不然，因其不具备长期垄断先进技术的能力，目标便主要限于眼前经济利益，所以小企业容易把核心技术转让出去并容易被消化吸收。因此，与国外掌握先进技术的小企业进行技术贸易是很好的取向。要进一步提高技术引进水平，主张自主创新。目前，我国技术引进对产品的国际竞争力的提升作用偏低，主要与我国 FDI 的引进质量有关。因此，应提高技术引进水平，通过模仿、吸收和消化外国的先进技术、进行二次创新和自主开发，增强创新能力，实现“引进技术—消化吸收—创新开发—提高出口产品竞争力”的良性循环。

(二)由垂直到水平,加强国内产业同发达国家之间的横向产业关联

我国工业领域诸多行业始终处于“引进→落后→再引进”的恶性循环中,比如彩电业,其原因自然是多方面的。但深入剖析后我们发现,其症结在于,我们诸多产业在世界工业分工体系中处在一个十分尴尬的位置:加工组装。仍以彩电业为例,诚然,改革开放以来整个行业的对外经济联系范围愈来愈广,深度逐步拓展,但是仔细观察后我们可以发现,所谓我国彩电业同世界彩电业联系的主要方式是:核心零部件进入→整机组装。这种联系方式的最大弊端是限制或者说阻碍了其前向关联产业的发展,从而不利于整个行业核心竞争力的形成。因此,政府应该通过相应的限制和引导政策鼓励相关产业提升其在工业化国家制造业分工体系中的位置,尽量向高附加值环节转移,尽可能地将其关联产业本土化,而非始终处于世界垂直分工体系中的一个环节上。

(三)发挥协调功能,促进地区、行业协调

尽管随着我国经济体制改革的不断深入,我国原有传统的条块分割管理体制有所改善,但仍然存在诸多不利于技术在不同地区和行业之间流动的制度性障碍,难以形成为投资者服务的合力。政府应当充分发挥其宏观调控和管理能力,为省份间、行业间、企业间的经济技术合作和技术转移进行协调,整合不同地区和部门的资源,加强各地区和产业、部门之间的联合攻关能力,为技术在同一产业内的迅速成长创造条件,这对于提高整个产业的技术水平和国际竞争能力、发展区域经济都十分重要。

(四)注重区域间的协调配合

从总体上看,国际技术转移对工业结构升级的空间溢出效应是存在的,因此各区域在利用国际技术转移促进工业结构升级时要充分考虑空间因素,注重与邻接区域的经济互动,不应“各人自扫门前雪”。同时在制定具体引资与投资方案时,要注重区域间的协调配合。特别注意:由于存在互相反馈的空间溢出路径,看似有利于自身经济发展的政策在短期内或许能带来迅速的技术提升和工业结构升级,但长期看可能最终会损害自身工业结构的良性调整。

第一,变“求数量”为“求质量”的外资引进思路,立足区域经济发展实际,加强高技术工业、战略性新兴工业的 FDI 引入,控制落后工业部门的 FDI 流入,提高 FDI 的技术溢出效率,将吸收的先进技术加以改造,形成自

身的创新能力，进而利用技术进步促进工业结构的高级化。在FDI利用方面，区域工业间应建立良性联系，降低FDI在区域间流动的成本，沟通流动渠道，提升配置效率，并尽可能通过产业关联等方式让外资进入完整的产业链条或产业集群，充分发挥其技术溢出功能，促进各区域工业结构优化升级，并通过正向反馈反复强化这一效应。同时，新兴工业应避免过度依赖FDI的资本积累，防范因资金回撤或大量投资收益汇出的断链风险。

第二，充分认识高质量"走出去"的深刻内涵，培育成熟的跨国公司，强化技术型OFDI，力求在海外建立研发机构，让本土资金不仅能够"出海"，还要在海外"扎根"，提升价值链位置的同时保证国内高技术产业必要的分工环节，防止价值链高端产业过度转移。通过对外直接投资调整比较优势，将低端产业中的部分环节转移到顺梯度国家，严格把关OFDI逆向技术外溢质量，根据技术差距判断是否需要承接外溢技术，为工业结构向高级化推进留足空间。在OFDI形成一定规模之后，尽快建立其独立的技术溢出能力，引导其参与区域内、区域间的工业建设，并增强其对资源要素的融合带动能力。

第三，区域自身要注重FDI与OFDI的协同发展，利用FDI的技术溢出优势弥补OFDI的逆向技术溢出劣势，通过OFDI转移落后产能，利用FDI引入先进产能，使二者形成良性循环，有序推动区域工业结构升级。针对双向FDI协同发展，区域间要建立合作机制，建立资金的区域间、产业间、区域产业间的流通渠道，防止因某个区域或某个产业双向FDI协同发展过快而抽离了邻接区域或关联产业的资金，提高各区域的资金利用效率而不是"拥资自重"。

(五)充分利用科技中介服务机构

建立和完善全方位、多渠道的科技中介服务政策体系，提高国际技术转移绩效。要充分调动政府部门的积极性和主动性，改变过去那种零星、分散的政策出台方式，深入调查，多部门联合，研究出台符合我国国情的科学合理、全方位、多渠道的科技中介服务政策支持体系，尽量做到财税、人才、金融支持、基础条件、知识产权、评比奖励等政策的衔接和配合。政策供给应建立在对市场主体的政策需求进行充分调查研究的基础上，既要立足需求，又要有一定的前瞻性，按照政策传导路径长短和运行绩效，选好政策切入点，把握各类科技中介服务政策及其具体措施的优先顺序。例如，借鉴发达国家的政策经验，我们建议：第一，在促进工业结构升级发展的过程中，要积极推动科技中介服务机构的快速发展。为此，要借助数字技术和数字经济为代表的新一轮科技革命和产业变革，加快推进科技中介服务机构的发展，推进经济结构向高附加值业务转型升级，使科技中介服务机构成为推动工业结构升级的关键驱动力。第二，考虑国际技术转移效率对工业结构升级影响的区域异质性。为此，需要因地制宜引导工业升级，发挥市场机制作用，推动工业结构合理配置。因此需要加大政策支持，落实国家区域重大战略和区域协调发展战略，着力优化国内市场布局，形成国际技术转移效率较高的东部引领带动国际技术转移效率有待提高的中西部地区加快发展的科技中介服务新格局，促进科技中介服务区域协调联动发展。第三，在发挥科技中介服务对工业结构升级的影响效应过程中，要加强科技中介服务机构的集聚效应，构建协同发展、互利共赢的科技创新生态。加强科技中介服务机构中龙头机构的带头作用，利用领军机构的竞争优势，带领中小型科技中介服务机构快速发展，提升科技中介服务机构整体国际技术转移效率，推动我国工业结构升级。加快高素质人才体系建设，通过高端技术人才推动国际技术转移效率的提高，改善技术创新高素质人才的配置效率。此外，要鼓励科技中介服务机构带动其他研发机构及企业加大研发投入力度，积极参与承接国际技术创新活动，提高区域整体的创新效率，最终促进工业结构向高质量、高水平升级。

（六）重视人力资本流动在国际技术转移推动工业结构升级中的作用

鼓励人力资本，尤其是高层次人才的流动，提高 FDI 技术溢出效应。高技能流动人口通过与 FDI 结合，能够显著提升工业创新能力。以国际技术转移的重要方式外商直接投资为例，在外资企业中“边干边学”，流动人口提高了自身素质，离开外资企业后，在外资企业中学习的知识和技能在企业之间和职工之间传播，从而扩大了 FDI 的技术溢出效应。因此，政府应该在重视技术引进的同时，从制度、基础设施等方面着手，为人员（尤其是高技能人员）在区域内、区域间、企业间的流动提供条件。另外，应该为流动人口，尤其是高技能流动人口提供较好的就业环境，让其有接触新技术、新技能的机会，并为其提供必要的培训服务，提高其吸收新知识的能力。

（七）重视国内价值链升级

推动国内价值链升级是促进我国工业结构升级的重要方面。在国际国内双循环新发展格局下，注重通过国际技术转移推动国内价值链升级。首先，政府应该重视国内价值链质量的提升，积极引导培养大型跨国企业，鼓励具有国际化经营能力的企业积极“走出去”，主动融入全球生产网络，通过对外直接投资的方式获取国外先进技术、前沿知识等战略性资产，促进中国技术水平提升。其次，在数字经济发展背景下，中国应该鼓励数字经济等技术、资本密集型行业积极开展海外布局，充分发挥中国在数字经济方面的比较优势，帮助中国主导构建区域全球价值链，进而促进国内价值链升级。最后，政府应该通过资金扶持、税收减免等方式鼓励国内企业加大研发投入，增强企业的自主创新能力，研发具有自主知识产权的新产品、新技术，有效降低高技术领域“卡脖子”风险，增强国内产业链、供应链的自主性和韧性，将推动国内价值链升级作为提升我国工业结构升级的重要抓手。

参考文献

中文文献

[1]陈佳贵:《中国工业现代化问题研究》,北京,中国社会科学出版社,2004年,第1版。

[2]陈明森:《产业升级外向推动与利用外资战略调整》,北京,科学出版社,2004年,第1版。

[3]郭燕青:《技术转移与区域经济发展》,北京,经济管理出版社,2004年,第1版。

[4]孙玉涛:《国际技术贸易》,北京,清华大学出版社,2017年,第1版。

[5]王小鲁,胡李鹏,樊纲:《中国分省份市场化指数报告:2021》,北京,社会科学文献出版社,2021年,第1版。

[6]王岳平:《开放条件下的工业结构升级》,北京,经济管理出版社,2004年,第1版。

[7]王云平:《工业结构升级的制度分析》,北京,经济管理出版社,2004年,第1版。

[8]杨丹辉:《全球竞争FDI与中国产业国际竞争力》,北京,中国社会科学出版社,2004,第1版。

[9]杨念梅:《国际技术贸易教程》,北京,北京航空航天大学出版社,1995,第1版。

[10]杨先明:《国际直接投资、技术转移与中国技术发展》,北京,科学出版社,2004年,第1版。

[11]殷醒民:《中国工业结构调整的实证分析》,太原,山西经济出版社,2003年,第1版。

[12]殷醒民:《中国工业与技术发展》,上海,上海三联书店、上海人民出版社,2003年,第1版。

[13]张玉杰:《技术转移理论、方法、战略》,北京,企业管理出版社,2003

年,第1版。

[14]中国社会科学院工业经济研究所:《中国工业发展报告(1997)》,北京,经济管理出版社,1997年,第1版。

[15]周振华:《现代经济增长中的结构效应》,上海,上海三联书店、上海人民出版社,1995年,第1版。

[16]OECD(经济合作与发展组织):《以知识为基础的经济》,杨宏进、薛澜译,北京,机械工业出版社,1997,第1版。

[17]〔美〕肯尼思·华尔兹:《国际政治理论》,信强译,上海,上海人民出版社,2003,第1版。

[18]〔美〕H.钱纳里,S.鲁宾逊,M.赛尔奎因:《工业化与经济增长的比较研究》,吴奇等译,上海,上海三联书店,1989年,第1版。

[19]兰峰,王晨,孙伟增,等:《挤效应还是规模效应:人口流入对基本公共服务水平的影响研究》,《华东师范大学学报(哲学社会科学版)》2022年第1期。

[20]安同良,刘伟伟,田莉娜:《中国长江三角洲地区技术转移的渠道分析》,《中国经济转型与发展研究》2011年第4期。

[21]包群,许和连,赖明勇:《贸易开放度与经济增长:理论及中国的经验研究》,《世界经济》2003年第2期。

[22]包群,叶宁华,王艳灵:《外资竞争、产业关联与中国本土企业的市场存活》,《经济研究》2015年第7期。

[23]蔡昉,王美艳:《中国人力资本现状管窥——人口红利消失后如何开发增长新源泉》,《人民论坛·学术前沿》2012年第4期。

[24]蔡昉:《对中国城镇化研究中若干统计数据的辨析》,《城市与环境研究》2014年第2期。

[25]蔡昉:《如何认识我国劳动力供求形势》,《今日中国论坛》2012年第4期。

[26]蔡贵龙,郑国坚,马新啸,等:《国有企业的政府放权意愿与混合所有制改革》,《经济研究》2018年第9期。

[27]曹广喜:《FDI对中国区域创新能力溢出效应的实证研究——基于动态面板数据模型》,《经济地理》2009年第6期。

[28]曾通刚,杨永春,满姗:《中国城市流动人口心理融入的地区差异与影响因素》,《地理科学》2022年第1期。

[29]昌忠泽,毛培,张杰:《中国工业投资与工业结构优化实证研究》,《河北经贸大学学报》2018年第6期。

[30]陈保林，齐亚伟：《对外直接投资逆向技术溢出效应对企业创新的影响——基于省级面板数据的实证分析》，《江西社会科学》2021 年第 12 期。

[31]陈德湖，马平平：《外商直接投资、产业关联与技术外溢》，《统计研究》2013 年第 7 期。

[32]陈佳贵，黄群慧：《工业现代化的标志、衡量指标及对中国工业的初步评价》，《中国社会科学》2003 年第 3 期。

[33]陈劲，陈钰芬，余芳珍：《FDI 对促进我国区域创新能力的影响》，《科研管理》2007 年第 1 期。

[34]陈强远，林思彤，张醒：《中国技术创新激励政策：激励了数量还是质量》，《中国工业经济》2020 年第 4 期。

[35]陈文化，沈健，胡桂香：《关于技术哲学研究的再思考》，《哲学研究》2011 年第 8 期。

[36]陈曦：《构建协同发展现代产业体系的国际经验与启示》，《宏观经济管理》2020 年第 6 期。

[37]陈兴动：《中国又处在产业升级的转折点上》，《经济观察报》2006 年 11 月 6 日第 3 版。

[38]陈永奇，彭月兰：《技术转移促进欠发达地区产业结构调整的研究》，《经济问题》2006 年第 6 期。

[39]陈璋，黄伟：《中国式经济增长：从投资与强制性技术变迁角度的一种解释》，《理论与经济管理》2009 年第 12 期。

[40]程惠芳，陆嘉俊：《知识资本对工业企业全要素生产率影响的实证分析》，《经济研究》2014 年第 5 期。

[41]崔日明，赵勇：《技术引进模式与东亚经济的发展》，《国际贸易问题》2007 年第 2 期。

[42]代丽华，林发勤：《双向 FDI 影响区域创新能力的门槛效应研究——基于知识产权保护的视角》，《中山大学学报》2020 年第 4 期。

[43]代谦，别朝霞：《FDI、人力资本积累与经济增长》，《经济研究》2006 年第 4 期。

[44]戴魁早，刘友金：《行业市场化进程与创新绩效——中国高技术产业的经验分析》，《数量经济技术经济研究》2013 年第 9 期。

[45]戴魁早：《中国工业结构变迁的驱动因素：1985～2010》，《当代经济科学》2012 年第 6 期。

[46]戴魁早：《中国工业结构的优化与升级：1985～2010》，《数理统计与

管理》2014 年第 3 期。

[47]邓娅娟，王元地，秦颖：《FDI 对中国制造业行业二元式创新的影响——行业市场化水平和外资进入速度的调节作用》，《软科学》2021 年第 11 期。

[48]丁云龙，李玉刚：《从技术创新角度看产业结构升级模式》，《哈尔滨工业大学学报(社会科学版)》2001 年第 1 期。

[49]董丽丽，张耘：《国际技术转移新趋势与中国技术转移战略对策研究》，《科技进步与对策》2013 年第 14 期。

[50]董丽丽：《国际技术经营新趋势下我国技术转移战略研究——以美国高智发明公司为例》，《科技进步与对策》2014 年第 15 期。

[51]董婉怡，张宗斌，刘冬冬：《双向 FDI 协同与区域技术创新抑制环境污染的效应》，《中国人口·资源与环境》2021 年第 12 期。

[52]樊福卓：《中国工业的结构变化与升级：1985～2005》，《统计研究》2008 年第 7 期。

[53]樊纲，王小鲁，马光荣：《中国市场化进程对经济增长的贡献》，《经济研究》2011 年第 9 期。

[54]樊士德：《劳动力流动对中国经济增长贡献显著吗——基于区域递归视角的经验验证》，《财经科学》2014 年第 1 期。

[55]范德成，方璘，宋志龙：《不同技术创新途径与产业结构升级动态互动关系研究》，《科技进步与对策》2020 年第 5 期。

[56]付保宗：《工业化中后期工业结构阶段性变化的特征与趋势》，《经济纵横》2014 年第 2 期。

[57]傅元海，陈丽姗：《不同技术引进方式对我国经济增长效率的影响》，《科当代财经》2016 年第 11 期。

[58]傅元海，叶祥松，王展祥：《制造业结构变迁与经济增长效率提高》，《经济研究》2016 年第 8 期。

[59]傅元海，叶祥松，王展祥：《制造业结构优化的技术进步路径选择——基于动态面板的经验分析》，《中国工业经济》2014 年第 9 期。

[60]高波，陈健，邹琳华：《区域房价差异、劳动力流动与产业升级》，《经济研究》2012 年第 1 期。

[61]龚关，胡关亮：《中国制造业资源配置效率与全要素生产率》，《经济研究》2013 年第 4 期。

[62]龚轶，顾高翔，刘昌新，等：《技术创新推动下的中国产业结构进化》，《科学学研究》2013 年第 8 期。

[63]顾纪瑞:《中国八十年代技术转移和技术进步》,《学海》1996 年第 5 期。

[64]郭勇:《国际金融危机、区域市场分割与工业结构升级——基于 1985～2010 年省际面板数据的实证分析》,《中国工业经济》2013 年第 1 期。

[65]国家计委宏观经济研究院课题组:《我国资源型城市的界定与分类》,《宏观经济研究》2002 年第 11 期。

[66]国胜铁:《技术引进对我国产业结构升级的影响研究》,《经济纵横》2016 年第 12 期。

[67]郝凤春:《日本技术引进:对中国的启示》,《国际经济合作》2011 年第 12 期。

[68]何东:《跨国公司、技术进步与发展中国家产业结构升级》,《亚太经济》2000 年第 4 期。

[69]何帆:《中国对外投资的特征与风险》,《国际经济评论》2013 年第 1 期。

[70]贺俊,陶思宇:《创新体系与技术能力协同演进:中国工业技术进步 70 年》,《经济纵横》2019 年第 10 期。

[71]胡靖:《影响跨国公司技术转移的因素分析》,《华东经济管理》2004 年第 3 期。

[72]胡小娟,胡安萍:《外源技术引进对我国工业结构高级化影响的实证研究》,《软科学》2016 年第 3 期。

[73]黄凌云,刘冬冬,谢会强:《对外投资和引进外资的双向协调发展研究》,《中国工业经济》2018 年第 3 期。

[74]黄琪轩:《"振兴的机遇"与"失去的机会"——美日竞争背景下美国的技术转移与亚洲经济体》,《世界经济与政治》2021 年第 12 期。

[75]黄群慧:《改革开放 40 年中国的产业发展与工业化进程》,《中国工业经济》2018 年第 9 期。

[76]贾仓仓,陈绍友:《新常态下技术创新对产业结构转型升级的影响——基于 2011～2015 年省际面板数据的实证检验》,《科技管理研究》2018 年第 15 期。

[77]贾利军:《国际技术转移与我国技术创新》,《经济问题》2008 年第 3 期。

[78]贾妮莎,韩永辉:《外商直接投资、对外直接投资与产业结构升级——基于非参数面板模型的分析》,《经济问题探索》2018 年第 2 期。

[79]江小涓:《北京高新技术产业发展:目标、战略与对策》,《经济与管

理研究》2001 年第 1 期。

[80]江小涓:《中国的外资经济对增长、结构升级和竞争力的贡献》,《中国社会科学》2002 年第 6 期。

[81]金碚,吕铁,邓洲:《中国工业结构转型升级:进展、问题与趋势》,《中国工业经济》2011 年第 2 期。

[82]金晓彤,黄蕊:《技术进步与消费需求的互动机制研究——基于供给侧改革视域下的要素配置分析》,《经济学家》2017 年第 2 期。

[83]靳巧花,严太华:《国际技术溢出与区域创新能力——基于知识产权保护视角的实证分析》,《国际贸易问题》2017 年第 3 期。

[84]景守武,夏咏:《国际技术转移对我国区域技术进步的影响——基于东、中、西部面板数据模型分析》,《中国高校科技》2016 年第 10 期。

[85]雷蕾:《盛世中国话创新——聚焦十七大科技热点话题》,《发明与创新(综合版)》2007 年第 11 期。

[86]黎峰:《中国国内价值链是怎样形成的?》,《数量经济技术经济研究》2016 年第 9 期。

[87]李爱,盖骁敏:《技术进步偏向对产业结构优化的作用机制与实证检验——基于要素技术效率视角》,《暨南学报(哲学社会科学版)》2021 年第 3 期。

[88]李勃昕,董雨,韩先锋:《技术封锁是否会抑制中国创新发展?——基于国外技术引进和国内技术购买的对冲效应解释》,《统计研究》2021 年第 10 期。

[89]李勃昕,张玉荣,朱承亮,等:《中国跨境投资的内外双循环溢出效应》,《财经研究》2022 年第 3 期。

[90]李博,曾宪初:《工业结构变迁的动因和类型——新中国 60 年工业化历程回顾》,《经济评论》2010 年第 1 期。

[91]李丹蒙,夏立军:《股权性质、制度环境与上市公司 R&D 强度》,《财经研究》2008 年第 4 期。

[92]李东坤,邓敏:《中国省际 OFDI、空间溢出与产业结构升级——基于空间面板杜宾模型的实证分析》,《国际贸易问题》2016 年第 1 期。

[93]李虹,邹庆:《环境规制、资源禀赋与城市产业转型研究——基于资源型城市与非资源型城市的对比分析》,《经济研究》2018 年第 11 期。

[94]李敬,王朋朋:《人口城镇化与工业结构升级》,《产业经济研究》2016 年第 4 期。

[95]李凯杰:《国际贸易、技术进步偏向性与我国工业能源强度》,《经济

经纬》2020 年第 6 期。

[96]李梅,柳士昌:《对外直接投资逆向技术溢出的地区差异和门槛效应——基于中国省际面板数据的门槛回归分析》,《管理世界》2012 年第 1 期。

[97]李盛楠,许敏,林周周:《研发人力资本效应下国际知识溢出对高技术产业创新绩效的影响研究》,《管理学报》2021 年第 9 期。

[98]李文鹣,梅强,田红云,等:《"服务中介—企业"互动与科技型小企业知识吸收能力演化动态关系研究》,《科技进步与对策》2018 年第 14 期。

[99]李正卫,池仁勇,Cindy Millman:《技术引进和出口贸易对自主研发的影响——浙江高技术产业的实证研究》,《科学学研究》2010 年第 10 期。

[100]李政,杨思莹:《行业差异、所有权性质与创新效率:兼论国有企业创新资源配置》,《中国科技论坛》2016 年第 9 期。

[101]李志军:《论国家宏观调控在促进国际技术转移中的地位与作用》,《科研管理》1998 年第 7 期。

[102]梁东黎:《我国工业结构调整的转型升级进程》,《探索与争鸣》2011 年第 4 期。

[103]梁维全:《外资工业对工业结构变化与升级的贡献度——基于广东工业的实证研究》,《国际经贸探索》2009 年第 7 期。

[104]林春艳,孔凡超:《技术创新、模仿创新及技术引进与产业结构转型升级——基于动态空间 Durbin 模型的研究》,《宏观经济研究》2016 年第 5 期。

[105]刘斌,魏倩,吕越,等:《制造业服务化与价值链升级》,《经济研究》2016 年第 3 期。

[106]刘思明,赵彦云,侯鹏:《区域创新体系与创新效率——中国省级层面的经验分析》,《山西财经大学学报》2011 年第 12 期。

[107]刘志迎,沈磊,韦周雪:《企业开放式创新动力源的实证研究》,《科学学研究》2018 年第 4 期。

[108]刘忠远,张志新:《大国崛起之路:技术引进——二战后日本经济增长路径带来的启示》,《科学管理研究》2010 年第 6 期。

[109]刘重力,黄平川:《技术进口对我国企业技术创新能力的影响——基于中国省际数据的分位数回归》,《南开经济研究》2011 年第 5 期。

[110]鲁桐,党印:《公司治理与技术创新:分行业比较》,《经济研究》2014 年第 6 期。

[111]陆铭,陈钊:《城市化、城市倾向的经济政策与城乡收入差距》,《经济研究》2004 年第 6 期。

[112]罗汉春:《跨国公司为中国经济提速》,《中国外资》2005 年第 12 期。

[113]罗晖,付震宇,王寅秋:《发展融合、创新、联动的国际技术贸易》,《今日科苑》2019 年第 9 期。

[114]罗军:《FDI 前向关联与技术创新——东道国研发投入重要吗》,《国际贸易问题》2016 年第 6 期。

[115]吕越,陆毅,吴嵩博,等:《"一带一路"倡议的对外投资促进效应——基于 2005～2016 年中国企业绿地投资的双重差分检验》,《经济研究》2019 年第 9 期。

[116]马忠法,王悦玥:《论 RCEP 知识产权条款与中国企业的应对》,《知识产权》2021 年第 12 期。

[117]毛海欧,刘海云:《中国对外直接投资促进了产业升级吗?——基于出口劳动结构视角的研究》,《世界经济研究》2018 年第 6 期。

[118]毛其淋,许家云:《市场化转型、就业动态与中国地区生产率增长》,《管理世界》2015 年第 10 期。

[119]毛其淋,许家云:《中国企业对外直接投资是否促进了企业创新》,《世界经济》2014 年第 8 期。

[120]毛日昇:《出口、外商直接投资与中国制造业就业》,《经济研究》2009 年第 11 期。

[121]穆荣平:《国际技术转移影响因素分析》,《科学研究》1994 年第 4 期。

[122]聂飞:《中国对外直接投资推动了制造业服务化吗?——基于国际产能合作视角的实证研究》,《世界经济研究》2020 年第 8 期。

[123]牛华,崔茂生,曾燕萍:《网络视角下研发投入、贸易自由化与高技术产品出口——兼论高技术产品贸易网络的动态特征》,《统计与信息论坛》2020 年第 7 期。

[124]牛茜茜,王江琦,肖国华:《技术转移对经济增长作用的研究》,《科技管理研究》2015 年第 6 期。

[125]庞莹,刘志迎:《FDI 对区域创新能力促进作用的比较分析——以长三角和中部六省为例》,《国际商务(对外经济贸易大学学报)》2010 年第 3 期。

[126]彭文斌,刘友金:《我国东中西三大区域经济差距的时空演变特

征》,《经济地理》2010 年第 4 期。

[127]彭亚媛,马忠法:《管制与自由:国际技术转移法律规则的回顾与展望》,《国际经济法学刊》2021 年第 3 期。

[128]齐讴歌,王满仓:《技术创新、金融体系与产业结构调整波及》,《改革》2012 年第 1 期。

[129]钱时惕:《什么是技术及科学与技术的关系——科学与人文漫话之二》,《物理通报》2009 年第 11 期。

[130]钱水土,李正茂:《金融结构、技术进步与产业结构升级——基于跨国数据的经验验证》,《经济理论与经济管理》2018 年第 12 期。

[131]乔翠霞,宋彩霞,王晨光:《双边关系、制度质量与中国技术引进》,《中南财经政法大学学报》2021 年第 5 期。

[132]冉光和,徐鲲,鲁钊阳:《金融发展、FDI 对区域创新能力的影响》,《科研管理》2013 年第 7 期。

[133]邵宜航,汪宇娟,刘雅南:《劳动力流动与收入差距演变——基于我国城市的理论与实证》,《经济学家》2016 年第 1 期。

[134]沈坤荣,耿强:《外国直接投资、技术外溢与内生经济增长——中国数据的计量检验与实证分析》,《中国社会科学》2001 年第 5 期。

[135]史学贵,施洁:《技术进步、对外贸易与产业结构转型——中国产业结构演进动力分析》,《经济问题探索》2015 年第 4 期。

[136]孙晓华,王昀,郑辉:《R&D 溢出对中国制造业全要素生产率的影响——基于产业间、国际贸易和 FDI 三种溢出渠道的实证检验》,《南开经济研究》2012 年第 5 期。

[137]汤萱:《技术引进影响自主创新的机理及实证研究——基于中国制造业面板数据的实证检验》,《理论・方法与案例》2016 年第 5 期。

[138]唐未兵,傅元海,王展祥:《技术创新、技术引进与经济增长方式转变》,《经济研究》2014 年第 7 期。

[139]唐兆涵,陈璋:《区域经济差距的形成动因、演变路径和发展趋势——基于技术引进视角的研究》,《上海经济研究》2019 年第 2 期。

[140]田素华,李筱妍,王璇:《双向直接投资与中国经济高质量发展》,《上海经济研究》2019 年第 8 期。

[141]王定星:《企业异质性、市场化与生产率分布》,《统计研究》2016 年第 8 期。

[142]王飞:《外商直接投资促进了国内工业企业技术进步吗?》,《世界经济研究》2003 年第 4 期。

[143]王华,赖明勇,柒江艺:《国际技术转移、异质性与中国企业技术创新研究》,《管理世界》2010 年第 12 期。

[144]王立英,董兴林,马媛,等:《高校科技成果转化过程中的风险识别与度量》,《科技管理研究》2008 年第 6 期。

[145]王任飞,王进杰:《基础设施与中国经济增长——基于 VAR 方法的研究》,《世界经济》2007 年第 3 期。

[146]王希元:《技术引进、吸收能力与中国经济增长——理论逻辑研究及省际面板数据的门槛回归分析》,《国际商务(对外经济贸易大学学报)》2018 年第2期。

[147]王晓红,谢兰兰,郭霞:《论我国技术贸易的发展创新》,《开放导报》2021 年第 1 期。

[148]王永进,盛丹,施炳展,等:《基础设施如何提升了出口技术复杂度?》,《经济研究》2010 年第 7 期。

[149]王宇:《创新生态视角下科技成果转化的机制设计》,《现代经济探讨》2021 年第 11 期。

[150]王云平:《产业技术升级对产业结构调整的影响》,《经济研究参考》2005 年第 40 期。

[151]王展祥:《经济发展速度的影响因素及其当代启示》,《理论学刊》2017 年第 6 期。

[152]卫平,张玲玉:《不同的技术创新路径对产业结构的影响》,《城市问题》2016 年第 4 期。

[153]魏巧琴,杨大楷:《对外直接投资与经济增长的关系研究》,《数量经济技术经济研究》2003 年第 1 期。

[154]温忠麟,叶宝娟:《中介效应分析:方法和模型发展》,《心理科学进展》2014 年第 5 期。

[155]温忠麟:《中介效应检验程序及其应用》,《心理学报》2004 年第 5 期。

[156]吴虹仪,殷德生:《专利流动与中国工业企业全要素生产率》,《经济管理》2021 年第 4 期。

[157]吴延兵:《自主研发、技术引进与生产率——基于中国地区工业的实证研究》,《经济研究》2008 年第 8 期。

[158]吴耀宏,耿庆申:《对我国自主创新经费投入结构的探讨》,《科技进步与对策》2007 年第 9 期。

[159]武常岐,刘小溪,涂政:《技术转移经济学——基于新中国 70 年发

展的研究》,《山东大学学报(哲学社会科学版)》2020 年第 1 期。

[160]肖国华,韩晔,朱一真:《基于 DEA-RF-Tobit 的我国省际技术转移效率及影响因素研究》,《世界科技研究与发展》2020 年第 1 期。

[161]肖国华,王江琦,魏剑:《我国专利技术转移评价指标设计及应用研究》,《情报科学》2013 年第 3 期。

[162]肖利平,谢丹阳:《国外技术引进与本土创新增长:互补还是替代——基于异质吸收能力的视角》,《中国工业经济》2016 年第 9 期。

[163]肖明月,郑亚莉:《供给质量提升能否化解中国制造业的产能过剩?——基于结构优化与技术进步视角》,《中国软科学》2018 年第 12 期。

[164]肖文,林高榜:《政府支持、研发管理与技术创新效率——基于中国工业行业的实证分析》,《管理世界》2014 年第 4 期。

[165]肖政,维克特·盖斯特勒格:《影响外商直接投资的因素:兼论中国沿海与西部地区差别》,《世界经济》2001 年第 3 期。

[166]徐红彦,梁茂信:《美国吸引外籍技术人才的政策与实践——以临时技术劳工制度为例》,《美国研究》2015 年第 4 期。

[167]徐亚静,王华:《开放条件下的外商直接投资与中国技术创新》,《国际贸易问题》2011 年第 2 期。

[168]许家云:《互联网如何影响工业结构升级?——基于互联网商用的自然实验》,《统计研究》2019 年第 12 期。

[169]许晓娟,智冬晓:《中国本土企业获得 FDI 垂直技术溢出了吗?——基于 1999～2006 年中国制造业企业的实证研究》,《中国软科学》2013 年第 8 期。

[170]闫姗姗,刘承良:《中国对外技术转移网络的空间演化及其影响因素》,《世界地理研究》2023 年第 1 期。

[171]杨莉:《国际技术转移新趋势对区域经济发展的启示》,《中国市场》2011 年第 40 期。

[172]杨连星,罗玉辉:《中国对外直接投资与全球价值链升级》,《数量经济技术经济研究》2017 年第 6 期。

[173]杨震宁,李东红,曾丽华:《跨国技术战略联盟合作、动机与联盟稳定:跨案例研究》,《经济管理》2016 年第 7 期。

[174]杨智峰,汪伟,吴化斌:《技术进步与中国工业结构升级》,《财经研究》2016 年第 11 期。

[175]叶祥松,刘敬:《政府支持与市场化程度对制造业科技进步的影响》,《经济研究》2020 年第 5 期。

[176]易信,刘凤良:《金融发展、技术创新与产业结构转型——多部门内生增长理论分析框架》,《管理世界》2015 年第 10 期。

[177]殷醒民,陈昱:《FDI 技术溢出效应中“人力资本门槛”的实证研究——来自长江三角洲 16 个城市的证据》,《世界经济文汇》2011 年第 6 期。

[178]余泳泽,刘大勇:《中国传统产业和新兴产业差异性技术进步路径选择研究》,《财贸研究》2013 年第 1 期。

[179]余泳泽:《异质性视角下中国省际全要素生产率再估算:1978~2012》,《经济学(季刊)》2017 年第 3 期。

[180]俞红海,徐龙炳,陈百助:《终极控股股东控制权与自由现金流过度投资》,《经济研究》2010 年第 8 期。

[179]原毅军,孙大明:《FDI 技术溢出、自主研发与合作研发的比较——基于制造业技术升级的视角》,《科学学研究》2017 年第 9 期。

[180]原长弘,高金燕,孙会娟:《地方政府支持与区域市场需求规模不确定性对高校技术转移效率的影响——来自中国“211 工程”大学的证据》,《研究与发展管理》2013 年第 3 期。

[181]臧新,赵炯:《外资区域转移背景下 FDI 对我国劳动力流动的影响研究》,《数量经济技术经济研究》2016 年第 3 期。

[182]臧旭恒,赵明亮:《垂直专业化分工与劳动力市场就业结构——基于中国工业行业面板数据的分析》,《中国工业经济》2011 年第 6 期。

[183]张川川,张文杰,李楠,等:《清末开埠通商的长期影响:外商投资与进出口贸易》,《世界经济》2021 年第 11 期。

[184]张二震,任志成:《FDI 与中国就业结构的演进》,《经济理论与经济管理》2005 年第 5 期。

[185]张晖明,丁娟:《论技术进步、技术跨越对产业结构调整的影响》,《复旦学报(社会科学版)》2004 年第 3 期。

[186]张杰,陈志远,吴书凤,等:《对外技术引进与中国本土企业自主创新》,《经济研究》2020 年第 7 期。

[187]张军,吴桂英,张吉鹏:《中国省际物质资本存量估算:1952~2000》,《经济研究》2004 年第 10 期。

[188]张可云,杨孟禹:《国外空间计量经济学研究回顾、进展与述评》,《产经评论》2016 年第 1 期。

[189]张米尔,武春友:《资源型城市产业转型障碍与对策研究》,《经济理论与经济管理》2001 年第 2 期。

[190]张培刚，张建华，罗勇，等：《新型工业化道路的工业结构优化升级研究》，《华中科技大学学报(社会科学版)》2007 年第 2 期。

[191]张琴：《产业转移、结构调整与经济发展——基于亚洲“四小龙”的经验分析》，《蒙古社会科学(汉文版)》2010 年第 2 期。

[192]张巍钰，彭涵祺，王远东：《中西部地区工业结构升级驱动因素分析》，《求索》2015 年第 5 期。

[193]张曦，赵国浩：《我国大中型工业企业科技活动支出对产出的影响——基于 2005～2011 年 32 个工业行业面板数据的实证分析》，《科技管理研究》2015 年第 4 期。

[194]张玉杰：《国际技术转移要素及行为方式》，《财经问题研究》2000 年第 1 期。

[195]张蕴萍，杨友才，牛欢：《山东省金融效率、溢出效应与外商直接投资——基于空间动态面板 Durbin 模型的研究》，《管理评论》2018 年第 12 期。

[196]张长征，吉星：《技术进步率对产业结构调整影响的实证检验》，《统计与决策》2018 年第 6 期。

[197]张治栋，廖常文：《技术创新与长江经济带产业结构升级——市场化的调节作用》，《科技进步与对策》2020 年第 7 期。

[198]赵果庆：《跨国公司对我国工业结构升级的影响——基于要素密集型产业划分》，《国际贸易问题》2006 年第 8 期。

[199]赵红岩，田夏：《本土创新能力、跨国资本技术溢出与长三角高技术产业升级》，《上海经济研究》2013 年第 7 期。

[200]郑兵：《现代国际技术转移的涵义和特点》，《大连大学学报》2003 年第 3 期。

[201]郑伟：《技术转移与经济增长研究——基于科技支撑和引领经济发展的视角》，《数量经济技术经济研究》2008 年第 10 期。

[202]周平录，李东红，邢小强：《转型经济中双向 FDI 与区域创新效率——制度环境的调节作用》，《国际经济合作》2020 年第 2 期。

[203]周叔莲，王伟光：《科技创新与产业结构优化升级》，《管理世界》2001 年第 5 期。

[204]朱东波，任力：《环境规制、外商直接投资与中国工业绿色转型》，《国际贸易问题》2017 年第 11 期。

[205]朱婷：《近代上海租界政体制度与城市经济发展》，《上海经济研究》2004 年第 11 期。

[206]邹璇，许珊珊：《人力资本对工业结构调整影响的地区差异研究——基于中国高技术行业数据的经验分析》，《广西社会科学》2016 年第 12 期。

英文文献

[1]Bessant，J.and Rush，H.，1995："Building bridges for innovation：the role of consultants in technology transfer"，*Research Policy*，January.

[2]Braconier，H.，Ekholm，K.and Knarvik，K. H. M.，2001："In search of FDI-transmitted R&D spillovers：a study based on swedish data"，*Weltwirtschaftliches Archiv*，April.

[3] Christensen，L. R.，Jorgenson，D. W. and Lau，L，J.，1973："Transcendental logarithmic production frontier"，*Review of Economics and Statistic*，January.

[4]Clausing，K.，2000："Does multinational activity displace trade?"，*Economic Inquiry*，February.

[5]Clayton，P.，2018："Behind the scenes：intermediary organizations that facilitate science commercialization through entrepreneurship"，*Academy of Management Perspectives*，January.

[6] David，T. C. and Helpman，E.，1993："International R&D spillovers"，*NBER Working Papers*，August.

[7]Desai，M. A.，Foley，C. F.and Hines，J. R.，2001："Foreign direct investment and the domestic capital stock"，*American Economic Review*，February.

[8]Elhorst，J.，2014："Spatial econometrics：from cross-sectional data to spatial panels"，Berlin：Springer.

[9] Engel，D. and Procher，V.，2012："Export FDI and firm productivity"，*Applied Economics*，Vol.44.

[10]Fallick，B.，Fleischman，C. A.and Rebitzer，J.B.，2005："Job-hopping in silicon valley：some evidence concerning the micro-foundations of a high technology cluster"，*Economics Working Paper Archive*，Vol.88.

[11]Goulet，D.，1989："The uncertain promise：value conflicts in technology transfer"，New York：New Horizons Press.

[12]Gregory，N.and Mohan，V.，2000："A typology of project-level technology transfer process"，*Journal of Operations Management*，

March.

[13] Grossman, G. M. and Helpman, E., 1990: "The new growth theory: trade, innovation, and growth", *American Economic Review*, February.

[14] Hausman, J. A., 1978: "Specification tests in econometrics", *Econometrica*, June.

[15] Hayter, C. S., 2016: "Constraining entrepreneurial development: a knowledge-based view of social networks among academic entrepreneurs", *Research Policy*, February.

[16] Hoppe, H. C. and Ozdenoren, E., 2005: "Intermediation in innovation", *International Journal of Industrial Organization*, May.

[17] Howells, J., 2006: "Intermediation and the role of intermediaries in innovation", *Research Policy*, May.

[18] Humphrey, J. and Schmitz, H., 2002: "How does insertion in global value chains affect upgrading in industrial clusters", *Regional Studies*, September.

[19] Jegathesan, J., Gunasekaran, A. and Muthaly, S., 1997: "Technology development and transfer: experiences from malaysia", *International Journal of Technology Management*, February.

[20] Johnson, R. C. and Noguera, G., 2012: "Accounting for intermediates: production sharing and trade in value added", *Journal of International Economics*, Vol.86.

[21] Kaiser, U., Kongsted, H. C. and Rønde, T., 2015: "Does the mobility of R&D labor increase innovation?", *Journal of Economic Behavior & Organization*, February.

[22] Lall, S., 1983: "Determinants of R&D in an LDC: the Indian engineering industry", *Economics Letters*, April.

[23] Lichtenberg, F. R. and Van, Pottelsberghe, de, la, P. B., 1999: "International R&D spillovers: a comment", *European Economic Review*, August.

[24] Link, A. N. and Siegel, D. S., 2018: "Generating science-based growth: an econometric analysis of the impact of organizational incentives on university-industry technology transfer", *The European Journal of Finance*, March.

［25］Liu, Z., 2020: "Human capital and upgrading of industrial structure: an empirical study based on the countries along the 'belt and road'", *American Journal of Industrial and Business Management*, April.

［26］Massa, S. and Testa, S., 2008: "Innovation and smes: misaligned perspectives and goals among entrepreneurs, academics, and policy makers", *Technovation*, June.

［27］Melitz, M. J., 2003: "The impact of trade on intra-industry reallocations and aggregate industry productivity", *Econometrica*, July.

［28］Moreno, R., Lopez-Bazo, E. and Artis, M., 2001: "Public infrastructure and the performance of manufacturing industries: short and long-run effects", *Regional Science and Urban Economics*, January.

［29］North, D. C., 1993: "Institutions and credible commitment", *Journal of Institutional and Theoretical Economics*, Vol.149.

［30］Pfaffermayr, M., 1996: "Foreign outward direct investment and exports in austrian manufacturing: substitutes or complements?", *Weltwirtschaftliches Archiv*, March.

［31］Posner, M. V., 1961: "International trade and technical change", Oxford Economic Papers, March.

［32］Samila, S. and Sorenson, 2011: "Noncompete covenants: incentives to innovate or impediments to growth", *Management Science*, March.

［33］Saxenian, A., 1990: "Regional networks and the resurgence of silicon valley", *California Management Review*, January.

［34］Soares, A., Soltani, E. and Liao, Y., 2017: "The influence of supply chain quality management practices on quality performance: an empirical investigation", *Supply Chain Management*, February.

［35］Tatikonda, M. V. and Stock, G. N., 2003: "Product technology transfer in the upstream supply chain", *The Journal of Product Innovation Management*, June.

［36］Varian, H. R., 1984: "The nonparametric approach to production analysis", *Econometrica: Journal of the Econometric Society*, Vol.52.

［37］Vernon, R., 1966: "International investment and international trade in the product cycle", *The Quarterly Journal of Economics*, Vol.80.

[38] Wang, Z., Wei, S. J. and Yu, X., et al, 2017: "Characterizing global value chains: production length and upstreamness", *National Bureau of Economic Research*, March.

[39] Wang, Z., Wei, S. J. and Zhu, K., 2013: "Quantifying international production sharing at the bilateral and sector levels", *National Bureau of Economic Research*, March.

[40] Young, S. and Lan, P., 1997: "Technology transfer to China through foreign direct investment", *Regional Studies*, Vol.31.